JN441006

당신의 강점으로 삶의 문제를 해결하라

아들러식
강점 기반
상담모델

김천수 · 강영신 · 노안영 공저

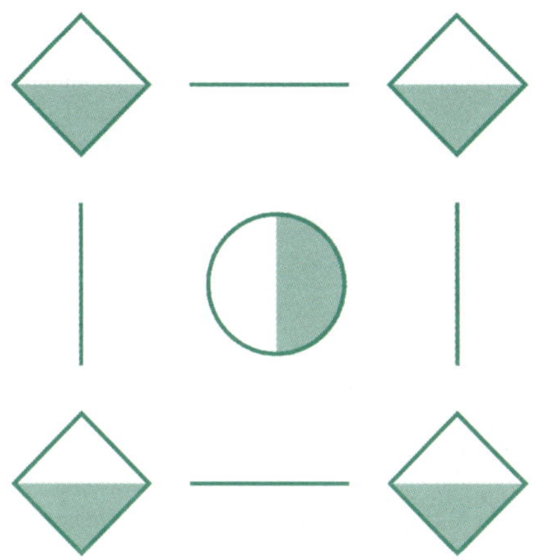

학지사

머리말

인간 이해 및 삶의 개선을 위해

『당신의 강점으로 삶의 문제를 해결하라』는 아들러 심리학에 근거하여 상담을 진행하기 위한 단순하고 효과적이며 체계적인 모델을 제시한다. 이 책은 아들러식 상담을 진행하는 상담자와 아들러 심리학을 교육하는 강사뿐만 아니라, 자기 계발을 위해 아들러 심리학을 공부하고 자신의 삶에 적용하여 자신을 깊이 이해하고 삶을 긍정적으로 변화시키려고 하는 사람들에게 좋은 길잡이가 될 것이다.

'아들러식 강점 기반 상담모델'은 본 저자가 아들러 심리학과 긍정심리학 이론에 근거하여 개발한 '초기기억 속에 숨은 강점 찾아 인생과제 해결하기 집단프로그램(이하, 초강인해 집단프로그램)'에 바탕을 두고 있다. '아들러식 강점 기반 상담모델'을 이해하고 적용하기 위해 먼저 아들러 상담이론을 살펴보고, '아들러식 강점 기반 상담모델'이 어떻게 구성되었는지 정리한 후, 이를 실제 상담 및 자기 분석에 적용할 수 있도록 상담 사례 및 적용 방법을 제시하였다.

제1부 '아들러 상담이론'에서는 아들러 심리학의 인간관을 열등감, 전체적, 현상학적, 사회적, 목적론적이란 다섯 가지 관점에서 정리하였다. 각각의 관점을 설명한 이후에는 이를 자신의 삶과 연결지어 이해할 수 있도록 개인 활동 및 그룹 활동을 제시하였다. 이후 아들러 심리학을 이루는 주요 개념들이 어떤 유기적인 관계 속에서 구성되어 있는지 파악할 수 있도록 도식화하여 설명하였다. 또한 아들러 상담의 기본 과정을 단계별로 설명하고, 아들러 상담의 목적을 밝혔다.

제2부 '아들러식 강점 기반 상담모델'에서는 '아들러식 강점 기반 상담모델'을 구성하는 핵심 요소들을 설명하고, 상담모델을 도식화하여 제시한 후, 각각의 작업을 단계별로 안내하였다. 이 모델은 초기, 중기, 종결의 일반적 상담의 3단계 과정 및 관계형성, 생활양식 평가, 생활양식 해석, 생활양식 재정향의 아들러식 상담의 4단계 과정에 대응하면서도, 누구나 쉽게 적용해 볼 수 있도록 간단하고 효과적인 방법을 제시한다.

제3부 '사례 및 적용'에서는 '아들러식 강점 기반 상담모델'을 적용하여 상담 시연한 사례를 제시하였다. 이를 통해 상담자가 자신의 내담자를 상담하는 과정에 적용하거나, 독자가 스스로 자신의 초기기억 및 스트레스 경험 등을 '아들러식 강점 기반 상담모델'에 따라 분석할 수 있도록 안내하였다.

이 책 『당신의 강점으로 삶의 문제를 해결하라』는 기존의 아들러

식 상담의 핵심을 살리면서도 심리학과 상담의 기본적인 내용과 연결하여 단순하고 효과적인 상담모델을 재구성했다는 점에서 독창적이다. 이 책의 주요 대상은 상담자, 강사 그리고 아들러 심리학에 관심이 있는 일반 독자 등 세 부류이다. 각각의 사람들에게 이 책이 어떤 가치가 있으며, 어떻게 활용할 수 있는지 설명하면 다음과 같다.

첫째, 이 책은 아들러식 상담을 진행하는 상담자들에게 단순하면서도 효과적인 아들러식 상담모델을 제시한다. 특히 초기기억에 대한 아들러식 분석 방법과 스트레스 경험 분석 방법을 인지행동치료의 ABC 모델(사건-신념-결과 모델)에 따라 통합함으로써, 아들러식 상담자에게는 아들러식 강점 기반 상담모델을 제시하고, 다른 접근을 주로 하는 상담자에게는 아들러식 상담을 통합적으로 적용할 수 있는 근거를 마련하였다는 데 학문적 의의가 크다. 무엇보다 아들러식 상담을 처음 시도하려는 초보 상담자에게는 가장 단순하면서도 효과적인 가이드북이 될 것이다.

둘째, 이 책은 아들러 심리학을 교육하는 강사에게 아들러 심리학을 체계적으로 강의할 수 있는 큰 그림을 제시하고 있다. 먼저 아들러의 인간관 및 심리학의 주요 개념들을 체계적으로 연결하여 도식화함으로써 아들러 심리학의 핵심을 한눈에 파악할 수 있도록 했다. 또한 아들러 심리학에서 다루고 있는 주요 내용과 관련된 개인 활동 및 집단 활동을 수록하여 수강생들이 아들러 심리학을 통해 자신과 타인을 더 깊이 이해하고 이를 바탕으로 삶을 개선하는 데 실질적인 도움을 얻을 수 있도록 했다. 이러한 과정을 통해 아들러 심리학을 강의하는 강사는 교육의 효과를 보다 더 높일 수 있을 것이다.

셋째, 이 책은 자기 계발을 추구하는 독자들에게 아들러 심리학을 자신의 삶에 적용할 수 있도록 체계적인 절차를 포함하고 있다. 자기 계발을 위해 아들러 심리학을 소개하는 시중의 책들이 대부분 이론적 설명과 타인의 사례를 바탕으로 실천적 지침을 제공하는 수준에 머물러 있다면, 이 책은 자신의 사례를 아들러 심리학의 이론과 방법에 대입하여 자신의 성격과 삶을 이해하고 개선하는 실마리를 발견할 수 있도록 안내한다.

특히 독자들은 자신의 어린 시절 기억 속에 숨어 있는 강점을 찾는 과정에서 신기하고 즐거운 경험을 하게 될 것이다. 그리고 그 강점이 현재 삶에 긍정적 및 부정적 관련성이 있다는 것을 깨닫고 다시 한번 놀라게 될 것이다. 나아가 '아들러식 강점 기반 상담모델'에서 제시하는 일련의 과정에 따라 현재의 생활양식을 업그레이드하는 작업을 거치고 나면, 아들러가 '인간이 행하기 가장 어려운 일은 자신을 이해하고 삶을 변화시키는 것이다.'라고 했던 바로 그 지점에 도달해 있음을 발견하고 감탄하게 될 것이다.

아무쪼록 이 책이 상담자와 내담자, 강사와 수강생 그리고 일반 독자들에게 자기 이해와 삶의 변화라는 측면에서 긍정적인 변화의 계기를 마련해 주기를 바란다. 마지막으로 이 책의 출간을 허락해 주신 학지사 김진환 사장님, 기획 및 홍보에 힘써 주신 윤상우 과장님, 책의 전반적인 내용을 검토하여 완성도를 높여 준 박선민 과장님께 깊은 감사의 마음을 전한다.

2026년 2월

저자 일동

차례

제1부
아들러 상담이론

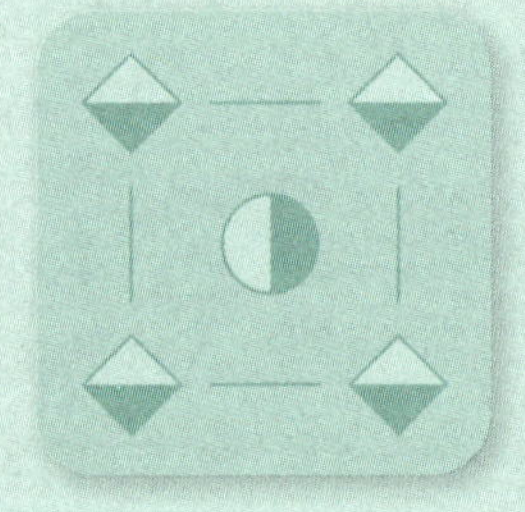

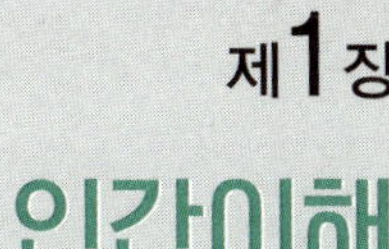

제1장 인간이해

일반적으로 아들러의 인간관은 열등감, 전체적, 현상학적, 사회적, 목적론적, 이렇게 다섯 가지 키워드로 설명할 수 있다.

아들러의 인간관에서 첫 번째 키워드는 열등감이다. 열등감에 관해서 아들러는 이렇게 말했다. "인간이 된다는 것은 열등감을 느끼는 것이다." 다시 말하면, 인간은 누구나 열등감을 느낀다.

인간은 열등한 존재

"나폴레옹, 아들러, 조용필. 이 세 사람의 공통점은 무엇일까요? 잠시 생각할 시간을 갖고 정답을 공개하겠습니다. 많은 사람들이 떠올리는 것처럼, 이 세 사람은 키가 작다는 공통점이 있습니다. 이들은 키가 작다는 것에 대해 어린 시절부터 열등감을 가지고 있었습니다. 그럼에도 불구하고 각자 자신의 영역에서 독특한 업적을 남겼습니다.

오늘은 아들러가 어떤 열등감을 가지고 있었는지, 그리고 그가 그의 열등감을 어떻게 극복했는지 살펴보겠습니다. 이를 통해 아들러 심리학의 출발점이 열등감이라는 것을 확인해 보겠습니다."

아들러 심리학을 이해하기 위해 먼저 아들러의 인간관에 대해 알아보기로 하자. 인간관이란 인간에 대한 관점(觀點, point of view)을 말한다. 아들러 심리학과 아들러식 상담을 설명하기에 앞서, 먼저 그 이론의 전제가 되는 인간에 대한 관점을 아는 것이 중요하다. 어떤 상담이론이든 그 이론의 창시자가 인간을 어떻게 바라보는가에 따라 성격의 형성 및 삶의 문제와 해결 과정에 대한 접근이 달라지기 때문이다.

일반적으로 아들러의 인간관은 열등감, 전체적, 현상학적, 사회적, 목적론적, 이렇게 다섯 가지 키워드로 설명할 수 있다. 아들러의 인간관에서 첫 번째 키워드는 열등감이다. 열등감이란 자신이 타인보다 못하다는 생각에서 비롯되는 부정적 감정이다. 열등감에 관해서 아들러는 이렇게 말했다. "인간이 된다는 것은 열등감을 느끼는 것이다." 다시 말하면, 인간은 누구나 열등감을 느낀다. 아들러가 생각했을 때, 열등감은 인간 존재의 조건이다. 여기에는 개인적 측면과 사회적 측면이 있다. 개인적 측면에서 아들러가 이렇게 열등감을 강조한 이유는 그가 어린 시절 열등감 덩어리라고 할 정도로 많은 열등감을 경험했기 때문이다.

아들러는 1870년 오스트리아 빈에서 헝가리계 유대인으로 태어났다. 그는 크게 세 가지의 열등감에 시달렸는데, 그 첫 번째는 바로 신체적 열등감이다. 신체적 열등감은 외모, 신체적 능력, 건강 상태 등이 타인에 비해 부족하다고 느끼는 감정이다. 그는 자신의 작은 키, 불룩 나온 배, 나쁜 시력 등을 신체적 열등감이라고 했다. 특히 사고나 질병으로 죽음에 대한 공포가 항상 마음 한편에 자리 잡고 있었다. 그가 의사가 된 것도 이런 신체적 열등감에 대한 보상 심리 때문이라고 볼 수 있다.

두 번째는 심리적 열등감이다. 심리적 열등감은 지능, 성격 등 자신의 심리적 특성이 부족하다고 느끼는 감정이다. 그는 어머니의 사랑을 충분히 받지 못했다고 생각했으며 학업에 대한 열등감이 있었다. 아들러는 둘째 아이로 태어났는데 자신보다 능력이 있고 어머니의 사랑을 독차지한 형이 있어서 형에 대한 질투심을 느꼈다고 한다. 또한 동생이 태어나자 어머니의 사랑이 동생에게 옮겨 감으로써 또다시 동생에 대해 질투심을 품게 되었다. 그런데 얼마 후 동생이 죽게 되자 아들러는 그로 인해 어린 시절을 죄책감 속에 보낸다.

또한 아들러의 학교 시절의 성적은 매우 낮았다고 한다. 심지어 중학교 때는 수학 성적이 형편없이 낮아서 아들러의 선생님은 아들러의 아버지에게 아들의 학업을 포기하고 구두제조기술을 가르치라고 권고하였다. 그러나 아들러의 아버지는 그에게 학업을 계속하도록 격려했으며, 그 결과 아들러는 매우 우수한 학생이 되었다고 한다. 이는 아들러가 심리적 열등감을 극복하는 계기가 되었다.

세 번째 열등감은 사회적 열등감이다. 사회적 열등감은 사회적 지위, 학력, 경제력, 인간관계 등 사회적 측면에서 타인보다 뒤처진다고 느끼는 감정이다. 이는 그가 유대인이라는 사실에서 비롯된 것이었다. 당시 유럽에서는 유대인에 대한 차별이나 멸시가 심했다. 따라서 아들러는 자신이 유대인이라는 사실에 열등감을 느꼈으며 이를 숨기고 살았다. 어쩌면 이러한 열등감이 그가 미국으로 이민을 가게 된 이유 중 하나일 수 있다.

아들러의 이론은 자신의 열등감에 대한 인식과 이를 극복하기 위한 투쟁의 삶을 그대로 반영하고 있다고 해도 과언이 아니다. 사람은 누구나 열등감을 가지고 있다. 그는 열등감이나 부족함이 문제가 아니라 부족함과 결핍을 어떻게 받아들이고 대응해 나가느냐가 중요하다고 보았다. 용기 있게 부족함을 받아들이고 앞으로 나아간 사람은 부족함 때문에 더욱 큰 발전을 이루어 낼 수 있다. 그리고 아들러는 자신의 삶을 통해 이를 증명했다.

한편 아들러의 후계자인 드레이커스는 열등감의 종류를 기관열등감, 사회적 열등감, 우주적 열등감으로 분류하였다. 기관열등감은 신체적 열등감이며, 사회적 열등감은 타인과의 관계 속에서 개인이 느끼는 심리적 열등감이다. 드레이커스가 강조한 우주적 열등감은 제한된 삶을 사는 인간이 자연이나 우주의 막강한 힘 앞에서 자신의 불완전함을 자각할 때 느끼게 되는 열등감이다. 이러한 우주적 열등감은 인간이 종교와 예술을 창조하는 바탕이 되었다고 볼 수 있다.

"열등감은 '누구보다 못하다는 생각에서 비롯되는 부정적인 감정'입니다. 사회적 존재로서 우리는 살아가면서 다른 사람과 비교하고, 비교당할 수밖에 없습니다. 그리고 인간은 완전하지 못하기 때문에 누구나 열등감을 느낄 수밖에 없습니다. 하지만 인간은 열등감을 느낄 때, 거기서 좌절하고 포기하기보다는 그것을 극복하기 위해 노력합니다. 여러분들도 어렸을 때 열등감을 느끼고 이를 극복하기 위해 노력했던 경험이 있을 것입니다.

다음 활동지에 어렸을 때 자신이 느꼈던 열등감을 적어 보고, 이를 극복하기 위해 어떤 노력을 했는지 정리해 보기 바랍니다."

열등감 극복하기 활동을 위해 활동지를 나누어 주고, 구체적인 예를 들어 설명해 준다. 그리고 자신의 경험을 조원들과 함께 이야기하도록 한다.

그룹 활동: 열등감 극복하기

- **김선영:** 어렸을 때 발이 크다고 생각해서 다른 사람에게 발이 보이지 않도록 숨겼다. 지금은 그것을 받아들이기는 했는데, 아직

도 열등감은 남아 있다.

- **이진수**: 시력이 나빠 안경을 썼는데 못생겨 보였다. 그 열등감을 극복하기 위해 안경 대신 렌즈를 착용하게 되었다.
- **오정연**: 남들보다 코가 좀 큰 편이라, 초등학교 친구들에게 놀림을 당했다. 수능시험이 끝나고 수술을 했다.
- **장은진**: 어렸을 때부터 소심하고 낯가림이 심했다. 그래서 일부러 먼저 다가가서 말을 걸고, 사탕 등을 나눠 주며 친구를 만들었다.
- **유선영**: 키가 작은 열등감이 있어서, 대신 공부를 열심히 해서 잘하게 되었다.

열등감 극복하기 활동의 효과는 다음과 같다. 먼저, 평소 말로 표현하기 어려웠던 열등감을 말로 표현함으로써 열등감이 다소 완화될 수 있다. 그리고 다른 사람의 열등감을 들으며, 자신만 열등감을 느끼는 것이 아니라 누구나 열등감이 있다는 것을 알게 된다. 그러면 자신의 열등감이 상대적으로 덜 힘들게 느껴진다. 그리고 무엇보다 그동안 자신의 열등감을 극복하기 위해 다양한 노력을 해 왔다는 것을 알게 된다. 특히 열등감을 극복하기 위한 적극적 대처방식뿐만 아니라, 감추기, 피하기 등과 같은 방법들도 나름 효과적인 수동적 대처방식이었음을 알게 된다. 이러한 과정을 통해 자신의 열등감을 수용하고 다양한 방식으로 열등감에 대처할 수 있는 방법을 찾을 수 있다.

열등감 극복하기

날짜: 20___.___.___, 이름: ________________

1. 자신의 열등감은?

– '초등학생' 때를 기준으로 구체적인 경험을 적기

예: 키가 작다. 만원 버스에서 손잡이를 잡기 힘들 정도였다.

2. 앞의 열등감에 대한 극복 노력 또는 대처 전략은?

예: 키 높이 구두를/하이힐을 신음

3. 다른 사람의 이야기를 듣고 이해, 공감, 격려, 지지의 피드백 해 주기

예: 키가 작아서 친구들과 나란히 걸어가는 게 싫었겠네요?

인간은 전체적 존재

"'전체는 부분의 합 이상이다.'라는 명제가 있습니다. 이 그림에서 삼각형이 몇 개 보이나요? 삼각형 2개를 찾으셨나요? 정확히 말하면 이 그림에는 삼각형이 없습니다. 그런데 여러 요소들이 모여 마치 가운데에 삼각형 두 개가 겹쳐 있는 것처럼 보이죠? 게슈탈트심리학에서 강조하는 이 명제는 전체론적 시각을 잘 보여 줍니다.

아들러는 인간을 전체론적 관점에서 봐야 한다고 했는데, 그럼 인간을 전체론적인 관점이 아닌 '부분들의 합'으로 보고 있는 심리학자는 누구일까요?"

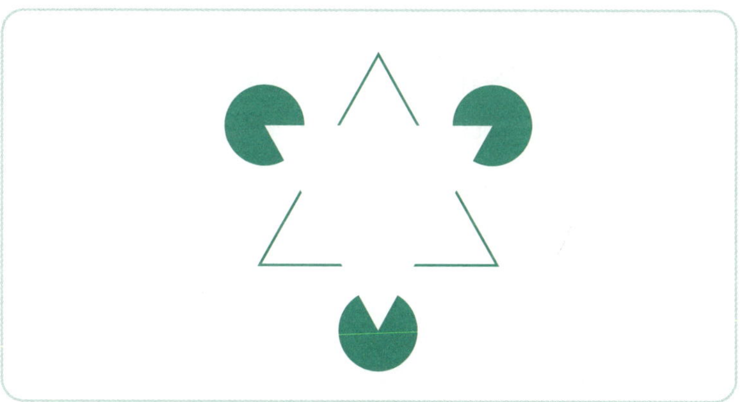

아들러의 인간관에서 두 번째 키워드는 전체론이다. 심리학에서 전체론(holism)은 인간의 정신을 어떤 요소나 부분의 집합이 아니라 하나의 전체로 보아야 한다는 관점이다. 반면, 프로이트는 인간의 정신을 구조적 측면에서 원초아, 자아, 초자아로 나누고, 이 세 가지

요소의 갈등으로 인해 불안이 발생한다고 보았다. 아들러는 프로이트의 이러한 생각에 반대하고, 인간을 분리할 수 없는 하나의 전체(in+dividual)라는 측면에서 자신의 이론을 개인심리학(individual psychology)이라고 명명했다. 그 이름을 듣고 개인심리학을 개인의 욕구 충족에 초점을 두고 있는 개인주의 심리학일 것이라고 오해하는 경우가 많은데, 사실 개인심리학에서 제일 강조하는 것은 사회적 존재로서의 인간이다. 이 부분은 뒤에서 다시 설명하기로 하겠다. 어쨌든 불필요한 오해를 차단하기 위해 이 책에서는 개인심리학이란 용어는 가능하면 사용하지 않고 '아들러 심리학'이란 용어를 사용했다.

이러한 아들러의 관점을 심리학에서 인간의 심리를 인지, 정서, 행동으로 구분하는 것과 연결 지어 생각해 보자. 인간의 인지, 정서, 행동은 편의상 구별을 하는 것일 뿐, 서로 다른 것이 모여서 기능한다고 보는 것은 아니다. 비유하자면, 인지, 정서, 행동을 모니터의 픽셀을 구성하는 별도의 빨강, 초록, 파랑의 세 광원처럼 생각하는 것이 아니라, 빨강, 초록, 파랑의 셀로판지가 겹쳐 있는 분리할 수 없는 구조로 보는 것이다.

인간은 지각하는 존재

"인생은 주현경입니다. 즉, 인간의 성격(人)과 삶(生)은 주관적, 현상학적, 경험들로 이루어집니다. 주관적이란 각 개인의 경험이 다 다르다는 의미이고, 현상학적이란 내가 현재 경험하고 있는 현상이 실제인 것처럼 아주 생생하다는 의미입니다. 그리고 심리학적으로 인간의 경험은 크게 인지, 정서, 행동, 세 가지 차원으로 이야기할 수 있습니다.

그 의미를 설명하기 전에, 인간의 경험이 주관적 현상학적 경험이라는 것을 체험적으로 이해할 수 있도록 한 가지 그룹 활동을 해 보겠습니다."

아들러의 인간관에서 세 번째 키워드는 현상학이다. 인간을 현상학적 존재라고 하는 이유는 개인이 그만의 독특한 방식으로 세계를 지각하기 때문이다. 이러한 의미를 명확히 하기 위해 주관적 현상학이라고 표현한다. 인생은 주현경이다. 즉, 인간의 성격과 삶은 주관적, 현상학적, 경험들로 이루어진다. 주관적이란 각 개인의 경험이 다 다르다는 의미이다. 그래서 열 사람이 있으면 열 사람의 경험이 다르고, 백 사람이 사람이 있으면 백 사람의 생각이 다르고, 천 사람이 있으면 천 사람의 경험이 다 다르다(십인십색, 백인백색, 천인천색). 사람마다 생각하고 느끼고 행동하는 것이 다 다르다. 현상학적이란, 내가 현재 경험하고 있는 현상이 실제인 것처럼 아주 생생하다는 의미이다. 심리학적으로 인간의 경험은 크게 인지/생각, 정서/감정, 행동/감각 이렇게 세 가지 차원으로 이야기할 수 있다. 그래서 우리가 과거에 경험했던 것들이 기억 속에 남아서 일종의 성격을 형성하게 되고, 현재 받아들이는 감각 자극을 바탕으로 판단을 내려 말과 행동을 하면서 살아간다. 이렇게 우리의 경험들이 모이고 모여서 삶의 이야기를 구성하게 된다. 따라서 '인생은 주현경이다.'라고 말할 수 있다.

먼저 각 그룹별로 그림이나 글, 사진, 노래 또는 음악 등 함께 나누고 싶은 자료를 선정하도록 안내한다. 이 과정에서 조원들이 자료를 선택하는 데 참고할 수 있도록 에드바르 뭉크의 〈절규〉와 나태주 시인의 「풀꽃」이란 시의 한 구절을 보여 준다.

자세히 보아야 예쁘다
오래 보아야 사랑스럽다
너도 그렇다

두 번째 단계에서는 앞에서 선택한 자료에 대해서 각자의 인상 및 소감 나누기를 진행하는데, 먼저 어느 부분에 주의를 기울였는가, 어느 부분이 눈에 또는 귀에 들어왔는가를 확인하고, 그에 대해 어떤 생각이나 어떤 이미지가 떠올랐는지, 또는 어떤 느낌을 받았는지 이야기하도록 한다. 예를 들어서, 에드바르 뭉크의 〈절규〉를 보면서 어떤 사람은 해골 모양의 얼굴이 인상적이었고, 얼굴이 너

주현경 자각하기

날짜: 20___.___.___, 이름: ____________________

1. 각 그룹별로 글, 그림/사진, 노래/음악 등 함께 나누고 싶은 자료를 선정한다.
   예: 에드바르 뭉크의 〈절규〉, 나태주 시인 「풀꽃」

2. 앞의 자료에 대한 각자의 인상 및 소감을 이야기하고 정리한다.
   참조: 어느 부분(주의) → 어떤 생각이나 이미지, 느낌

3. 이 활동을 하면서 알게 된 점을 기록하여 발표한다.

무 못생겼다는 생각을 했다고 했다. 어떤 사람은 하늘에서 소용돌이치고 있는 붉은색 기운이 뭔가 불길한 느낌이 들었다고 했다. 또 어떤 사람은 인물 뒤쪽의 검고 푸른 배경에서 이 사람의 심리상태가 지금 매우 불안하고 암울함을 느꼈다고 했다. 그런데 어떤 사람은 이 중심이 되는 인물 뒤, 저 멀리서 걸어오는 두 사람을 보고, 한 사람은 여자 같고 한 사람은 남자 같은데 저승사자처럼 보였다고 했다.

이렇게 각자 어느 부분에서 어떤 생각이나 이미지, 느낌이 떠올랐는지를 서로 나누도록 한다. 그러면 비슷한 부분도 있겠지만, 서로 다른 부분에 주의를 기울이고, 각각 다른 생각과 느낌을 경험한다는 것을 알 수 있다. 또 비슷한 부분에 주의를 기울였어도 구체적인 경험의 내용은 상당히 다르다는 것을 알게 된다. 이렇게 같은 사건, 상황, 대상이라도 개인이 경험하는 감각 및 행동, 생각, 감정이 다 다르다는 것을 이 활동을 통해서 직접 확인할 수 있다. 그리고 자신이 현상적으로 경험하는 부분은 나 자신에게는 아주 생생하다는 것을 알게 된다.

마지막으로 이 활동을 통해서 알게 된 점을 기록하고 발표하도록 한다. 대부분의 참가자들은 서로 경험이 다르다는 것, 자신이 경험하는 것은 아주 생생한 현상이라는 것을 알게 되어 놀라웠다는 피드백이 많았다.

전체 활동이 끝난 후에는 인생이 주현경으로 이루어진다는 것을 다시 한번 이야기해 주고, 그렇다면 이러한 사실이 우리 삶에 어떤 의미가 있는지에 대해 정리해 준다.

▶ '주현경'의 시사점

① 주관적 경험의 중요성

② 주관적 경험/기억/생각의 오류 가능성

③ 상호존중 및 대화의 필요성

- I-message 내 감각/생각/감정은!
- "아~ '그럴 수도' 있겠네요!"

④ 과학적 심리학의 필요성

⑤ 다양한 경험을 통해 삶을 창조하기

첫 번째, 주관적 경험이 중요하다. 왜냐하면 주관적 경험이 모여서 우리의 성격과 삶을 이루기 때문이다. 경험이 없으면 나도 없다. 드라마나 영화의 단골 주제인 기억 상실증이 문제가 되는 것은 자신의 경험에 대한 기억이 사라지는 것이 삶의 가장 큰 위기가 될 수 있기 때문이다. 그만큼 자신의 경험과 그에 대한 기억은 소중한 것이다.

두 번째, 인간은 불완전한 존재이기 때문에 나의 주관적 경험은 완전하지 못하다는 것을 인정해야 한다. 그런데 나의 현상학적 경험은 너무나 생생하기 때문에, 나의 주관적 경험이 절대적인 것처럼 또는 모두가 그렇게 경험하는 객관적인 것처럼 오해하기 쉽다. 그렇게 되면 주관적 경험, 과거의 기억, 생각의 함정에 빠져 오류를 범하게 된다.

세 번째, 이러한 지식을 알았다면 이제 교양인으로서 살아가야 한다. 교양인의 대화법은 잘 듣고 잘 말하기이다. 먼저, 잘 말하기는 아이-메시지(I-message)로 말하는 것이다. 즉, 나를 주어로 해서 '나의 감각은(내가 보기에는, 내가 듣기에는) 이렇다. 나의 생각은 이렇다. 나의 감정은 이렇다.'라고 이야기하는 것이다. 이는 자신의 감각, 생각, 감정을 스스로 존중하는 것이기도 하다. 또한 주어를 나로 하는 순간, 자신의 경험이 객관적 사실이라고 보는 과일반화의 오류에서 벗어날 수 있다. 그리고 다른 사람에게도 '나'를 주어로 말하도록 유도하는 효과가 있다.

한편, 잘 듣기는 수용적 태도로부터 시작된다. 이때 가장 효과적인 말이 "아, 그럴 수도 있겠네요!"이다. 누군가의 감각, 생각, 감정은 그 사람의 경험이기 때문에, 나의 경험과 다르더라도 그대로 존중할 수 있다. 그럴 수도 있겠다는 생각의 반대말은 "어떻게 그럴 수가 있지?"이다. 다시 생각해 보면, 이미 일어나고 있는 현상에 대해 이런 말을 하는 것은 자신의 이해 부족을 자백하는 것이나 다름이 없다.

이렇게 아이 메시지로 이야기를 하고, 수용적 태도로 듣는다면 서로의 마음을 이해하고 공감할 수 있다. 나아가 두 사람이 원하는 것을 타협을 통해 얻을 수 있다. 이것이 바로 심리학이 제시하는 교양인의 대화법이다.

네 번째, 주관적 경험의 오류 가능성을 해결하기 위해 과학적 심리학이 필요하다. '인간의 행동 및 정신 과정을 과학적으로 연구하는 학문'이라는 심리학의 정의를 떠올려 보자. 과학적 심리학의 특징은 인간의 행동 및 정신 과정에 대해 구체적인 자료를 바탕으로 가설-검증의 과학적 연구과정을 거쳐 객관적인 지식을 쌓는다는 것이다. 이러한 과학적 심리학이 필요했던 이유는 주관적 경험의 오류로부터 개인적 정서 문제, 인간관계의 오해, 사회적 갈등이 시작되기 때문이다. 두 사람 간에 또는 집단 간에 생각의 차이가 있을 때, 논리적인 설득으로 해결하기보다 과학적인 자료를 제시하는 것이 더 효과적일 수 있다. 바로 그 이유 때문에 심리학이 대중에게 사랑을 받게 된 것이다.

심리학 개론의 첫 부분은 심리학을 소개하는 배경, 정의, 역사 등이지만, 본격적인 과학적 지식은 뇌와 신경계에 대한 내용으로 시작한다. 왜냐하면 인간의 모든 경험은 인류 진화 과정을 거쳐 형성된 뇌와 신경계에 근거하기 때문이다. 인간의 주관적 현상학적 경험을 이해하기 위해서는 신경세포 뉴런의 전기화학적 정보 전달 과정을 아는 것이 중요하다. 우리는 이 세상이나 대상을 사실 그대로 보고 있다고 생각하지만, 실제로는 마치 전파를 수신해서 TV 화면을 보는 것처럼, 신경계에서 진행되는 전기화학적인 정보 전달 과정에 따라 외부 세계를 경험하고, 기억되어 있는 정보를 바탕으로 판단을 내려 말과 행동을 하게 되는 것이다. 이러한 정보처리 과정의 특징은 바로 '구성 및 재구성'된다는 것이다. 우리는 사실을 사실 그대로 경험하는 것이 아니다. 사건 및 대상에 대한 경험을 전기화학적 신호로 변환시켜서 경험하고 기억하고 생각하며 살아가는 것이다.

이러한 사실을 다시 한번 확인하기 위해 창밖을 보도록 한다. 창밖을 보면 하늘이나 나무, 사람 등 많은 대상이 보인다. 역시 각자의 경험은 모두 다르고, 나름대로 아주 생생하다.

다섯 번째, 이렇게 우리의 경험이 구성 및 재구성될 수 있다는 것을 알면, 우리는 자신의 경험을 적극적으로 창조할 수 있다. 인지심리학에서 다루는 감각 및 지각, 주의, 기억, 표상, 언어, 추론 및 문제해결의 전 과정에서 선택과 재구성이 가능하기 때문이다. 이렇게 자신의 경험과 삶을 이해하고 다룰 수 있는 사람은 삶의 주인공이 될 수 있다.

인간은 사회적 존재

"아들러는 그의 대표작 『인간이해』에서 '인간이 공동체 생활을 한다는 것을 인간이해의 대전제로 삼아야 한다.'라고 했습니다. 이 말은 인간이 사회적 존재라는 것을 강조한 말입니다. 아리스토텔레스가 '인간은 사회적 동물이다.'라고 한 말도 유명하죠? 그럼 사회적 동물이라는 것은 어떤 의미가 있을까요?"

아들러의 인간관에서 네 번째 키워드는 사회적이다. 아들러는 인간이해의 전제 조건이 인간이 사회적 존재임을 아는 것이라고 했다. 아들러 심리학에서 인간이 사회적 존재라는 것은 크게 두 가지 의미가 있다. 첫째, 개인의 성격은 사회적 관계 속에서 형성된다. 아들러 심리학에서 개인의 성격을 말하는 생활양식은 4~5세경 우월성 추구의 욕구가 사회적 관심과 상호작용하면서 형성되는 행동

패턴이다. 이때 가장 중요한 사회적 관계가 바로 가족과의 관계이다. 따라서 초기기억 속에 자주 등장하는 인물이 부모와 같은 주양육자나 형제자매일 수밖에 없다.

둘째, 사회적 존재로서 인간은 타인과 상호작용하며 살아간다. 즉, 인간은 다양한 관계 속에서 살아간다. 특히 아들러는 인간이 살아가면서 공동체로부터 부여받은 일, 관계, 사랑이라는 세 가지 주요한 과제에 직면하게 된다고 보았다. 그리고 그 인생과제를 성공적으로 해결하기 위해서는 사회적 관심이 필수적이라고 하였다.

따라서 아들러 심리학 상담의 목표는 사회적으로 유용하지 못한 생활양식을 사회적으로 유용한 방식으로 재정향하는 것이다. 특히 생활양식 재정향에서의 핵심은 사적논리를 상식에 맞게 수정하고, 낙담한 내담자를 격려함으로써 사회적 관심을 향상시키는 데 있다.

그렇다면 인간은 왜, 언제, 어떻게 사회를 형성했을까? 첫째, 아들러에 따르면 인간이 사회를 형성하게 된 이유는 자연계에서 신체적으로 열등하고 나약한 인간이 무리를 형성하는 것은 생존에 유리

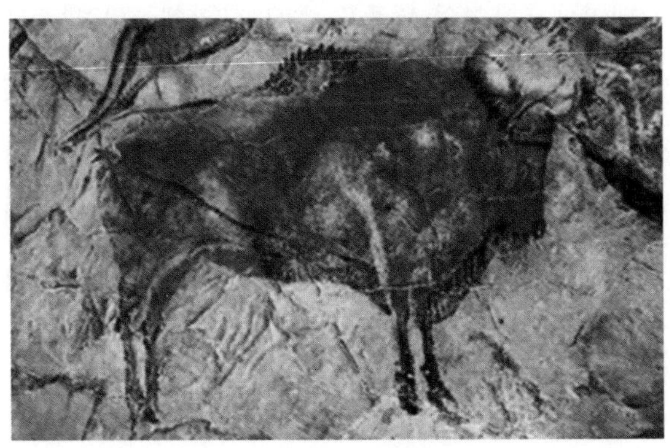

알타미라 동굴벽화, 스페인

했기 때문이다. 다시 말하면, 집단을 형성하는 것은 먹이 사냥을 위한 공격에도 유리하고, 어떤 위험으로부터 방어하는 데도 유리하게 작용했을 것이다. 단편적인 예로 인간들은 집채만큼 커다란 매머드를 힘을 모아 사냥했다.

둘째, 인간이 사회를 형성한 시기와 관련해서 명확한 결론을 내리기는 힘들지만, 최소한 5만 년에서 3만 년 사이에는 사회를 형성했을 것으로 보고 있다. 그 근거 중 하나는 동굴벽화이다. 동굴벽화에는 보통 동물이나 사람 및 기하학적 문양들이 그려져 있다. 피아제의 인지발달단계이론에 따르면 대상에 대한 표상을 그림으로 표현할 수 있다는 것은 이미 다양한 생각을 말로 표현했다는 것을 암시한다. 나아가 동굴벽화가 사냥이나 종교의식과도 연관이 있다면 이는 벽화를 그린 사람들이 가설적 사고나 추상적 사고를 할 수 있는 형식적 조작단계에 도달했다는 의미이기도 하다. 즉, 현대인의 뇌와 거의 유사한 단계로 진화한 것이며 이는 '사회적 뇌 가설'에 따르면 이미 인간이 사회를 구성하여 뇌의 생물학적 변화까지도 진행되었다는 의미가 된다.

그리고 네안데르탈인의 멸종과 호모 사피엔스의 생존과 관련한 연구에서도 이를 지지하는 근거가 있다. 네안데르탈인은 혈연 중심의 무리생활을 한 데 비해, 호모 사피엔스는 혈연을 넘어 다른 사람들과 교역을 했다는 증거가 있다. 바다에서 아주 멀리 떨어진 내륙의 구석기 시대 무덤에서 조개껍질이 발견되었는데, 연구자들은 이를 장거리 교역의 증거라고 보았다.

셋째, 인간이 혈연을 넘어 보다 넓은 사회집단을 형성할 수 있었던 것은 같은 신화를 공유함으로써 일체감을 가졌기 때문에 가능한 것으로 보인다. 그 예로 지금도 우리는 단군신화를 공유하면서, 단군의 자손이라는 공동체의식을 가지고 있다.

일단 사회를 이룬 이후에는 그 이전으로 되돌리기 힘들 만큼 많은 변화가 진행된 것 같다. 던바(Dunbar)가 주장한 '사회적 뇌 가설'에 따르면, 인간의 신피질이 커진 이유는 영장류가 큰 집단을 이루어 살면서 보다 적극적인 사회적 활동을 했기 때문이다. 인간은 더 큰 집단으로 사회를 형성하면서 더 효율적으로 사냥과 채집을 하고 다른 포식자로부터 안전을 지킬 수 있게 되었지만, 한편으로는 사기꾼과 무임승차자를 식별하고, 타인과 협동하기 위해 보다 많은 사회적 정보를 처리해야 했다. 그 과정에서 대뇌의 크기가 증가하며 지능이 발달하게 되었다. 즉, 인간의 뇌는 인간이 사회를 형성하는 과정을 거치며 사회적인 뇌로 진화하였다.

리버먼(Lieberman)은 인간의 뇌를 사회적 뇌라고 할 수 있는 신경학적 증거들을 모아 세 가지 차원의 사회적 적응능력으로 분류하여 제시하였다. 첫째, 타인과 연결하는 능력은 배측 전대상피질과 전측 섬엽에 기초한 사회적 고통체계와 복측 선조, 중격부, 옥시토신 과정 등에 기초한 사회적 보상체계의 이중적 메커니즘을 통해 구현된다. 둘째, 마음 읽기는 외측 전두두정 영역에 있는 거울뉴런들과 배내측 전전두피질과 측두두정 접합에 있는 심리화 체계의 발달로 가능하였다. 더불어 공감능력은 중격부와 관련이 있다. 셋째, 자기의식에는 내측 전전두피질이 관여하며 이는 사회적 규범과 가치를 형성하게 하는 통로로 작용하고, 복외측 전전두피질에 의해 매개되는 자기통제는 사회적 규범과 가치를 따르도록 작용한다. 즉, 자아의식과 자기통제는 개인에게 봉사하기보다는 사회적 조화를 도모하는 데 더 기여한다.

이러한 연구 결과들을 종합해 볼 때, 인간은 본질적으로 사회적 존재이며 이는 진화의 결과임을 알 수 있다. 즉, 인간에게는 다양한 친사회적 행동을 가능하게 하는 유전적 소인이 있는 것으로 보인다. 이처럼 사회심리학 및 진화심리학의 연구 결과들은 사회적 관심을 타고난 적성 또는 잠재력이라고 보았던 아들러의 주장을 지지하는 근거가 된다. 또한 인간이 사회적 존재라는 말은 인간이 생각하는 존재로 진화되었다는 것임을 알 수 있다. 따라서 인간을 사회적 동물, 생각하는 동물이라고 이야기할 때, 이 둘은 서로 밀접한 관계가 있음을 알아야 한다.

인간의 마음과 행동을 환경 변화에 대한 생물학적 적응의 결과로 설명하는 진화심리학은 아들러 심리학에서 강조하는 사회적 인간관 및 협동 및 기여의 중요성을 지지하는 많은 증거를 제공한다. 협동과 기여는 인간의 이타적인 행동 또는 친사회적 행동을 설명하는 진화심리학의 하위 주제이기도 하다. 인간의 친사회적 행동 또는 협동과 자연선택의 관련성을 설명하기 위하여 가자니가(Gazzaniga)는 다음과 같은 이론들을 검토하였다. 첫째, 해밀턴(Hamilton)의 혈연선택이론은 유전적으로 가까운 관계에서 혈연을 돕는 것이 타당하다는 이론이다. 둘째, 트리버스(Trivers)의 상호이타주의이론은 언젠가 타인이 나를 도울 것이라는 전제로 남을 돕는다는 것이다. 셋째, 윌슨(Wilson)의 다층선택이론은 이타적인 집단이 이기적인 집단보다 경쟁에서 앞설 것이기 때문에 한 집단 내의 개인들 간에 이타적 행동이 일어난다는 것이다. 한편, 사회신경과학 분야의 권위자인 리버먼은 인간이 협동하는 이유와 관련하여, 죄수의 딜레마 게임 참가자들의 자기공명영상을 분석하여 참가자가 협동을 선택하는 경우에 뇌의 보상체계가 활성화된다는 연구를 소개하며, 타인의 안녕에 대한 관심이 인간 본성의 일부이기 때문이라고 주장하였다. 사회적 존재, 사회적 관심을 주제로 하는 강의나 수업을 할 때, 인간이 어떻게 사회적 존재가 되었는지를 게임을 통해 경험하고 유추할 수 있도록 'm/w게임'을 해 보는 것이 좋다.

▶ m/w 게임 규칙

나	너	나의 점수	너의 점수
m	m	-3	-3
m	w	+6	-6
w	m	-6	+6
w	w	+3	+3

m/w 게임

날짜: 20___.___.___, 이름: ________________

1. 각 그룹별로 카드를 만든다.
   참조: 개인당 1장(앞면 m, 뒷면 w)

2. 2인 1조로 게임을 진행한다(5판 3승).

3. 토너먼트로 진행하여 최종 우승자를 가린다.

4. 우승자와 인터뷰를 실시한다.

5. 이 활동을 통해 알게 된 점을 나눈다.

인간은 목적에 의해 움직이는 존재

"아들러는 인간의 모든 행동에는 목적이 있다고 보았습니다. 예를 들어, 어떤 사람이 우는 행동을 하고 있을 때, 일반적으로는 '안 좋은 일이 있어서 운다.'라고 생각하겠지만, 아들러는 '그 사람이 우는 행동을 하는 것은 의식적이든 무의식적이든 어떤 목적이 있어서 우는 것이다.'라고 보았습니다.

이러한 관점은 과거의 안 좋은 경험이나 기억 때문에 힘들어하는 사람들, 즉 결정론적 시각을 가진 사람들에게 새로운 관점을 열어 줍니다. 우리는 과거의 고통이나 미래에 대한 불안에 지배당하지 않고 지금-여기 자신의 삶을 살아갈 수 있습니다."

아들러의 인간관에서 다섯 번째 키워드는 목적론이다. 아리스토텔레스는 모든 행동에는 목적이 있다고 했다. 아들러는 자신의 이론을 개인심리학(Individual Psychology)이라고 이름을 붙였는데, 이때 '개인'은 '분리할 수 없는(in+divisible) 전체'로서 삶의 '목적'을 추구하는 존재라는 의미를 강조한 것이다.

목적론은 다분히 프로이트의 결정론에 대한 반박이기도 하다. 프로이트는 아동기 초기 경험 속에서 해결되지 못한 욕구와 감정이 무의식에 자리 잡게 되고, 이것이 성인의 성격을 결정한다고 보았다. 굳이 프로이트의 이론이 아니더라도 많은 사람들이 과거의 경험으로 인해 현재가 결정된다는 결정론적 시각을 갖고 살아간다. 이 결정론적 시각은 특히 현재 상황이 좋지 않을 때 자신에게 그럴듯한 핑계를 제공한다는 점에서 굉장히 효과적인 합리화 방어기제

일 수 있다.

아들러는 이러한 프로이트식 결정론에 대해 유연한 결정론을 제시하였다. 유연한 결정론이란 심리적 경험은 현재 자신의 생각에 따라 과거의 사건이 재해석될 수 있음을 의미한다. 또한 미래에 대해 현재 그 사람이 가지고 있는 목적이 어떤 행동을 유발한다는 의미이다.

아들러의 목적론을 제대로 이해하기 위해서는 아들러의 인간관에서 첫 번째로 이야기했던 열등감을 떠올려야 한다. 어린아이의 입장에서 보면 부모를 비롯한 가족들이 마치 거인처럼 크고, 자신이 할 수 없는 일들을 유능하게 해내는 존재로 보일 것이다. 따라서 어린아이는 열등감을 느낄 수밖에 없다. 한편으로는 이러한 열등감에 대한 반작용으로 우월성을 추구하게 된다. 아이는 그러한 경험들 속에서 무의식적인 삶의 목적과 전략을 기억 속에 새기게 되는 것이다.

문제는 어린 시절 자신도 알지 못하는 사이에 형성된 사적논리가 현재의 삶을 지배할 수 있다는 점이다. 그런 사람들은 과거 경험에 의해 형성된 기억과 그 속에 담긴 자신만의 논리에 지배를 당한다. 따라서 어릴 때 그가 어떤 열등감을 느꼈는지, 또는 어떤 결핍감이 있었는지를 알아야 우월성 추구의 목적과 그만의 고유한 전략을 파악하여 개선할 수 있다.

앞으로 우리는 초기기억 속에 숨겨져 있는 사적논리를 찾고, 가족구도와 출생순위와 관련된 에피소드에 담긴 사적논리를 살펴보면서, 한 개인의 생활양식에 내포된 목적이 무엇인지 그리고 어떤 이유로 그런 목적을 추구하게 되었는지를 그 비밀을 밝힐 수 있을 것이다.

제 2 장

삶의 과학

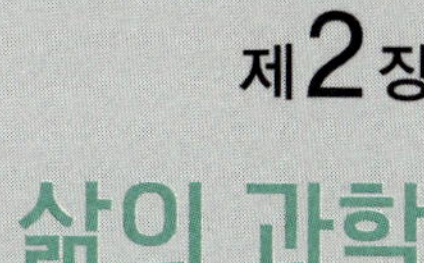

아들러 심리학의 주요 개념들로는 생활양식을 중심으로 열등감과 우월성 추구, 사회적 관심, 인생과제 등이 있다.

이 책에서는 아들러의 저서인 『삶의 과학』이라는 책을 바탕으로 주요 개념들을 유기적 관계에 따라 수직축과 수평축으로 정리했다. 수직축은 자존감 욕구와 자아실현의 욕구에 해당하고, 수평축은 소속 및 애정의 욕구에 해당한다.

우월성 추구의 동기

"아들러 심리학의 주요 개념들로는 생활양식을 중심으로 열등감과 우월성 추구, 사회적 관심, 인생과제 등이 있습니다. 저는 아들러의 저서인 『삶의 과학』이라는 책을 바탕으로 다음과 같이 수직축과 수평축으로 정리했습니다. 다 같이 왼손은 수직축, 오른손은 수평축으로 만들어 보세요! 수직축은 자존감 욕구와 자아실현의 욕구에 해당하고, 수평축은 소속 및 애정 욕구에 해당합니다.

아들러 이론의 출발점이 뭐라고 했죠? ○○○! 그럼 ○○○을 시작으로 해서 아들러 심리학의 주요 개념들이 어떻게 유기적으로 연결되어 있는지 설명을 드리겠습니다."

아들러의 삶에서도 그렇고 이론적 측면에서도 아들러 심리학의 출발점은 바로 열등감이다. 우리 인간은 어렸을 때부터 열등감을 느낄 수밖에 없다. 무엇보다 인간의 유아는 어른에게 의존하지 않고서는 생존할 수 없다. 어린아이의 입장에서는 보면 어른들은 마치 거인처럼 보일 것이다. 그렇기 때문에 어린아이는 어른들과 자신을 비교하며 지혜와 능력 측면에서 열등감을 느낄 수밖에 없다.

그런데 인간은 열등감 또는 결핍감을 느낄 때, 좌절하고 포기하는 것이 아니라 '이겨 내야겠다.'라는 일종의 심리적인 반발 작용이 일어난다. 아들러는 이렇게 열등감에 대한 보상 심리에 의해서 뭔가 뛰어나게 잘하고 싶은 우월성을 추구하는 힘이 작용한다고 보았다. 이것이 아들러가 파악한 인간 심리의 핵심축 중 하나이다.

인간은 열등감 또는 결핍감에 대한 보상으로 우월성을 추구하는 존재이다. 열등감이라는 용어와 함께 결핍감이라는 단어를 쓰는 이유는 열등감에 대한 보상으로 우월성을 추구한다는 말이 인간의 욕구와 관련되어 있기 때문이다. 매슬로의 욕구 단계설에서 말하는 존중감 욕구와 자아실현의 욕구가 그것이다. 어릴 때 우리는 불완전한 존재이고 의존적인 존재로서 내적인 결핍감과 사회적인 열등감을 느낄 수밖에 없다. 그리고 열등감에 대한 보상 과정에서 성공하는 경험을 하면서 자신만의 생존전략을 만들게 되고 이를 반복하며 생활양식이라고 하는 성격을 형성하게 된다.

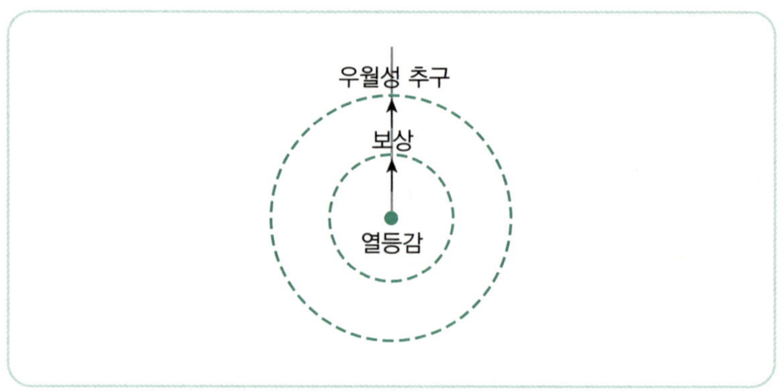

반면, 어린아이가 내적 결핍감과 사회적 열등감에서 벗어나 우월성을 추구하는 과정에서 계속 실패하고 부정적인 경험을 하게 되면 낙담하게 된다. 낙담의 영어 단어 'discouragement'를 어원적으로 분석해 보면 '용기가 꺾이다.'라는 뜻이다. 그러면 아이는 두려움에 빠져 활동성이 떨어지게 된다. 그렇게 열등감이 심해지면 우월성을 추구하는 방향이 아니라, 낙담해서 열등감 콤플렉스에 빠지게 된다.

아들러가 말했듯이 열등감은 인간이면 누구나 가지고 있는 자연스러운 감정이다. 그리고 어떤 측면에서는 성취의 바탕이기도 하다. 문제는 열등감 콤플렉스이다. 콤플렉스란 인간의 마음 혹은 심리에 영향을 주는 내면의 복합 구조이다. 즉, 어떤 자극이 주어졌을 때 인지, 정서, 행동 등이 얽혀서 복합적이고 자동적으로 작용하는 것을 의미한다. 열등감 콤플렉스는 지나친 열등감으로 인해 자기가 하고 싶은 또는 해야 할 일을 못하는 경우를 말한다. 예를 들면, 어떤 사람이 키가 작다는 열등감 콤플렉스가 있어서 어떤 여자에게 데이트 신청을 하고 싶어도 못 하는 것을 말한다. 그가 데이트 신청하는 장면을 상상하면, '나는 키가 작아서 어차피 데이트 신청을 해도 받아 주지 않을 거야.'라는 부정적인 생각과 불안한 감정, 얼굴이 붉어지고 온몸이 떨리는 반응을 보일 수 있다. 따라서 우리가 해결해야 하는 것은 열등감이 아니라 열등감 콤플렉스이다.

여기서 놀라운 것은 열등감 콤플렉스가 심해지면 우월성 콤플렉스가 나타날 수 있다는 것이다. 우월성 콤플렉스는 심각한 열등감을 감추기 위해서 환상의 우월성을 만들어 내는 것이다. 예전에 알

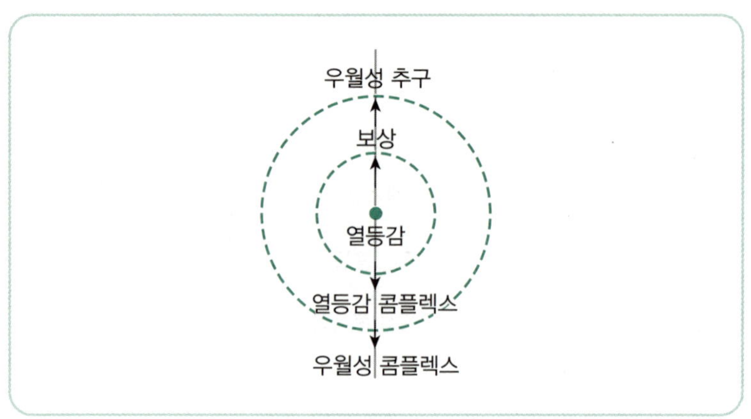

고 지내던 한 사람이 시험마다 떨어지고 집에서 백수로 지내는데, 어느 날 그 사람이 뉴스를 보면서 신랄하게 정치 비평을 하는 것을 본 적이 있다. 아들러의 관점에서 그의 행동은 일종의 우월성 콤플렉스라고 볼 수 있을 것 같다. 그는 자기가 가지고 있는 심각한 열등감을 감추기 위해서 다른 사람을 비난하고 비판하는 과정에서 일종의 우월성을 느끼는 것처럼 보였기 때문이다. 우월성 콤플렉스라고 하기는 어렵지만, 학교 폭력의 피해자가 어느 날 가해자가 되어 다른 학생을 가혹하게 대하는 것을 본 적이 있는데, 이것도 열등감에 대한 보상 심리가 작용하고 있다는 점에서는 열등감 콤플렉스와 비슷한 측면이 있다. 정말로 자아존중감이 높은 사람이라면 돈이나 권력, 육체적인 힘으로 타인에게 갑질을 하지는 않을 것이기 때문이다.

이처럼 열등감에 대한 보상으로 우월성을 추구하는 상승 흐름이 있고, 반대로 낙담하여 열등감 콤플렉스와 더 극단적인 경우 우월성 콤플렉스로 향하는 하강 흐름이 있다. 개인의 활동성과 밀접하게 관련된 이 심리적 역동의 수직축은 사회적 관심을 의미하는 수평축과 상호작용하면서 어린 시절의 인상적인 경험을 통해 일종의 사회적 생존방식으로써 각 개인의 고유한 생활양식을 형성하게 한다.

사회적 관심의 배양

"아들러는 인간은 사회적 존재이기 때문에 사회적 관심, 즉 공동체 의식의 잠재력을 가지고 태어난다고 보았습니다. 하지만 이 잠재력을 경험과 훈련을 통해 개발하지 않으면 잘 작동하지 않습니다. 『정글북』의 모글리나 영화 〈타잔〉의 주인공처럼 어린 시절에 인간과 떨어져 살아간다면 이런 능력이 개발되지 않아 인간 사회에 적응하기 힘들 것입니다.

사회적 관심, 공동체 의식은 '공동체의 일원이라는 생각, 느낌 그리고 행동'을 말하는데, 특히 아들러와 드레이커스는 사회적 관심이 협동과 기여의 행동으로 나타날 때 진정한 의미가 있다고 보았습니다."

아들러 심리학의 출발점인 열등감은 개인에게만 해당되는 것이 아니다. 개인적 측면에서 열등감과 우월성 추구가 수직축이라면, 수평축은 인류라는 측면에서 열등감에 대한 보상으로 사회를 형성한 것이 된다. 우리 인류는 자연 상태에서 보면, 맹수의 발톱과 이빨, 코끼리의 힘에 비하면 정말 열등한 존재이다. 자연 상태에서 우리 인간은 굉장히 취약한 동물이다. 이런 열등감을 극복하기 위해서 인간은 불과 도구를 이용하기 시작했다.

특히 원시 신앙인 샤머니즘에서 지혜를 가진 정신적 리더인 샤먼은 신화를 통해서 혈연관계를 넘어서는 큰 사회 집단을 만들었던 것 같다. 적어도 약 5만 년 전에는 우리 인간이 이렇게 사회를 형성한 것으로 보인다. 자연계에서 인류의 열등감은 이렇게 사회를 형성함으로써 극복되었다.

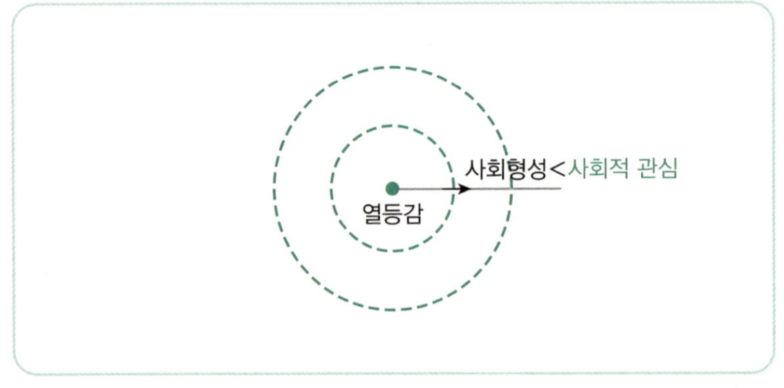

사회 집단은 공격과 방어에 모두 유리하게 작용했다. 인간은 무리를 지어서 더 많은 동물을 사냥할 수 있게 되었다. 또한 함께 모여서 마을을 이루고 높은 울타리를 만들거나, 돌아가면서 보초를 서서 맹수들의 습격을 방어할 수 있었다. 이렇게 우리 인류는 자연계의 약자라는 열등감을 사회를 형성하면서 극복할 수 있었다. 그리고 인간이 사회적 존재로 문화적인 진화를 이룸에 따라, 앞에서 이야기한 '사회적 뇌 가설'처럼 생물학적 변화까지 일어나게 되었다. 그 말은 인간이 사회적 존재로 기능할 수 있는 잠재력을 가지고 태어난다는 뜻이다. 참고로 그 잠재력을 기르기 위해 인간의 유아는 태어나자마자 걷기 시작하고 먹이활동을 하는 다른 동물들과 달리 성인에 의존하여 살아가는 긴 유년기를 보내게 된 것이라고 한다. 어쨌든 이렇게 사회적 존재로 진화하게 된 인간에게 사회적 관심은 필수적인 요소가 되었다. 그렇기 때문에 아들러는 사회적 관심 또는 공동체의식을 정신건강 및 적응의 척도라고 강조하였다.

아들러 심리학의 이론 전개 과정에서 사회적 관심은 가장 나중에 등장한 개념이지만, 아들러가 가장 강조했던 개념이기도 하다. 아들러는 한때 사회주의 이론에 심취했으며, 제1차 세계대전을 경험하면서 인류 공동체의 평화를 위해 사회적 관심이란 개념을 제시하였다. 유능한 아들러 심리학 연구자이자 저명한 상담가인 코르시니(Corsini)는 사회적 관심이라는 철학에 바탕을 두고 있다는 점에서 아들러 심리학이 그 어떤 심리학 체계보다 우수하다고 평가하였다.

사회적 관심은 독일어 'gemeinschaftgefühl'의 번역어이다. gemeinschaftgefühl은 영어로 community feeling(공동체감), communal sense(공동체의식), social feeling(사회적 감정), social interest(사회적 관심) 등으로 다양하게 번역되었다. 이 중에서 아들러는 'social interest'란 용어를 선호하였다. 왜냐하면 의식이나 감정보다 사회적 관심을 가지고 행동하는 것이 중요하다고 보았기 때문이다. 일반적으로 연구자들은 gemeinschaftgefühl을 번역하면서 주로 공동체감(community feeling)과 사회적 관심(social interest)을 혼용하는 경향이 있다. 한국에서도 이러한 전통에 따라 공동체감, 공동체의식, 사회적 관심 등의 용어를 혼용하여 사용하고 있다. 이 책에서는 아들러가 사용했던 사회적 관심이란 용어로 통일해서 쓰기로 한다.

사회적 관심은 광범위하며, 다차원적이고, 복합적인 개념으로서 이를 개념적으로 정의하는 데 많은 어려움이 있었다. 다음은 주요 이론가 및 연구자들이 사회적 관심을 정의한 것이다. 아들러는 '사회적 관심을 다른 사람의 눈으로 보고, 다른 사람의 귀로 듣고, 다른 사람의 마음으로 느끼는 것'이라고 설명하였다. 안스바허(Ansbacher)는 '인류의 복지에 대한 관심'이라고 하였으며, 모삭(Mosak)은 '가설적인 복합 개념'으로 개념화해야 한다고 주장하였다. 이와 관련하여 몇몇 연구자들은 심리학에서 인간을 이해하는 기본 틀과 관련지어 사회적 관심을 인지, 정서, 행동의 복합적인 개념으로 보아야 한다고 주장했다. 따라서 사회적 관심은 '공동체의 일원이라는 생각과 감정 그리고 그에 따른 행동 경향성'이라고 포괄적으로 정의할 수 있다.

아들러를 비롯한 개인심리학의 주요 이론가들은 사회적 관심이 협동과 기여로 표현된다는 데 대부분 동의하고 있다. 먼저, 아들러는 공동체에서 분업으로 나타나는 협동이야말로 인간의 생존을 위해 꼭 필요한 것이라고 하였다. 기여와 관련하여 그는 현재 인간의 삶은 과거 조상들의 기여에 의지하고 있으며, 타인의 노력에 의지하고 있다고 하였다. 따라서 삶의 의미도 본질적으로 타인의 삶에 또는 전체에게 기여할 수 있을 때 얻게 된다고 보았다. 아들러는 우울증의 근본 원인은 협동 정신의 결여이므로, 환자가 주위 사람들과 평등한 입장에서 협동할 수 있을 때 병이 고쳐진다고 보았다. 또한 그가 다른 사람들에게 기여할 수 있다면 그는 결코 다른 사람들보다 뒤떨어진다고 생각하지 않을 것이며, 따라서 패배감도 느끼지 않을 것이라고 하였다. 이와 같이 아들러는 치료에 있어서도 협동과 기여의 요소를 강조하였다.

한편, 드레이커스는 인간관계와 관련하여 좋은 동료의 특징을 다음과 같이 두 가지로 기술하였다. 첫째, 협동에 대한 준비도이다. 예를 들어, 어떤 한 사람이 다른 사람들과 처음 만났을 때, 그가 얼마나 빨리 다른 사람과 접촉하는지, 어느 정도까지 자신을 그들에게 맞추는지, 그들과 함께 느끼고 이해할 수 있는지 등을 관찰함으로써 그의 협동 능력을 평가할 수 있다. 둘째, 보상을 바라지 않고 기여하려는 마음이다. 자신이 준 것보다 덜 요구하는 사람만이 전체의 일부로서 소속감을 느끼며 행복을 찾을 수 있다. 이렇듯 드레이커스는 사회적 관심이 협동과 기여의 행동으로 표현된다고 보았다. 따라서 그는 개인의 협동 능력 및 기여 능력을 그의 사회적 관심의 발달 정도를 나타내는 척도로 볼 수 있다고 하였다.

사회적 관심의 개념을 다각도로 검토하였던 안스바허는 사회적 관심을 사회와 관심이라는 두 가지 요소로 구분하여 설명하였다. 사회는 대상이며, 관심은 과정으로써 태도를 말한다. 그는 과정 차원에서 사회적 관심의 발전 단계를 개발되어야 할 타고난 적성, 협동하고 기여하는 능력, 평가적 태도라는 3단계로 구분하였다. 결론적으로 그는 사회적 관심을 타인의 이익에 대한 관심으로 정의하였다. 하지만 행동으로 나타나지 않는 태도는 별 의미가 없다. 따라서 그는 태도가 행동으로 연결되는 것이 중요하다고 하였다. 이렇듯 아들러 심리학의 주요 이론가들은 사회적 관심이 협동과 기여의 행동으로 표현된다는 것을 끊임없이 강조하였다.

"그러면 사회적 관심과 반대편에 있는 건 무엇일까요? 그것은 바로 개인적인 이익만을 추구하는 것입니다. 인간이 사회를 형성하다 보니까 공격과 방어가 유리해져서 생존확률이 높아지고, 결국 지구의 지배자, 우주의 개척자가 되었습니다. 그런데 이런 이점이 있었던 반면, 무임승차자나 사기꾼들, 즉 개인적인 이익만을 추구하는 사람들이 문제점으로 떠올랐습니다. 무임승차자는 사냥을 하는데, 시늉만 하고 있다가 분배할 때는 같이 참여하는 거예요. 사기꾼은 보다 더 적극적으로 자신의 이득을 취하기 위해서 다른 사람을 이용합니다.

그래서 우리는 항상 인간관계에서 고민을 합니다. 함께 살아야 하는데, '이 사람이 친구인가 적인가?'를 판단해야 하는 아주 어려운 문제를 안고 가게 된 것입니다."

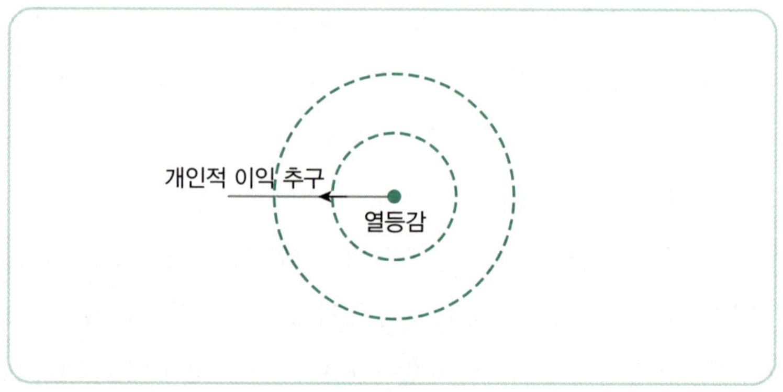

개인주의적 성향이 높은 사람들은 자아를 집단과 별개의 독특한 단위로 지각하고, 개인의 목표 추구가 집단에 누를 끼치더라도 개

인의 목표를 강조하며, 집단의 결속에 관심이 적고 정서적으로도 거리감을 갖고 있다는 점에 비추어 볼 때, 아들러 심리학적 관점에서는 나홀로족의 생활양식이 사회적으로 유용하지 못한 생활양식(life style)으로 분류될 가능성이 높다. 이들의 생활양식은 개인적 관심을 추구하는 데 초점이 맞추어져 있는 것으로 보인다. 따라서 이들은 아들러가 공동체의 요구이자 삶의 조건으로 제시한 일, 관계, 사랑이라는 세 가지 인생과제(life task) 중에서 경제적 필요 및 자기만족을 위하여 일과제에만 몰입하고, 타인과의 사회적 관계를 소홀히 하거나, 나아가 사랑과제를 회피하는 경향을 보이기 쉽다. 그 결과 이들은 인간의 가장 기본적인 욕구 중 하나인 소속 욕구(need of belonging)를 충족시키기 어려우며, 그로 인해 삶의 만족도가 낮거나, 나아가 우울증과 같은 정서적 문제를 일으킬 가능성이 높아진다. 한편, 개인주의의 심화는 사회적 갈등의 원인이 되기도 한다. 최근 한국에서 문제가 되고 있는 가정 폭력, 학교 폭력 그리고 여러 이익 집단들 간의 사회적 갈등도 물질만능주의와 개인주의에서 비롯된 경쟁과 비교의 결과라고 할 수 있다.

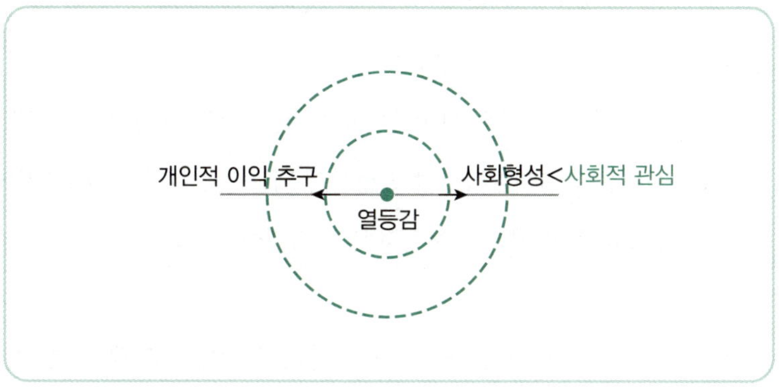

일찍이 아들러는 이러한 문제의 해결책이 사회적 관심(social interest)이라는 타고난 적성을 훈련시키는 것이라고 하였다. 사회적 관심이란 인간이 사회적 존재로서 타인의 복지에 대한 관심을 갖고 활동함을 말한다. 사회적 관심은 개인의 정신건강 및 적응의 척도로써, 아들러 심리학의 핵심 개념이라고 할 수 있다. 나아가 아들러는 개인이 우월성 추구의 개인적 목표를 사회적 관심과 결합시킴으로써 소속감을 느낄 때 진정한 행복을 경험할 수 있다고 주장하였다.

생활양식의 형성

"아들러 심리학에서 생활양식(life style)이란 삶의 전제가 되는 기본 가정을 말하며, 성격과 유사한 의미로 쓰입니다. 생활양식의 가장 쉬운 예는 헤어스타일, 패션스타일입니다. 다양한 삶(life)의 모습에 반복되는 패턴을 의미하는 스타일(style)을 붙이면 생활양식이 됩니다. 생각하는 스타일, 말하는 스타일, 느끼는 스타일, 행동하는 스타일 등을 모두 생활양식이라고 할 수 있습니다.

그런데 주의해야 할 것은 생활양식이란 말은 앞에서 예로 든 패션스타일처럼 보이는 측면이 있고, 삶의 전제가 되는 가정이라고 했을 때는 성격과 같은 의미로 사용하는 보이지 않는 측면을 말한다는 것입니다."

아들러는 두 가지 측면에서 인간을 사회적 존재라고 했다. 첫째,

개인의 성격은 사회적 관계 속에서 형성된다. 둘째, 개인의 삶은 타인과 주고받는 과정으로 진행된다. 아들러 심리학 체계에서 전자는 생활양식에 해당하고, 후자는 인생과제와 관련된다. 생활양식을 인생과제에 대처하는 개인의 고유한 방식이라고 할 때 둘은 서로 연결된다. 다음에서는 먼저 아들러 심리학 이론의 중심이 되는 생활양식과 사회적 관심의 관계를 살펴보기로 한다.

아들러는 성격이란 우월 욕구가 공동체감과 상호작용하면서 형성되는 행동패턴이라고 하였다. 따라서 건전한 인격 형성을 위해서는 양육 과정에서 사회적 관심을 개발하는 것이 중요하다. 특히 어머니는 아이와 협동관계를 형성한 후, 이를 아버지와 기타 가족, 친구, 친척, 인류로 확장시켜야 한다. 이렇게 사회적 관심을 개발한 사람은 사회적으로 유용한 생활양식을 갖게 된다. 이들은 타인과 협동하고 공동체를 위해 기여하는 행동을 함으로써 다른 사람들에게 좋은 동료가 된다. 반면, 신체적으로 열등한 아이나 응석받이로 자란 아이 또는 무시된 아이는 타인과 협동하는 훈련을 받지 못해

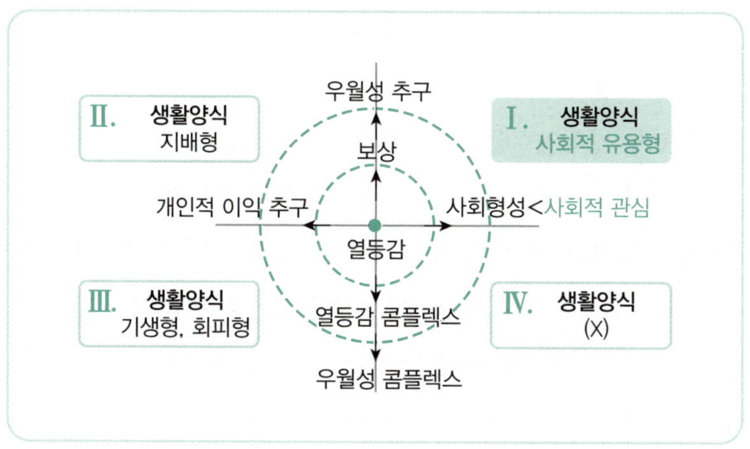

여러 가지 문제에 직면하게 된다. 예를 들어, 사춘기에 문제 행동을 보이거나, 사회에 잘 적응하지 못하고 사회적으로 유용하지 않은 생활양식을 갖게 된다. 심한 경우에는 정신과적 증상을 보인다거나, 범죄자가 될 수도 있다.

아들러 심리학에서 개인의 성격을 기술하는 용어로서 생활양식이란, 삶을 영위하는 근거가 되는 기본적인 전제와 가정을 의미한다. 생활양식은 대부분 4~5세경에 열등감에 대한 보상으로 우월성을 추구하는 과정에서 형성되며, 이후 개인의 생활양식은 거의 변하지 않는다. 아들러는 사회적 관심과 활동 수준에 따라 생활양식을 네 가지 유형으로 구분하였는데, 그중 사회적 관심과 활동 수준이 모두 높은 사회적 유용형을 제외한 나머지 지배형, 기생형, 회피형 등은 사회적으로 유용하지 못한 생활양식이라고 할 수 있다. 이러한 유형의 사람들은 사회적 관심의 정도가 낮고 자기이익만을 위해 행동하기 때문에 사회적으로 바람직하지 못한 행동패턴을 보이며, 그 결과 공동체와 분리되어 정서적인 고통을 경험하게 된다.

아들러는 생활양식을 크게 네 가지로 구별했다. 바로 우월성을 추구하는 활동 수준과 사회적 관심이 높고 낮음에 따라서 네 가지 유형을 구별했다. 특히 앞에서 제시한 아들러 성격 이론 개념도에서 제1사분면에 해당하는 영역이 바로 우월성을 추구하면서도 사회적 관심이 높은 사람들의 생활양식으로, 사회에 도움이 되는 생활양식이란 의미에서 사회적 유용형이라고 부른다.

그 이외에는 모두 사회적으로 유용하지 못한 생활양식이다. 제2사분면은 지배형 생활양식이다. 이런 생활양식을 가진 사람들은 개인적인 우월성을 추구해서 활동성이 높지만, 사회적 관심이 낮아 자기의 이익만을 추구하고 남들을 이용하는 사람들이다.

반면, 제3사분면은 기생형 생활양식 또는 회피형 생활양식이다. 이쪽에 있는 사람들은 개인의 이익을 추구하면서도 열등감 때문에 활동성이 낮다. 기생형은 캥거루족처럼 부모에게 의존하는 스타일이고, 회피형은 두려움 때문에 인간관계나 자기가 해야 할 일을 피하는 유형이다.

문제는 제4사분면이다. 아들러는 이렇게 사회적 관심이 높은데 활동 수준이 낮은 유형은 없을 것이라고 했다. 그런데 한국에서 연구를 하면서 분석을 해 보니 사회적 관심이 높은데도 불구하고 활동 수준이 낮은 사람들이 존재했다. 그래서 한국의 연구자들은 이 부분을 소극적 사회형 생활양식이라고 명명했다. 소극적 사회형이란 사회적 관심은 있지만, 수줍음이나 두려움 때문에 사회적 활동에 참여하기를 꺼리를 유형이라고 본다.

이렇게 아들러가 생활양식을 크게 네 가지 유형으로 구분했지만, 주의해야 할 것은 각 개인의 생활양식은 모두 다 다르다는 것이다. 그것은 개인의 수직적 심리적 역동과 수평적 심리적 역동이 다 다르기 때문이다. 마치 누구나 지문을 가지고 있지만, 그 지문의 모양은 다 다른 것과 같다.

이선정(42, 여)의 초기기억

> 6세경, 집 앞 수돗가에서 엄마가 쌀을 씻고 있었다. "엄마, 내가 쌀 씻을게." 나는 엄마에게 쌀을 달라고 해서 수돗가에 앉아서 씻었다. 쌀 씻을 때 손에 물이 닿으니 시원했고, '쓱싹쓱싹' 소리가 재미있었다. 쌀을 씻어서 엄마에게 드리니, 엄마가 "잘 씻었네."라고 칭찬해 주셨다.

- 가장 인상적인 부분은 엄마가 "잘 씻었네."라고 칭찬해 주신 것이다.
- 그때의 감정은 즐거움, 뿌듯함이다.

일반적으로 생활양식을 평가할 때는 자신, 타인, 세상에 대한 논리와 생존 전략 한 가지를 더해 모두 네 개의 사적논리를 찾는 데 초점을 둔다. 예를 들면, 앞에 소개한 이선정 씨의 초기기억에서는 '나는 별로 관심 받지 못한다. 다른 사람은 자기 일로 바쁘다. 세상은 자기가 하기 나름이다. 따라서 나는 다른 사람이 원하는 것을 해 주어야 한다. 먼저 손을 내밀어야 한다.'라는 사적논리가 작용하고 있음을 확인할 수 있었다.

이렇게 초기기억 속에 담긴 생활양식을 파악하게 되면, 현재의 생활양식을 이해할 수 있다. 이 프로그램에 참여했을 무렵, 선정 씨는 친구와의 인간관계에서 스트레스를 경험하고 있었다. 그녀의 고민은 최근 어떤 친구를 위해서 함께 여행을 갔는데 그 친구가 '자신을 너무 배려하는 게 불편하다.'라는 식으로 말해서 마음이 상했다는 것이다. 선정 씨의 스트레스는 자신의 생활양식에 따라 친구를 위해 여행을 함께 가 주었는데, 친구가 그녀의 핵심신념(상대가 원하는 것을 해 주면 그 사람은 나를 사랑해 줄 것이다.)에 위배되는 말(당신이 나를 배려한다고 하는 게 불편하다.)을 해서 분노하게 된 것이다. 그녀의 스트레스 경험을 A-B-C-N-R로 요약해 보았다.

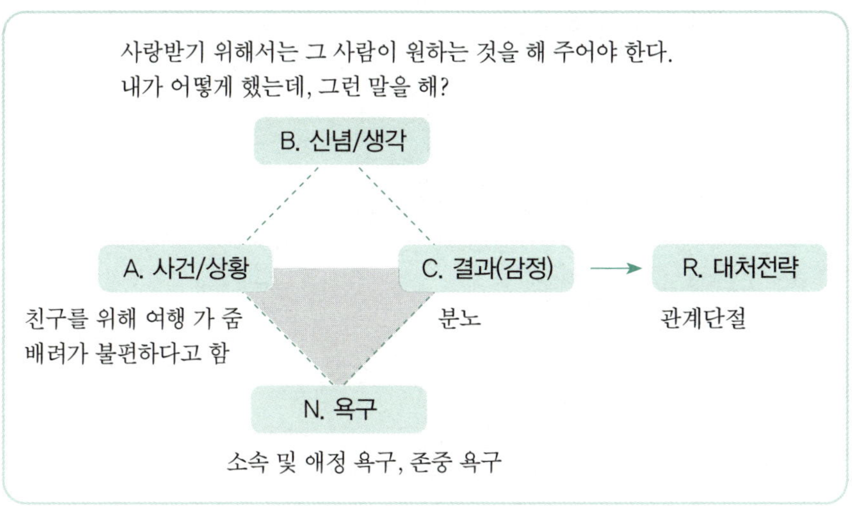

선정 씨는 어릴 때 엄마에게 칭찬받았던 경험을 통해 자신도 모르게 '사랑받기 위해서는 그 사람이 원하는 것을 해 주어야 한다.'라는 논리를 갖게 된 것 같다. 다른 사람에게 먼저 다가가서 그 사람이 원하는 것을 해 주는 방식으로 살다 보니, 한편으로는 사랑을 받지만 자신의 욕구나 감정을 죽이고 그런 태도를 유지하는 게 너무 힘들었다고 한다. 또 한편으로는 어떤 사람에게 신경 써서 잘해 주었는데 그 사람이 자신에게 안 좋은 말이나 행동을 하면 배신감에 상처를 받고 관계를 끊어 버리는 경우가 반복되었던 것이다. 이 사례에서 초기기억과 현재 인생과제 스트레스의 관계를 그림으로 그려 보면 다음과 같다.

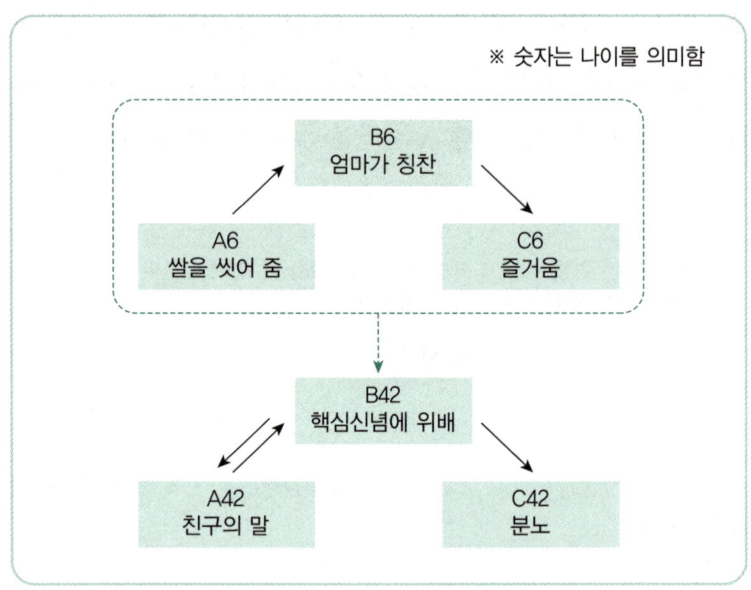

아동기 초기의 인상적인 경험은 초기기억(A6-B6-C6)으로 저장되어 현재의 생활양식(A42-B42-C42)에 영향을 미친다. 그 결과 인간관계라는 인생과제에서 문제를 유발하게 되었던 것이다. 이처럼 한 개인의 삶을 이해하기 위해서는 초기기억 분석을 통해 생활양식에 담긴 사적논리를 파악하는 것이 중요하다.

초기기억 속에 숨겨진 삶의 1급 비밀을 찾는 과정은 인생과제의 문제와 관련성이 높은 초기기억 선정하기, 사적논리 추론하기, 그리고 스트레스를 유발하는 사적논리 확인하기 등 3단계로 진행한다.

사적논리 추론하기 1단계에서는 인생과제의 문제 또는 스트레스와 관련성이 높은 초기기억을 찾는다. 이는 초기기억이 현재의 생활양식을 투사하고 있다는 원리에 따른 것이다. 투사(projection)는 어떤 상황이나 자극에 대한 해석이나 표현에 심리 상태나 성격이 반영되는 것을 말한다. 투사를 설명할 때 가장 쉬운 예는 강의실 천장에 자리 잡고 있는 빔 프로젝터(beam projector)이다. 먼저 화면에 보이는 영상에 주목하도록 하고, 이 영상이 어디에서 온 것인지 묻는다. 그리고 천장을 가리키며, 저기 있는 프로젝터에서 투사된 것이라고 설명한다.

이와 같이 초기기억은 현재의 생활양식을 투사하고 있다. 따라서 초기기억 속에서 사적논리를 추론할 수 있는 것이다. 우선 각각의 초기기억에 대해 이름을 붙인다. 그리고 '초기기억 회상 활동지'와 '스트레스 경험나누기 활동지'를 보면서 초기기억과 인생과제 스트레스가 동일한 인생과제에 대한 것인지, 또는 초기기억의 인상적인 장면에서 도출되는 주제 또는 그와 관련된 감정과 관련성이 있는지를 점검하여 표시한다. 실제 프로그램을 진행할 때는 초기기억과 인생과제 스트레스의 관련성을 요약하도록 한다. 그리고 그 내용을 전체 그룹에서 발표하고 함께 검토하면서 최종적으로 인생과제 스트레스와 관련성이 가장 높은 초기기억 '하나'를 선정한다.

고시생의 초기기억

> 4~5세경이었다. 지금 내 방으로 쓰고 있는 방의 문에는 가나다가 적힌 작은 포스터가 붙어 있었다. 나는 '가'부터 '하'까지 모두 빨리 읽었고, 엄마와 아빠가 칭찬을 해 주셨다. 그때 정말 기뻐하면서 모음 포스터도 같이 읽었다. 그 포스터를 다 읽고 엄마, 아빠에게 동화책을 같이 읽자고 졸랐다.

- 가장 인상적인 부분은 "종서는 국어를 잘 하네!"라는 말을 들은 것이다.
- 그때의 감정은 즐거움이다.
- 자료에 근거하여 → 강점 찾기(5개 이상)

  자음과 모음 포스터, 동화책 → 국어/언어, 학습능력

  동화책을 같이 읽자 → 자기주장, 요청, 학구열, 협동

  빨리 읽었고, 칭찬을 해 주셨다. → 요령, 성취/우월추구, 가족애, 칭찬능력

  종서는 국어를 잘 하네! → 강점감각이 청각

고시생의 인생과제 스트레스는 시험기간에 몸이 아프다는 것이다. 앞의 초기기억도 학업과 관련되므로 둘은 인생과제 관련성이 높다고 할 수 있다. 단, 이 사례의 초기기억은 칭찬을 받는 상황이고, 스트레스 경험에서는 시험에 대한 부담감으로 신체적 증상이 나타나는 경우라서 감정 연관성은 높지 않았다. 이렇게 인생과제가 동일한 경우라도 감정은 상반되게 나타날 수 있다.

눈치코치의 초기기억

> 3~4세경이었다. 가족들과 함께 불국사를 갔다. 멋있어 보이는 장난감을 좋아해서, 파워레인저 같은 장난감을 가지고 갔다. 불국사를 구경하고 마지막으로 언니와 함께 다보탑 앞에서 기념사진을 찍으려 했다. 평소 사진 찍는 걸 싫어해서, 다보탑 모퉁이에서 우는 상태로 사진을 찍었다. 반면, 언니는 웃는 얼굴로 사진을 찍었다.

- 가장 인상적인 부분은 다보탑 모퉁이에서 우는 상태로 사진을 찍은 것이다.
- 그때의 감정은 슬프고, 짜증 난 것이다.
- 자료에 근거하여 → 강점 찾기(5개 이상)

  우는 상태로 사진을 찍었다. → 감정표현, 자기표현/자기주장

  웃는 얼굴로 → 비교/판단, 대조/대비

  멋있어 보이는 장난감을 좋아해. → 호불호가 확실

  가족과 함께, 여행 → 가족애, 여행

  불국사, 다보탑 → 지명(지리 지각), 역사

눈치코치의 초기기억에서는 사진 찍기 싫다고 해서 주위 사람들을 난처하게 만들었는데, 눈치코치가 친구에게 눈치 없이 말을 해서 관계가 안 좋아졌다는 것은 동일한 문제이므로 인생과제 관련성이 높다. 특히 '눈치 없는 말과 행동은 다른 사람을 힘들게 한다.'라는 주제가 일치하므로 주제관련성도 높은 사례라고 할 수 있다.

모험가의 초기기억

> 유치원 앞 놀이터 미끄럼틀에서 떨어져서 모래가 입에 왕창 들어왔다. 당황스러워서 유치원 선생님께 갔다. 선생님도 당황해서 여러 번 씻겨 주셨다. 모래 맛도 나고 모래가 씹히기도 했지만, 다시 놀이터로 갔다.

- 가장 인상적인 부분은 모래가 입에 왕창 들어온 것이다.
- 그때의 감정은 당황스러움, 망했다, 거부감이다.
- 자료에 근거하여 → 강점 찾기(5개 이상)

  유치원 앞 놀이터에서 미끄럼틀 → 놀이능력

  당황스러워서 유치원 선생님께 갔다. → 문제해결/위기대처능력, 도움요청능력

  선생님도 당황해서 여러 번 씻겨 주셨다. → 돌봄 능력

  모래 맛도 나고 모래가 씹히기도 했지만 → 미각과 촉각

  다시 놀이터로 갔다. → 의지력, 회복력

모험가의 초기기억에서 인상적인 장면은 모래가 입안에 들어간 것인데, 그때의 감각은 껄끄러움이고 감정은 거부감이기 때문에, 인생과제 스트레스 경험에서 현재 다니는 학과 전공이 마음에 들지 않는 상황에서 느끼는 거부감과 비슷하므로 감정 관련성이 높은 사례이다.

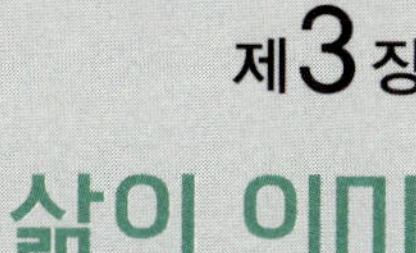

제3장 삶의 의미

심리학은 인간의 심리에 대해 과학적으로 연구하는 기초심리학과 이를 삶에 적용하는 응용심리학으로 나눌 수 있다. 응용심리학의 대표적인 분야가 상담심리학이다. 그중에서도 아들러 심리학은 무의식에서 작용하는 정신에너지의 역동을 강조하는 정신역동접근으로 분류할 수 있다.

이 장에서는 아들러 심리학, 아들러 상담의 최종 목적지라고 할 수 있는 '삶의 의미'에 대해 살펴보기로 한다.

심리학과 상담

"인류문화, 그중에서도 진리를 추구하는 것을 학문이라고 합니다. 심리학은 인문사회과학에 속하죠? 심리학은 과학적 접근이란 점에서 특별한 위치를 차지하고 있습니다. 그리고 심리학은 인간의 심리에 대해 과학적으로 연구하는 기초심리학과 이를 삶에 적용하는 응용심리학으로 나눌 수 있습니다. 응용심리학의 대표적인 분야가 상담심리학입니다. 그리고 아들러 심리학은 상담의 주요 접근 중 정신역동 접근으로 분류할 수 있습니다.

아들러식 상담의 과정과 목적 등에 대해 살펴보기에 앞서, 심리학과 상담에 대해 알아보겠습니다."

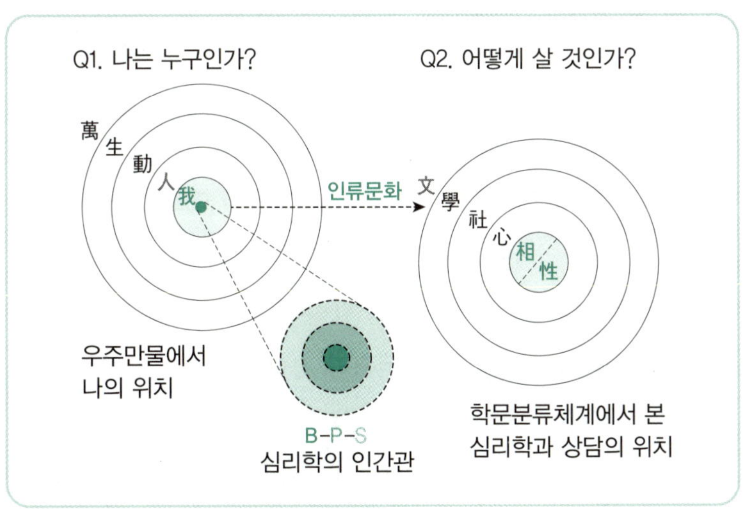

인간의 삶은 문제해결의 과정이다. 이러한 맥락에서 보면, 문화라는 것도 인류가 다양한 삶의 문제들을 어떻게 해결했는지를 보여

주는 결집체라고 할 수 있다. 그중에서도 삶의 지혜를 연구하고 체계화시킨 것을 학문이라고 한다. 그렇다면 학문 분류체계 속에서 집단상담은 어디쯤 위치하고 있을까? 집단상담의 상위 범주는 상담학이다. 상담학은 심리학에 속한다. 그리고 심리학은 사회과학의 한 분야이다.

심리학은 인간의 행동 및 정신과정을 과학적으로 연구하는 학문이다. 그렇다면 그 이전에는 어떠했을까? 인간이 사회적 존재로 진화한 이래, 인간 심리를 이해하기 위한 다양한 접근이 시도되었다. 대표적인 것이 종교, 철학, 문학, 예술이다. 기독교의 원죄론과 불교의 무아론, 유학에서의 인성논쟁과 실존주의의 불안, 삶의 고뇌를 표현한 햄릿의 대사["사느냐 죽느냐 그것이 문제로다(To be, or not to be, that is the question)."] 그리고 에드바르 뭉크(Edvard Munch)의 〈절규〉라는 그림이 떠오른다. 이러한 방식은 모두 인간의 심리에 대한 '주관적 견해'를 표현한 것이다.

빌헬름 분트(Wilhelm Maximilian Wundt)가 1879년에 '심리학 실험실'이란 푯말을 걸고, 인간의 심리를 '과학적'으로 연구하겠다고 선언한 이래, 심리학은 인간의 마음을 '객관적'으로 연구함으로써 많은 사람들에게 강력한 영향력을 발휘해 왔다. 즉, 심리학에서 해결하고자 했던 문제의 본질은 '주관적 경험과 사고의 함정 또는 오류'와 관련이 있다. 예를 들어, 자신은 키가 크다고 생각하는 사람이 있다고 하자. 그는 자신의 생각이 절대적 사실이라고 생각하고 느끼고 행동할 것이다. 이때 객관적 기준인 동일 연령의 평균 신장을 제시한다면, 그의 생각이 달라질 수 있다. 또 한 가지 예를 들면, 많은 사람들이 누군가 어려운 일을 당하는 것을 보면 도와줄 것이라고 이야기를 했는데, 현실에서는 많은 사람들이 방관하는 행동을 보였다. 이러한 관찰에 대해 가설을 세우고 연구방법에 따라 결과를 도출하고 이를 해석하여 '책임감 분산 효과'를 발견하게 되었다. 이렇게 심리학의 객관적이고 과학적인 연구결과를 아는 것만으로도 주관성의 함정과 오류를 개선하여, 합리적인 삶을 살아갈 수 있게 되는 것이다. 심리학이 연구와 교육을 통해 이를 가능하게 한다면, 상담에서는 대화과정을 통해 내담자가 자신의 주관적 경험과 사고의 틀을 자각하고 확장함으로써 문제를 해결하도록 안내한다. 이렇게 심리적 문제를 해결하는 과정을 통해 궁극적으로 우리는 자아실현, 사회적 적응, 행복, 삶의 의미 등에 도달하게 된다.

심리학에서 인간을 바라보는 기본적 관점은 생물심리사회적 모델(bio-psycho-social model)이다. 생물심리사회적 모델은 정신 의학자 조지 엥겔스(George Engels)가 물리적 측면에만 초점을 맞춘 전통적인 의료 모델에 반대하여, 건강과 질병을 생물학적 · 심리적 · 사회적 요인을 포함하는 일련의 요인으로 이해하기 위해 개발한 접근방식이다. 원래는 의학에 적용하기 위해 만들어졌지만 나중에는 심리학, 사회복지학 등 다른 분야로 확장되었다. 각각의 관점이 인간의 어떤 측면을 강조하고 있는지 살펴보면 다음과 같다.

첫째, 인간은 생물학적 존재이다. 생물학적 측면에서는 인간의 진화와 유전 그리고 신체의 구조와 기능을 강조한다. 이 관점에서는 인간의 심리적 작용도 뇌와 신경계의 작용에 근거한다고 본다.

예를 들어, 생물학적 측면에서는 우울증이 유전적 소인과 함께, 뇌의 신경 전달 과정에서의 이상 때문에 발생한다고 설명한다.

둘째, 인간은 심리적 존재이다. 일반적으로 심리적 측면은 인지, 정서, 행동으로 나눈다. 인지적 측면에서 볼 때, 인간은 분명 생각하는 동물이다. '나'라는 생각을 갖고, 각자 자신의 생각에 따라 행동하는 존재이다. 정서적 측면에서 볼 때, 인간은 감정이 있지만 인공지능로봇은 감정을 느낄 수 없다. 그러므로 감정이 인간다움의 핵심이다. 행동적 측면에서 볼 때, 행동은 객관적으로 관찰 가능하기 때문에 과학적 심리학의 주된 연구의 대상이 된다. 예를 들어, 심리적 측면에서 우울증은 부정적 자동적 사고(인지)로 인한 우울한 감정(정서)이 핵심이다. 그리고 우울증 환자들은 무기력한 모습(행동)을 보이거나, 극단적인 경우 자해나 자살을 시도하기도 한다.

셋째, 인간은 사회적 존재이다. 아들러는 그의 대표작 『인간이해』에서, 한 개인을 이해하기 위해서는 그가 사회적 존재임을 기본 전제로 삼아야 한다고 주장했다. 사회적 존재라는 말 속에는 두 가지 의미가 들어 있다. 먼저 인간의 성격이 사회적 관계를 바탕으로 형성된다는 것이다. 심리학적으로 성격은 유전과 환경의 상호작용으로 형성된다. 이때 부모는 유전적 요인 및 환경적 요인 모두에서 가장 먼저 영향을 미치며, 가장 중요한 경험을 제공한다. 또한 그의 삶은 사회적 관계 속에서 타인과 주고받는 과정에 따라 진행된다는 의미이다. 인간은 홀로 살아갈 수 없으며, 사회적 관계 속에서 다른 사람과 여러 가지를 공유하고, 교류하면서 살아간다. 예를 들어, 사회적 측면에서 우울증은 아동 초기의 부정적 관계경험 및 현재의 인간관계 경험과 매우 밀접한 관계가 있는 것으로 알려져 있다.

때때로 우울증은 주변 사람들의 관심을 끌기 위한 수단이 되기도 한다.

상담은 상담자와 내담자의 신뢰관계를 바탕으로 내담자가 자각확장을 통해 문제를 해결하도록 돕는 과정이다. 이 정의에서처럼 상담을 통해 치유효과가 나타나게 되는 핵심 원리는 '자각확장'이다. 이와 유사한 또는 관련된 용어로는 자기이해, 알아차림, 통찰 등이 있다. 심리학에서 말하는 자각에는 감각 자각, 주의 자각, 인지 자각, 정서 자각, 행동 자각, 욕구 자각 등이 있다. 한편으로는 문제, 원인, 해결, 방법을 아는 것도 자각이라고 할 수 있다. 자각의 주체는 자아(自我)이다. 그렇다면 집단원이 자각확장을 통해 문제해결에 이르기 전 상태는 어떤 상태일까?

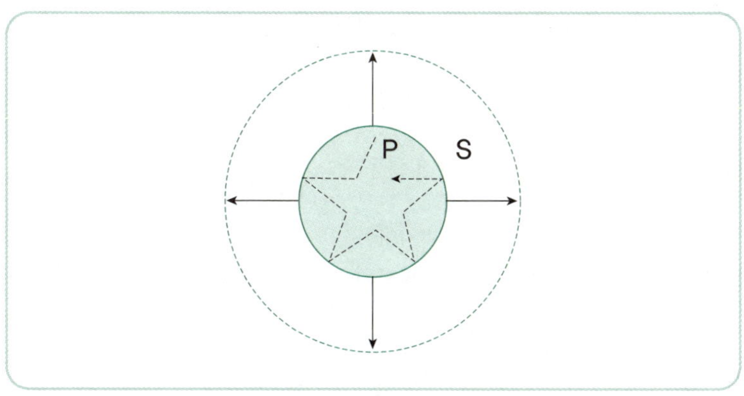

문제해결과정에서 자각확장

앞의 그림에서 안쪽의 작은 원은 문제를 경험하고 있는 집단원의 의식을 의미한다. 그의 마음은 자신의 경험과 생각의 틀 속에 갇혀 있다. 그는 문제(P, problem)를 인식하고 괴로워하며 답을 찾아 이리저리 움직이지만, 해결책을 찾지 못하고 한계에 부딪친다. 그림에서 바깥쪽의 큰 원은 확장된 의식을 의미한다. 확장된 의식은 해결(S, solving)을 포함하고 있다. 따라서 집단원은 집단상담 과정에서 자각을 확장함으로써 문제를 해결할 수 있게 되는 것이다.

상담심리학의 주요한 네 가지 접근 방식인 정신역동주의, 행동주의, 인본주의, 인지주의에서는 자각이 일어나기 전과 후의 상태를 다음과 같은 용어들로 표현하고 있다. 자각이 일어나기 전 상태가 문제를 유발하는 '원인'에 해당하며, 자각 확장의 '방법'에 따라 문제해결에 이르게 된다. 각각의 접근에 따라 문제, 원인, 해결, 방법을 요약하면 다음과 같다.

상담 접근에서 문제해결

접근	문제	원인	해결	방법
정신역동접근	신경증적 불안	무의식적 욕구 억압	현실적 불안	통찰
행동주의접근	부적응적 행동과 정서	습관적 행동	적응적 행동과 정서	재학습
인본주의접근	낮은 자존감, 부정적 정서	이상적 자아와 현실적 자아의 괴리	자아실현	공감과 존중
인지주의접근	정서적 문제, 행동적 문제	부정적 · 자동적 사고	합리적인 삶	인지재구조화

상담에 참여하는 내담자는 무의식적 욕구 억압, 습관적 행동, 이상적 자아와 현실적 자아의 괴리, 부정적 자동적 사고 등으로 인해 심리적 문제를 경험하게 된다. 따라서 이러한 문제와 그 원인을 알고, 해결된 상태 또는 목표 상태를 명확하게 한 후, 그에 이르는 방법을 찾도록 돕는 과정이 상담이다. 그 과정에서 내담자는 자각 확장을 통해 삶의 문제를 풀고, 자기이해 및 삶의 긍정적 변화를 경험하게 되는 것이다. 개인 상담은 이 과정에 상담자와 내담자 두 사람이 참여하지만, 집단상담에서는 다양한 경험과 자원을 가진 다수의 사람들이 함께하기 때문에 집단원들의 역동을 통해 더 효과적인 작업을 할 수 있다.

상담 과정

"아들러식 상담 과정은 관계형성, 생활양식 평가, 생활양식 해석, 생활양식 재정향 등 4단계로 진행됩니다. 핵심은 사회적으로 유용하지 못한 생활양식을 사회적으로 유용한 생활양식으로 업그레이드하는 것입니다.

여러분들의 생활양식은 무엇이고, 어떻게 업그레이드할 수 있을까요?"

아들러 심리학 상담의 일반적 목표는 유용하지 못한 생활양식을 사회적으로 유용한 방식으로 재정향하는 것이다. 즉, 아들러 심리학에서 치료란 내담자가 상식에 따라 사고할 수 있도록 함으로써, 사회적 관심을 가지고 용기 있게 인생과제를 해결해 나갈 수 있도록 돕는 것이다.

문제는 유용하지 못한 생활양식이다. 유용하지 못한 생활양식의 공통된 특징은 사회적 관심이 낮다는 점이다. 사회적 관심이 낮은 사람은 타인을 배려하거나 공감하지 못하고 자신의 이익만을 생각하며 살아간다. 또한 타인과 협동하거나 타인에게 기여하려고 하지 않기 때문에 인생과제를 성공적으로 달성하는 데 어려움을 겪기 마련이다. 이렇게 유용하지 못한 생활양식의 원인은 상식, 용기, 사회적 관심의 결여에 있다. 이들은 서로 연관되어 있다. 인간이라면 경험하게 되는 열등감은 종종 어린아이에게 낙담 경험을 야기할 수 있다. 낙담한 아이는 열등감 콤플렉스에 빠져 인생과제를 해결해 나갈 용기를 잃게 될 수 있다. 이런 사람들은 일반적으로 객관적으로 사고하기보다는 자신만의 사적논리에 빠져 있기 때문에 상식이 결여되어 있다. 또한 타인에 대한 관심과 배려가 개발되지 못하여, 생활양식에 있어 사회적 관심의 결여라는 특징을 보이게 된다. 나아가 심한 열등감 콤플렉스는 우월성 콤플렉스로 이어질 수 있다. 우월성 콤플렉스는 진정한 자기효능감이라기보다는 심한 열등감 콤플렉스에 대처하기 위한 일종의 자기보호 전략인 것이다.

일반적으로 아들러 심리학 상담 과정은 관계형성, 평가, 해석, 재정향의 네 단계로 설명할 수 있다. 좋은 관계는 상담자와 내담자가 우호적이며 대등한 관계에서 협동하는 것이다. 내담자의 생활양식 평가를 위해 초기기억, 꿈, 출생순위와 가족구도, 기본적 오류, 자원 등을 탐색한다. 생활양식의 해석에서 가장 중요한 부분은 현재의 행동과 인생초기에 형성된 사적논리를 연결시킴으로써 행동의 목적을 발견하는 것이다. 이를 통해 내담자는 자신의 삶의 방향과 기본적인 패턴을 발견하게 된다. 이후 생활양식 재정향에서의 핵심은 사적논리를 상식에 맞게 수정함으로써, 사회적 관심을 향상시키는 데 있다.

아들러식 상담 과정을 좀 더 자세히 살펴보면 다음과 같다.

(1) 관계 형성 단계

아들러 상담자의 첫 번째 목표는 내담자와 신뢰 관계를 형성하는 것이다. 아들러는 상담자와 내담자의 관계에서 친밀성과 동등한 관계를 강조했다. 동등한 관계는 상호존중에 바탕을 둔 사회적 평등(social equality)을 의미한다. 그래야만 두 사람이 진정으로 서로를 이해하고 문제해결을 위해 협동할 수 있기 때문이다.

사회적 평등 이외에 창조적 태도 또한 관계 형성에서는 매우 중요하다. 내담자는 자신의 문제를 '창조'했기 때문에 자신의 행동에 책임이 있다. 이는 중요한 시사점을 지니는데, 자신의 문제를 창조했다면 그것을 해결할 수 있는 새로운 방식을 다시 '창조'할 수 있다는 것이다.

사회적 관심이 부족한 사람은 책임의식이 부족하다. 사회적 관심이 높은 사람은 자신이 속한 집단 혹은 공동체에 중요한 사람이고 소속되어 있다고 느끼기 때문에 문제를 해결하는 방식과 지향점에 있어서도 자기 자신뿐 아니라 타인의 안녕과 복지에도 책임감을 느낀다.

(2) 평가 및 분석 단계: 생활양식 발견

생활양식 평가를 위해 상담자는 생활양식이 형성되었던 시기에 무엇이 일어났는가를 발견하기 위해 초기기억, 꿈, 가족구도와 출생순위, 자원 등을 탐색한다. 특히 아들러는 초기기억이 생활양식을 드러내는 매우 중요한 자료라고 보았다.

(3) 해석 및 통찰 단계

해석은 임상적인 관찰과 판단에 기초한 직관적인 과정이다. 아들러 상담자들은 이 과정에서 자신이 추론한 가설을 내담자와 나누게 된다. 아들러는 인간의 행동을 목적론적 관점에서 이해하려고 했기 때문에 아들러 상담자는 내담자의 행동이 지향하는 목적의 관점에서 내담자의 행동을 해석한다.

특히 아동기 초기의 경험과 기억이 현재의 삶과 어떻게 연관되는지를 연결시켜 해석하는 것이 중요하다. 아들러식 상담에서 통찰은 자신의 문제와 원인을 파악하는 것에서 시작한다. 그 과정에서 현재 삶을 만들어 가는 강점, 논리, 전략, 목적을 자각할 수 있다.

(4) 재정향 단계

아들러 상담의 마지막 단계는 내담자가 삶의 새로운 방향을 만들어 가도록 조력한다는 점에서 재정향(reorientation)이라고 한다. 이 과정에서 상식, 용기, 사회적 관심을 함양하는 것이 생활양식 재정향의 핵심이 된다.

이 단계에서 주로 사용되는 기법은 '마치 ~처럼' 행동하기, '마치 ~처럼' 생각하기, 과제 설정, 이미지 새로 만들기, 단추 누르기, 역할극 또는 행동시연 등이 있다.

생활양식 재정향: 삶의 의미 재구성

"아들러식 상담의 목표는 기본적으로 사회적으로 유용하지 못한 생활양식을 사회적으로 유용한 생활양식으로 업그레이드하는 것이라고 했습니다. 그럼 아들러식 상담의 최종 목적지는 어디일까요? 바로 아들러의 책 『삶의 의미』에 답이 있습니다."

아들러식 상담의 기본적 목표는 사회적으로 유용하지 못한 생활양식을 사회적으로 유용한 생활양식으로 업그레이드하는 것이다. 사회적 유용형은 사회적 관심과 활동 수준이 모두 높은 유형이다. 즉, 개인적으로는 우월성 추구 및 자아실현을 위해 열심히 노력을 하고, 동시에 주위 사람들과 함께 협동하는 사람이다.

앞에서 이야기한 아들러 성격 이론 개념도에서 제1사분면에 해당하는 영역이 바로 우월성을 추구하면서도 사회적 관심이 높은 사람들의 생활양식이다. 이 유형의 생활양식을 가진 사람들은 어린 시절 자신이 무의식적으로 세웠던 삶의 목표를 이룰 수 있으며, 주위 사람들로부터도 존경과 사랑을 받게 되고, 이때 삶의 의미를 스스로 발견하게 된다. 물론 진정한 삶의 의미를 찾기 위해서는 자신의 열등감 또는 결핍감과 그에 대한 보상으로 우월을 추구하는 과정에서 설정했던 자신만의 사적논리 속에 담긴 목표를 자각하는 작업이 선행되어어야 한다.

아들러 상담의 최종 목적은 삶의 의미(meaning of life)를 창조하는 것이다. 아들러의 대표작 중 하나로『삶은 나에게 무엇을 의미해야 하는가(What Life Should Mean To You)』라는 책이 있다. 삶의 의미는 무엇인가? 이렇게 묻지 않고 '삶이 나에게 무엇을 의미해야 하는가?'라고 제목을 지었는데, 그 제목 자체가 정말 중요한 아들러 상담의 원리를 내포하고 있다.

'삶이 나에게 무엇을 의미해야 하는가?'라는 질문은 한 개인의 삶의 의미가 과거의 경험에 의해 무의식적으로 형성된다는 것을 암시하고 있다. 그래서 이것을 자각하기 전까지는 무의식적인 목적과 의미에 의해 지배당할 수밖에 없는 피동적인 상태이다. 이 피동적인 삶의 의미를 능동적으로 바꾸는 과정이 바로 상담이다.

아들러 심리학에서는 이 삶의 목적과 의미에 대한 첫 번째 힌트가 초기기억 속에 숨겨져 있다고 본다. 이러한 맥락에서 초기기억 강점 찾기를 마음속으로 떠나는 심리여행, 보물찾기에 비유할 수 있다. 그 강점 속에 삶을 위한 논리와 전략이 드러나고, 삶의 목적도 내포되어 있기 때문이다.

두 번째 힌트는 아들러 성격 이론에 있다. 아들러는 인생 초기 가족관계 경험을 바탕으로 열등감에 대한 보상으로 우월성을 추구하는 과정에서 생활양식이 형성된다고 보았다. 이때 열등감과 결핍감이 출발점이 되고, 그에 대한 반작용으로 힘 추구, 우월성 추구, 목적 추구의 방향이 설정되는데 그러한 삶의 목적을 이룰 때, 삶의 의미를 발견하게 되는 것이다.

그런데 여기서 한 단계 더 나아가면 능동적으로 삶의 목적을 재설정하여 의미를 창조하는 과정이 있다. 그것은 과거의 경험과 기억을 뛰어넘는 새로운 차원 변화이다. 그래서 이 단계가 되면 진정한 의미에서 삶의 주인공이 되고, 자신이 꿈꾸는 삶의 창조자로서 자아실현의 절정을 경험하게 된다.

제2부

아들러식 강점 기반 상담모델: ESTR 모델

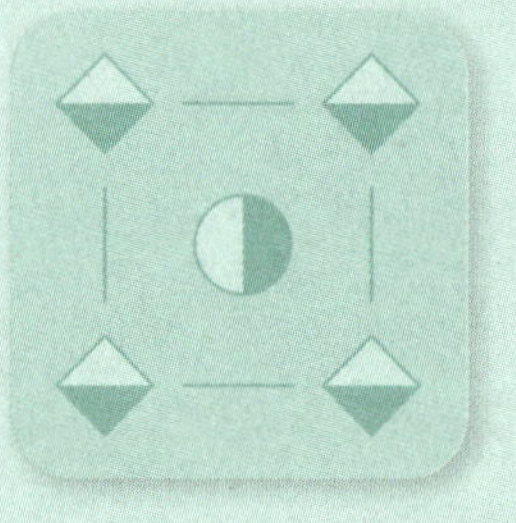

제 4 장

아들러식 강점 기반 상담모델

아들러식 강점 기반 상담모델은 아들러 심리학에 근거하여 상담을 진행하기 위한 단순하고 체계적이며 효과적인 모델을 제시한다.

이 모델은 가장 쉬운 아들러식 상담모델이자, 아들러식 상담을 통합적으로 적용하는 데 참고할 수 있는 좋은 모델이다.

구성요소

"아들러식 강점 기반 상담모델은 아들러 심리학에 근거하여 상담을 진행하기 위한 단순하고 체계적이며 효과적인 모델입니다. 이 모델은 초기기억에 대한 분석방법과 스트레스 경험에 대한 분석방법을 인지행동치료의 ABC 모델에 따라 통합함으로써 아들러 상담자에게는 아들러식 상담을 진행하는 단순하고 명료한 상담모델을 제시하고, 다른 접근방법을 주로 사용하는 상담자에게는 아들러식 상담을 통합적으로 적용하는데 참고할 수 있는 좋은 모델이 될 것입니다."

이 장에서는 이전 장들에서 설명했던 핵심 개념들과 작업들을 상담모델로 도식화하여 제시한 후, 각각의 작업을 단계별로 안내한다. 이 모델은 관계형성, 생활양식 평가, 생활양식 해석, 생활양식 재정향의 아들러식 상담의 4단계 과정에 대응한다.

아들러식 강점 기반 상담모델의 주요한 구성요소는 다음과 같다. 이 모델의 수평적 차원은 상담의 문제해결 과정을 따랐다. 보다 구체적으로 말하면 사례개념화의 핵심요소인 문제, 원인, 해결, 방법의 구조에 대응한다. 한편, 이 모델의 수직적 차원에는 현재의 인생과제가 과거의 초기기억과 연결되도록 배치했다. 그리고 인생과제와 초기기억을 인지행동치료의 ABC 모델을 기본으로 하여 재구성한 마름모형의 ABCN 모델로 분석했다. 더불어 인생과제 문제에 대한 대처전략을 상식, 용기, 사회적 관심의 함양이라는 측면에서 마름모형으로 배치하였고, 이러한 생활양식의 변화에 따른 초기기억의 재구성된 결과 역시 마름모형으로 표시하였다.

▶ 아들러식 강점 기반 상담모델의 주요 구성요소

	문제	원인	해결	방법
초기기억	경직된 초기기억	제한적 경험	초기기억의 변화	기억의 재구성
인생과제	인생과제 문제, 스트레스	상식, 용기, 사회적 관심 결여	사회적으로 유용한 방식	상식, 용기, 사회적 관심 함양

아들러식 강점 기반 상담모델을 바탕으로 상담을 실시할 때는 다음과 같은 순서로 진행하게 된다. 먼저 인생과제 영역에서 문제 또는 스트레스를 확인한다. 인생과제는 일, 관계, 사랑, 자기 자신과의 관계, 우주자연과의 관계를 말한다. 상담자는 내담자가 호소하는 문제가 다섯 가지 인생과제 중 어느 영역에 속하는지를 파악하고, 내담자의 구체적인 경험을 분석한다. 그 과정에서 내담자의 욕구와 바람을 파악하여 상담의 목표를 설정한다.

인생과제에서 문제가 발생하게 된 원인은 상식, 용기, 사회적 관심의 결여 때문이다. 그리고 인생과제의 문제가 해결된 상태는 사회적으로 유용한 방식으로 인생과제의 문제를 해결하는 것이다. 따라서 내담자의 문제해결을 위해서는 상식, 용기, 사회적 관심을 함양하는 작업이 필수적이다.

한편, 내담자가 인생과제에서 문제를 경험하게 된 근본적인 원인은 아동기의 제한적(주관적 현상학적) 경험에서 비롯된 경직된 기억과 생각 때문이다. 따라서 내담자가 상식, 용기, 사회적 관심의 함양을 통해 생활양식을 개선하게 되면, 그 결과 초기기억의 구성요소들이 재구성되어 초기기억에도 질적인 변화가 나타나게 된다.

이러한 아들러식 강점 기반 상담모델의 구성요소를 보다 추상적으로 표현한 것이 '아들러식 강점 기반 상담모델 개념도'이다. 다음 개념도에서 각각의 마름모는 ABCN 모델로 인생과제 스트레스와 초기기억의 경험을 분석한 것이다. 가운데 동그라미는 문제와 해결의 대응 관계를 상징한다.

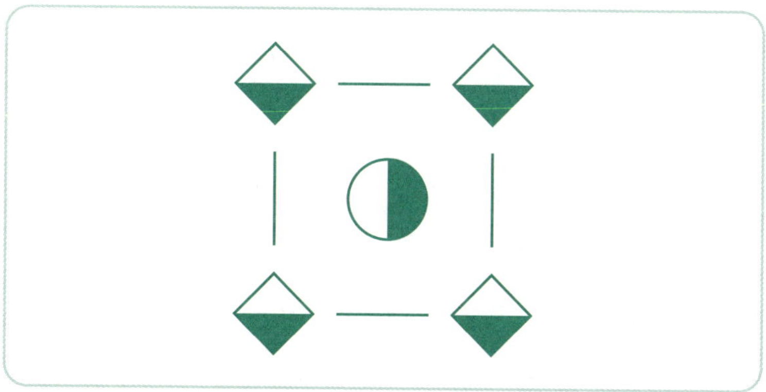

아들러식 강점 기반 상담모델 개념도

아들러식 강점 기반 상담모델의 주요한 특징은 초기기억의 ABCN 분석 자료와 인생과제의 ABCN 분석 자료를 연결하여 생활양식 해석의 기본적 틀을 마련했다는 점이다. 이를 도식화해서 설명하면 다음과 같다.

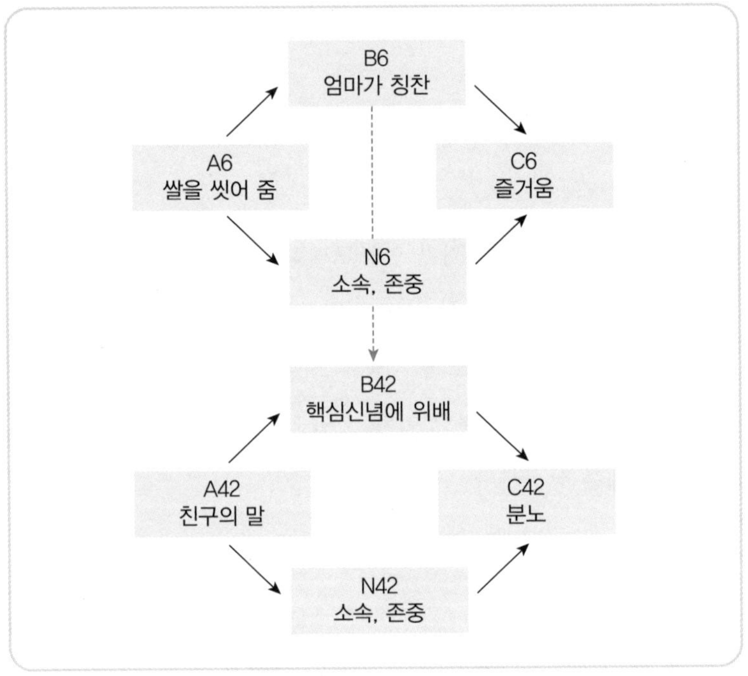

제2장에서 이선정 씨의 상담 사례를 소개한 적이 있는데, 앞의 도식을 살펴보면, 선정씨의 인간관계 스트레스를 분석한 내용과 초기기억을 분석한 내용이 어떻게 연관되어 있는지를 한눈에 파악할 수 있다.

한편, 상식, 용기, 사회적 관심의 주요 요소를 각각 인지, 정서, 행동 측면과 대응시켜 각각을 업그레이드하는 방법을 제시하였다. 이러한 과정을 거치면 그 효과로서 초기기억이 재구성된다. 이를 도식화하여 설명하면 다음과 같다.

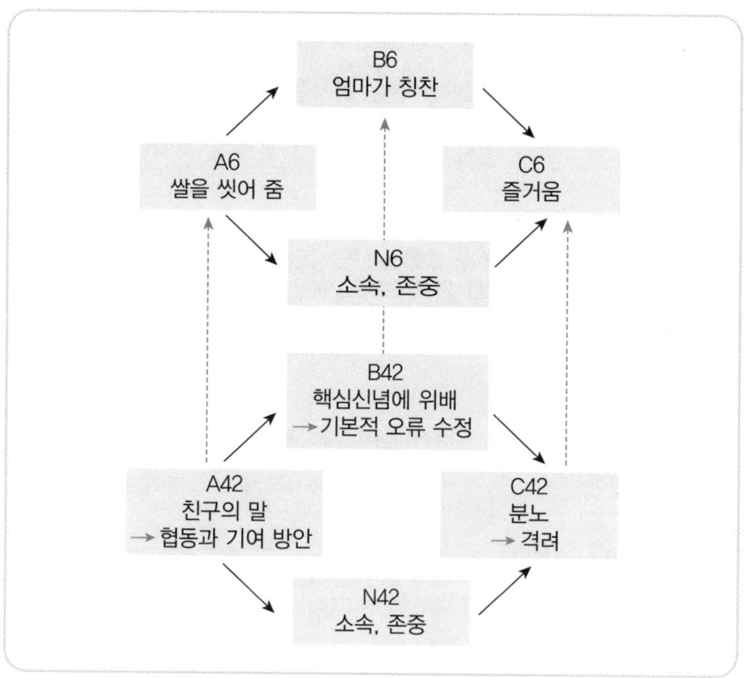

앞의 도식에서, 상식, 용기, 사회적 관심 측면에서 생활양식을 업그레이드하게 되면, 내담자의 초기기억의 내용이 변하거나, 새로운 유형의 초기기억이 추가되는 변화가 일어난다. 예를 들어, 선정 씨는 상담이 종료된 후 몸이 아팠을 때 엄마가 일을 나가지 않고 하루 종일 선정 씨 곁을 지켜 주어서 아프지만 행복했던 기억이 새롭게 떠올랐다. 이러한 초기기억의 변화는 인지, 정서, 행동 측면의 변화로 분석해 볼 수 있으며, 이러한 방법은 아들러식 상담의 효과를 측정하는 질적분석 방법 중 하나이다.

상담 단계

아들러식 강점 기반 상담모델의 상담 단계는 관계형성, 생활양식 평가, 생활양식 해석, 생활양식 재정향의 아들러식 상담의 4단계 과정을 따른다. 특히 각 단계의 주요 내용들은 김천수가 개발한 초강인해 집단프로그램의 10회기 과정 중에서 선별한 것이다.

아들러식 강점 기반 상담모델의 상담 4단계

단계	구성 내용
1단계: 관계형성	인생과제 문제와 바람
2단계: 생활양식 평가	초기기억 강점 찾기 (상식, 용기, 사회적 관심의 정도를 평가하기)
3단계: 생활양식 해석	강점의 긍정적 및 부정적 영향력
4단계: 생활양식 재정향	강점으로 생활양식 업그레이드하기 (상식, 용기, 사회적 관심 함양하기)

아들러식 강점 기반 상담모델의 구체적 상담 과정은 다음과 같다.

1단계, 내담자가 호소하는 문제(problem)를 인생과제 다섯 가지 영역에서 확인하여 스트레스 경험을 분석하고 이를 명료화한다. 그리고 내담자의 호소 문제 이면에 자리 잡은 바람(want)을 파악하여 내담자의 동기를 활성화하고 상담의 목표를 구체화한다.

2단계, 인생과제 스트레스 경험과 연관된 초기기억을 떠올리도록 한 후, 강점 찾기 활동을 통해 내담자를 격려한다. 이때 상담자는 초기기억을 분석하여 상식, 용기, 사회적 관심의 정도를 평가하고 어느 부분을 중점적으로 다룰 것인지 계획을 세운다.

3단계, 인생과제 스트레스 경험 분석과 초기기억 경험 분석을 종합하여 현재의 생활양식을 해석한다. 특히 강점이 현재 삶에 미치는 긍정적 및 부정적 영향력을 파악하여 내담자가 이를 통찰할 수 있도록 한다.

4단계, 내담자가 자신의 대표강점을 활용하여 인생과제의 문제를 해결할 수 있도록 생활양식을 업그레이드한다. 인지적 측면에서는 내담자의 사적논리 속에 담긴 기본적 오류를 수정한다. 정서적 측면에서는 낙담한 내담자를 격려함으로써 인생과제 문제를 해결할 수 있도록 용기를 불어넣는다. 행동적 측면에서는 내담자가 삶의 문제해결을 위해 다른 사람들과 협동하고 타인에게 기여하도록 촉진한다. 이 모든 과정에서 내담자의 강점을 강조한다.

ABC 모델과 ESTR 모델

"아들러식 강점 기반 상담모델의 가장 큰 특징은 인지행동치료의 ABC 모델과 현실치료의 WDEP 모델을 결합하여 새로운 아들러식 상담모델을 개발했다는 점입니다. 그 핵심은 초기기억(early memory) 속에 숨어 있는 강점(strength)을 찾아 인생과제(life task) 문제를 해결하기 위해 생활양식을 재정향(reorientation)하는 것입니다. ESTR 모델을 제대로 이해하고 잘 활용하기 위해 ABC 모델, WDEP 모델, ESTR 모델이 어떻게 연관되어 있는지 설명을 드리겠습니다."

상담(C, counseling)은 상담자와 내담자가 신뢰 관계를 바탕으로 내담자가 자각확장을 통해 문제(P, problem)를 해결(S, solution)할 수 있도록 돕는 과정이다. 심리상담 분야에서 널리 활용되는 근거 기반 치료 접근인 인지행동치료에서는 내담자의 경험을 이해하기 위해 ABC 모델과 같은 개념적 틀을 사용하여 상담을 진행한다. 인지행동치료의 기본 가정은 내담자의 정서적·행동적 문제의 원인은 비합리적 사고나 역기능적 신념이다. 즉, 활성화된 사건(activating event)보다 그에 대한 신념(belief system)이나 해석이 결과(consequence)로써 부정적인 감정을 만들어 낸다는 것이다. 이처럼 ABC 모델에서는 사건(A)과 결과(C)의 관계보다 신념(B)과 결과(C)의 관계를 강조한다. 특히, 엘리스의 합리정서행동치료(REBT)에서는 문제를 해결하기 위해서 문제를 유발하는 신념(B)을 논박(D, disputing)하는 것이 해결의 포인트가 된다. 그 결과 효과(E, effect)가 나타나고 감정(F, feeling)이 달라지게 된다. 이를 ABCDEF 모델이라고 한다.

한편 우볼딩이 제시한 현실치료(Reality Therapy)의 상담모델인 WDEP 모델에서는 내담자가 호소하는 문제에 집중하기보다, 그 이면에 자리 잡고 있는 내담자의 바람(want)을 파악하는 것이 문제해결의 첫 단계로 본다. 내담자가 자신이 원하는 것을 잘 모르는 것이 문제를 유발하고 유지하는 원인이다. 따라서 내담자의 바람을 명료화한 후 내담자가 원하는 것을 위해 어떤 행동(D, doing)을 하고 있는지 확인하고, 그 행동이 목표를 이루는 데 얼마나 효과적인지를 평가(E, evaluating)하도록 한다. 그리고 새로운 행동을 계획(P, planning)함으로써 내담자가 자신이 원하는 것을 이룰 수 있도록 조

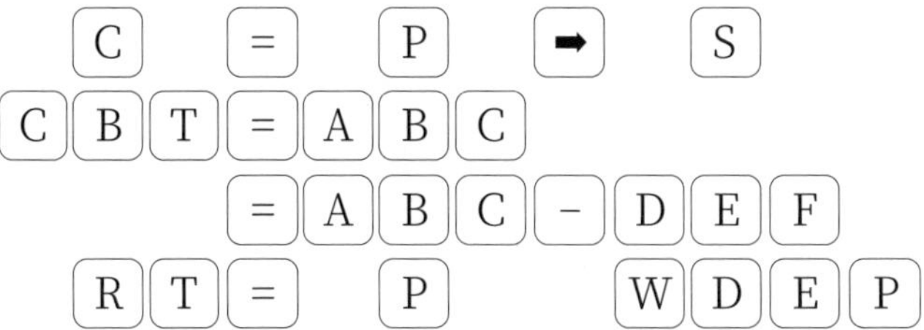

력한다.

상담 과정, ABC 모델, ABCDEF 모델, WDEP 모델을 각각의 키워드를 바탕으로 도식화하면 앞과 같다. 그리고 아들러식 강점 기반 상담모델에서는 내담자의 문제와 바람을 탐색하고 이를 상담 목표로 연결 짓기 위하여 ABC 모델을 ABCN 모델로 재구성하였다. 이는 ABC 모델과 WDEP 모델의 통합이기도 하다. ABCN 모델에서 N은 욕구(needs)이며, 현실치료에서는 욕구는 일반적인 것이고 바람(want)은 개인적이며 구체적인 것으로 구별해서 사용하고 있다. 따라서 아들러식 강점 기반 상담모델에서는 ABC 모델에 따라 내담자가 호소하는 문제를 구체적으로 분석하고, 그 속에 내재된 욕구를 확인한 후, 내담자가 원하는 바람을 탐색한다. 그리고 그 바람을 상담의 목표로 설정하는 것이다. 이렇게 되면 내담자는 문제를 해결하기 위해 상담을 하러 왔다가, 자신이 원하는 것을 이루기 위해 상담을 하는 것으로 의식이 전환하게 된다. 따라서 상담에 참여하는 내담자의 동기도 적극적으로 활성화되며, 상담자와 내담자의 관계도 협력적 관계로 전환된다.

그리고 이후에는 내담자가 원하는 것을 이루기 위해 내담자의 초기기억 속에 숨어 있는 강점을 찾는 작업을 실시한다. 초기기억 속에 숨어 있는 강점을 찾는 것은 내담자가 자신이 원하는 것을 이루는 데 활용할 수 있는 자원을 찾는 과정이며, 낙담한 내담자에게 힘과 용기를 주는 자기격려의 포인트가 된다. 이를 도식으로 표현하면 다음과 같다.

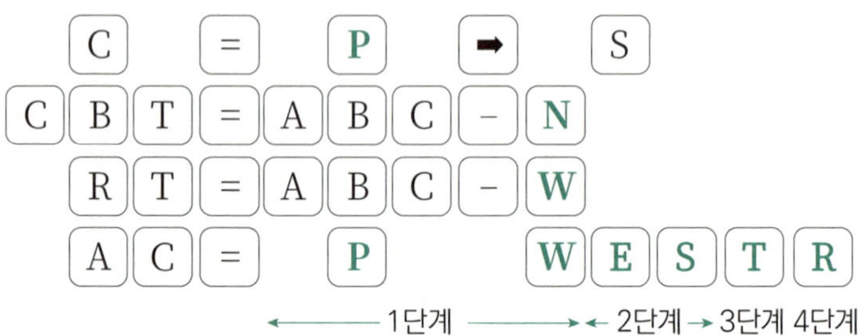

앞의 도식을 아들러식 강점 기반 상담모델의 4단계 과정으로 설명하면 다음과 같다. 1단계에서는 내담자의 호소문제를 ABCN 모델로 분석하여, 내담자의 바람을 명료화한다. 2단계에서는 초기기억 속에 숨어 있는 강점을 찾는다. 3단계에서는 초기기억과 현재 인생과제 문제의 연관성을 수직적으로 해석하고, 강점과 현재 인생과제 문제의 연관성을 수평적으로 해석한다. 4단계에서는 문제해결을 위해 상식, 용기, 사회적 관심에 따라 내담자의 인지, 정서, 행동을 업그레이드한다.

아들러식 강점 기반 상담모델 (ESTR 모델)

관 E: early memory
& 초기기억 속에 숨은
평 S: strength
나만의 강점을 찾아
해 T: life task
인생과제 문제를 해결할 수 있도록
재 R: reorientation
생활양식을 재정향하기

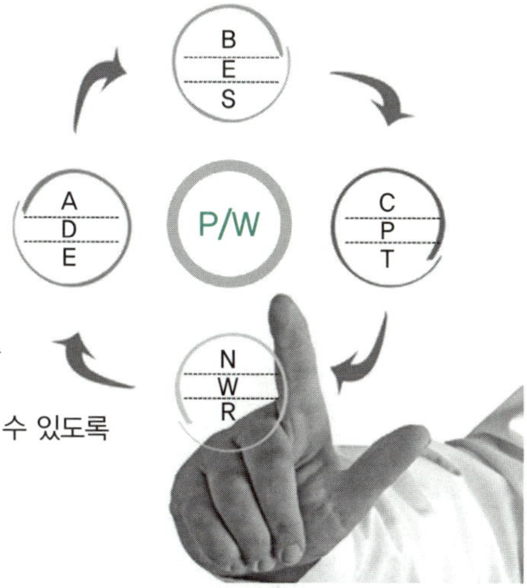

B E S
C P T
N W R
A D E
P/W

ABC 모델, WDEP 모델, ESTR 모델은 각각 독립적으로 활용될 수 있으나, ESTR 모델을 적용하여 상담을 할 때는 문제(P)를 중심으로 상호 연결되어 순환적으로 작동한다.

ABC 모델은 내담자가 경험하는 문제의 인지적 · 정서적 구조를 이해하는 데 사용된다. 그리고 ABCN 모델에 따라, 내담자의 경험의 바탕이 되는 욕구(N)를 찾도록 한다. 이때 WDEP 모델은 내담자의 욕구에서 비롯된 구체적인 바람(W), 즉 변화의 방향을 명확히 하는 데 도움을 준다.

ESTR 모델은 이러한 이해와 방향 설정을 바탕으로 초기기억(E) 분석을 통해 내담자의 강점(S)을 찾아, 내담자가 인생과제(T)를 해결할 수 있도록 재정향(R)하는 것을 돕는 개입 방식이다. 상담자는 이 과정을 반복적으로 적용함으로써 내담자가 원하는 문제해결의 상태에 도달하도록 도울 수 있다.

제 5 장

상담 단계 1_인생과제 문제와 바람

아들러식 강점 기반 상담모델의 첫 번째 단계는 인생과제에서 문제(problem)와 바람(want)을 명료화하는 것이다. 내담자의 호소문제가 인생과제 다섯 가지 영역에서 어느 부분에 속하는지 확인하고, 구체적인 스트레스 경험을 분석한다. 그리고 그 이면에 자리 잡고 있는 바람을 파악하여 상담의 목표를 정하고 내담자의 동기를 활성화한다.

상담은 본질적으로 문제해결의 과정이다. 문제와 해결은 동전의 앞면과 뒷면처럼 서로 대응을 이루고 있다. 아들러식 강점 기반 상담모델에서는 문제와 해결을 다음과 같이 음과 양이 결합된 동그라미 형태로 표시한다.

문제 영역 파악

"보통 상담장면에서는 내담자와 인사를 나눈 뒤, 다음과 같은 질문으로 본격적인 상담을 시작합니다. '어떤 일로 오셨나요?' '오늘은 어떤 이야기를 해 볼까요?' 이는 내담자가 상담을 통해 해결하고 싶은 문제를 이야기하도록 촉진하는 개방형 질문입니다. 그러면 내담자가 자신의 고민을 이야기하겠지요?

여러분들은 내담자의 이야기를 듣는 순간, 3 플러스 2, 다섯 가지 인생과제 영역에서 즉각적으로 내담자의 문제를 유형별로 파악할 수 있어야 합니다."

아들러는 우리가 인간으로 태어난 이상, 삶이 개인에게 주는 숙제 또는 사회공동체가 부과한 인생과제 문제에 직면하게 된다고 보았다. 아들러가 제시한 세 가지 인생과제는 일, 관계, 사랑이다.

첫째, 인간은 지구라는 환경 속에서 생존하기 위해 일을 해야 한다. 이는 일, 직업 또는 진로라는 과제를 제기한다. 인간은 분업을 통해 공동의 복리에 기여하고 협동함으로써 기적적인 발달을 이루어 왔다. 따라서 일 과제는 분업의 개념에 따라 협동과 기여라는 틀 속에서 해결되어야 한다. 일이라는 인생과제에서 가장 기본적인 문제는 일을 하지 않거나, 진로가 명확하지 않은 것이다. 또는 직장 내에서 과중한 업무나 인간관계로 인해 스트레스를 받는 것이다. 한편, 직업을 단지 돈벌이 수단으로만 생각하여, 자신의 이익만을 추구한다면 다른 사람에게 피해를 줄 수 있다. 또는 일을 관계 과제나 사랑 과제를 회피하기 위한 수단으로 사용하는 경우에도 문제가 된다.

둘째, 다른 사람과의 관계 과제를 제기한다. 개인은 혼자서 살아갈 수 없으며, 따라서 다른 사람들과 더불어 살아가야만 한다. 인간은 사회적 존재이므로 심리상담에서 다루는 대부분의 문제는 본질적으로 인간관계 문제라는 것을 기억할 필요가 있다. 그리고 인간관계의 문제의 원인 중 하나는 사회적 관심의 결여 때문일 수 있다. 개인의 행복을 위해 또 인류의 행복을 위해 가장 효과적인 방법은 사회적 관심을 바탕으로 좋은 사회적 관계를 만들어 가는 것이다.

셋째, 사랑 과제는 이성과의 관계에서 제기되는 문제이다. 드레이커스는 사랑을 두 사람 사이에 존재할 수 있는 가장 강력하고 가장 친밀한 정서적 관계라고 하였다. 사회적 관심이 높은 사람은 "나는 사랑 또는 결혼을 통해 상대에게 그리고 공동체에 어떻게 기여할 것인가"라고 묻는다. 반대로 사회적 관심이 결여된 사람은 "나는 사랑 또는 결혼으로부터 무엇을 얻을 수 있는가"라고 묻는다. 사랑 과제에서 두 사람이 잘 협동하기 위해서는 자기 자신보다도 상대방에게 더 관심을 기울여야 하며, 이를 위해서는 평등이라는 조건이 꼭 필요하다.

세 가지 인생과제와 관련하여 아들러는 부부관계가 친밀하고 다양한 협동 관계 속에 있어 친구도 많고 동료와 접촉의 폭이 넓으며, 사회적으로 유익한 직업을 가지고 있는 사람은 인생에 대해 '동료들에게 관심을 갖고 전체의 일부가 되는 것이며, 인류의 복리에 가능한 한 기여하는 것'이라는 확신에 차 있을 것이라고 하였다. 즉, 행복한 삶이란 사회적 관심을 갖고 인생과제를 해결해 가는 삶이라고 할 수 있다.

앞의 세 가지 기본적인 인생과제와 더불어, 모삭과 드레이커스는 자기지향성과 영성을 인생과제에 추가하였다. 자기지향성 과제는 자기 자신과 잘 지내는 것 또는 자기 자신을 실현하는 것과 관련된 과제이다. 영성 과제는 우주 또는 신과 관련된 개인의 영적인 측면을 다루는 것이다. 일, 관계, 사랑 과제가 외적인 것이라면, 자기지향성과 영성은 내적인 것이라고 할 수 있다.

실제 상담 장면에서는 내담자가 호소하는 문제가 다섯 가지 유형 중 어떤 유형에 속하는지 확인하면서 문제를 탐색한다. 이때 주의해야 할 점은 일, 관계, 사랑의 외적인 영역과 자기지향성 및 영성 영역이 서로 겹칠 수 있다는 것이다. 예를 들면, 직장에서 상사와의 관계에서 스트레스를 경험하는 내담자가 자기 자신과의 관계에서 열등감이나 우울증도 동시에 갖고 있는 경우이다.

스트레스 경험 분석

"내담자의 이야기를 듣고 문제가 되는 인생과제 영역을 파악했다면, 구체적인 경험을 물어보고 내담자에게 '이공격지', 이해, 공감, 격려, 지지를 전달해야 합니다.

"구체적으로 어떤 일이 있었나요?"라는 질문을 통해 상담자는 내담자의 경험 속으로, 기억 속으로 함께 들어가게 됩니다."

'삶은 문제의 연속이다.'라는 말이 있다. 살면서 문제를 경험하지 않는 사람은 없을 것이다. 그런데 누군가 '당신에게 문제가 있는 것 같으니, 상담을 받아 보세요.'라고 하면 어떨까? 문제라는 말이 주는 무거움 때문에 어떤 사람들은 자신의 문제를 탐색하고 개선하는 데 어려움이나 반감을 느끼는 것 같다. 따라서 아들러식 강점 기반 상담모델에서는 문제라는 말을 '스트레스(stress)'라는 보다 다루기 쉬운 말로 대치하여 사용하기도 한다. 이런 맥락에서 상담을 권유하는 위의 말을 다음과 같이 바꾸어 표현할 수 있다. "요즘 스트레스를 많이 받으시는 것 같네요? 상담을 받으시면 스트레스를 이해하고 해결하는 데 도움이 될 것 같습니다."

아들러식 강점 기반 상담모델에서는 내담자의 구체적인 스트레스 경험을 분석하기 위해 인지행동치료의 ABC 모델을 도입하였다. 이는 스트레스 3요소와 스트레스에 대처하는 세 가지 방식과 논리적으로 잘 연결된다. 내담자의 스트레스 경험을 이렇게 분석하는 과정은 상담자에게는 내담자의 경험을 명료화하여 이해, 공감, 격려, 지지를 전달하는 데 효과적인 방법이다. 또한 내담자에게는 자신의 경험을 명확하게 자각하고 적절하게 표현할 수 있도록 도와준다.

스트레스 3요소는 자극, 반응, 해석이다. 스트레스 삼각형의 첫 번째 요소는 개인에게 위협을 주는 생리적 및 행동적 반응을 이끌어 내는 '자극'이다. 예를 들어, 이사, 사고, 질병, 가족의 사망 등은 커다란 스트레스 자극이다. 여기서 주의해야 할 것은 긍정적인 자극도 환경의 급격한 변화라는 측면에서 스트레스의 원인이 될 수 있다는 점이다.

스트레스의 두 번째 요소는 신체에 부과된 요구에 대한 신체의 불특정 '반응'을 말한다. 스트레스 반응은 크게 부정적인 감각과 부정적인 감정으로 나눌 수 있다. 특히 스트레스 연구의 아버지라고 할 수 있는 한스 셀리에 박사는 신체의 반응을 강조했다. 스트레스를 받으면 어떤 사람은 배가 아프고, 어떤 사람은 머리가 아프다. 스트레스 자극에 대한 내담자의 신체적 반응을 탐색하는 것은 상담 과정에서 중요한 요소이다. 한편, 심리적 측면에서 스트레스 반응의 핵심은 슬픔, 공포, 혐오, 분노 등의 부정적인 감정이다. 따라서 상담 장면에서는 내담자가 자신의 스트레스 경험을 이야기하도록 돕는 것과 상담자가 내담자에게 공감적 이해를 전달하는 것이 모두 상담의 주요한 효과 변인이라고 본다.

스트레스의 세 번째 요소는 스트레스 자극에 대한 인지적 '해석'이다. 객관적으로 좋지 않은 자극일지라도 어떤 사람에게는 큰 스트레스를 주는 반면, 어떤 사람에게는 스트레스를 거의 주지 않는 경우가 있다. 이는 자극 자체보다 자극에 대한 개인의 생각이 더 중요함을 의미한다.

스트레스의 세 가지 측면을 엘리스가 창시한 합리정서행동치료(Rational Emotive Behavior Therapy: REBT)의 ABC 이론으로 연결하면 다음과 같다. ABC 이론에서 A는 활성화된 사건(Activating event)이며, B는 신념(Belief system), C는 B로 인한 결과(Consequence)이다. 이는 각각 스트레스 자극, 해석, 스트레스 반응에 대응된다.

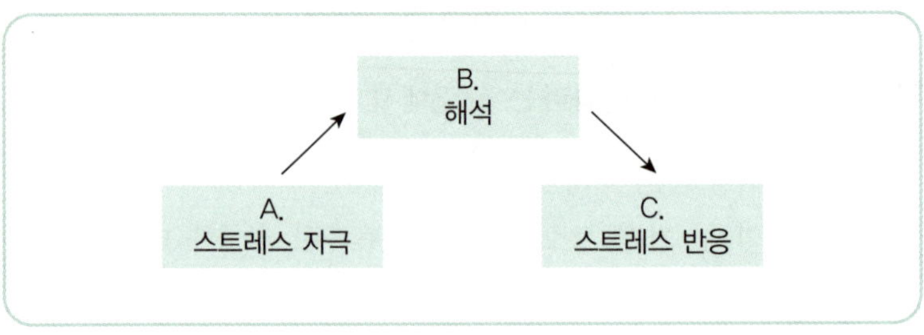

"스트레스 3요소는 논리적으로는 A-B-C 순서로 진행되지만, 내담자의 스트레스 경험을 분석할 때는 A-C-B 순서로 진행합니다. 왜냐하면 A는 내담자가 직접 눈으로 보고 귀로 들은 사건이고, C는 내담자가 그 상황에서 직접 경험하는 감각적 · 감정적 결과이기 때문에 적어도 그 자신에게는 확실한 것입니다. 하지만 B는 화살처럼 빠르게 지나가는 생각이기 때문에 이를 자각하기가 쉽지 않습니다. 따라서 B는 마치 CCTV를 켜듯이 자신을 한 걸음 떨어져서 바라보는 성찰 모드로 가거나 또는 추론 능력을 가동해야 알아차릴 수가 있습니다."

다음에 제시한 '인생과제 스트레스 경험 나누기' 활동지를 보면 A-B-C 과정을 기록하는 부분과 더불어 R과 N이라는 알파벳이 표시되어 있다. R은 스트레스 반응에 대한 대처행동 또는 대처전략으로 리액션(reaction)의 머리글자를 따왔다. 그리고 N은 이 모든 것들의 바탕이 되는 인간의 욕구인 니즈(needs)의 머리글자이다. 기존의 ABC 이론과 달리 새롭게 R과 N을 추가한 것은 내담자의 경험을 보다 정교하게 구조화하기 위해서이다. 특히 C와 R을 구별한 것은 세 가지 스트레스 측면에 대한 대처전략을 구체적으로 기술하기 위한 것이다. 다시 말해, R은 세 가지 스트레스 요인에 대한 세 가지 대처전략을 의미한다.

세 가지 스트레스 요소에 대응하는 세 가지 스트레스 대처전략은 문제중심대처, 재평가대처, 정서중심대처이다. 이 세 가지 대처전략을 도식화하면 다음과 같다. 따라서 '인생과제 스트레스 경험 나누기' 활동지에서 R은 ABC 요소로 보다 자세히 표현할 수 있다.

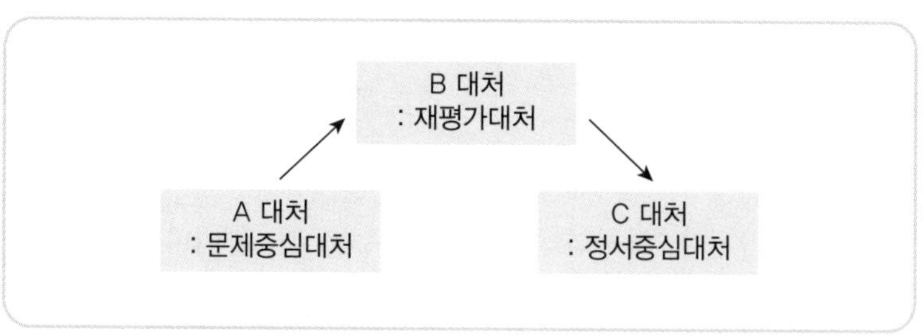

문제중심대처는 스트레스를 유발하는 사건을 해결하기 위해 적극적 또는 소극적으로 행동하는 것이다. 예를 들어, 시험 불안을 느낄 때 시험공부를 열심히 하는 것은 적극적 대처이다. 반면, 시험 불안을 느낄 때 시험 장면을 회피하는 것은 소극적 대처이다. 어려운 인간관계를 풀기 위해 대화를 하는 것은 적극적 대처이며, 그 사람과의 만남을 회피하는 것은 소극적 대처에 속한다. 이때 중요한 포인트는 소극적 대처라도 효과가 있으며 자신이 선택한 행동이라는 점이다. 따라서 회피의 효과와 부작용을 함께 검토하는 것이 필요하다.

재평가대처는 스트레스를 유발하는 생각을 바꿈으로써 스트레스를 낮추거나 제거하는 방법이다. 예를 들어, '이것 또한 지나가리라. 그럼에도 불구하고……. 그럴 수도 있겠구나.'와 같은 생각들은 일반적인 대처전략으로 부정적인 상황을 긍정적으로 해석함으로써 스트레스를 낮출 수 있다. 이런 생각들은 '긍정 생각 비타민'이라고 부를 수 있다. 반면, 스트레스를 유발하는 생각의 요소들을 개인적으로 수정함으로써 스트레스를 낮추거나 제거하는 개별적인 대처전략이 있다.

마지막으로 정서중심대처는 부정적인 감각과 부정적인 감정을 완화시키기 위해 사용하는 다양한 스트레스 해소법들이다. 예를 들어, 스트레스를 해소하기 위해 잠을 자거나, 노래방에 가거나, 맛있는 것을 먹거나, 친구와 이야기를 나누는 것, 술이나 담배, 게임을 하거나, 유튜브 등을 시청하는 것, 산책이나 운동을 하는 것 등이다. 정서중심대처는 스트레스 해소를 위한 행동 후에 에너지가 충전되느냐의 여부에 따라 회복적 대처방식과 소모적 대처방식으로 구분할 수 있다.

인생과제 스트레스 경험 나누기

날짜: 20___.___.___, 이름: ____________________

1. 인생과제 스트레스 경험을 구체적으로 기술하기

※ 일/진로, 인간관계, 사랑, 자기지향성, 영성

2. 스트레스 경험 분석

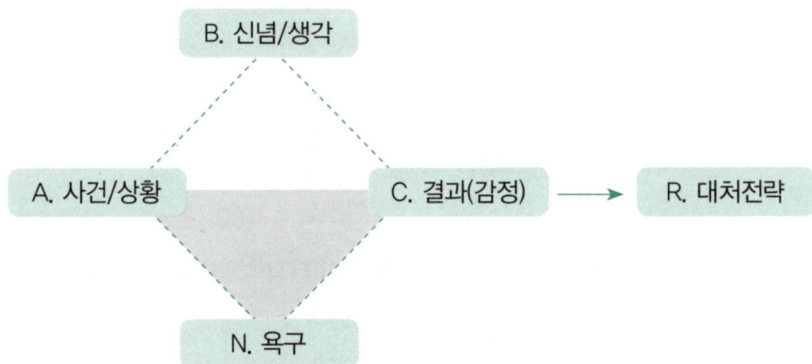

다음은 성인 및 대학생들을 대상으로 스트레스 경험 나누기 활동을 했던 내용을 ABCN-R 모델에 따라 정리한 것이다. 이 내용을 검토할 때 가장 중요한 포인트는 ABC가 논리적으로 명확하게 연결되어야 한다는 것이다. 인간의 경험은 복합적이고 다층적이기 때문에 내담자의 이야기를 분석하는 과정에서 문제에 갇혀 버릴 수 있다. 따라서 내담자의 스트레스 경험을 명료화하기 위해서는 가장 우선적이고 중요한 부분을 중심으로 핵심을 파악해야 한다.

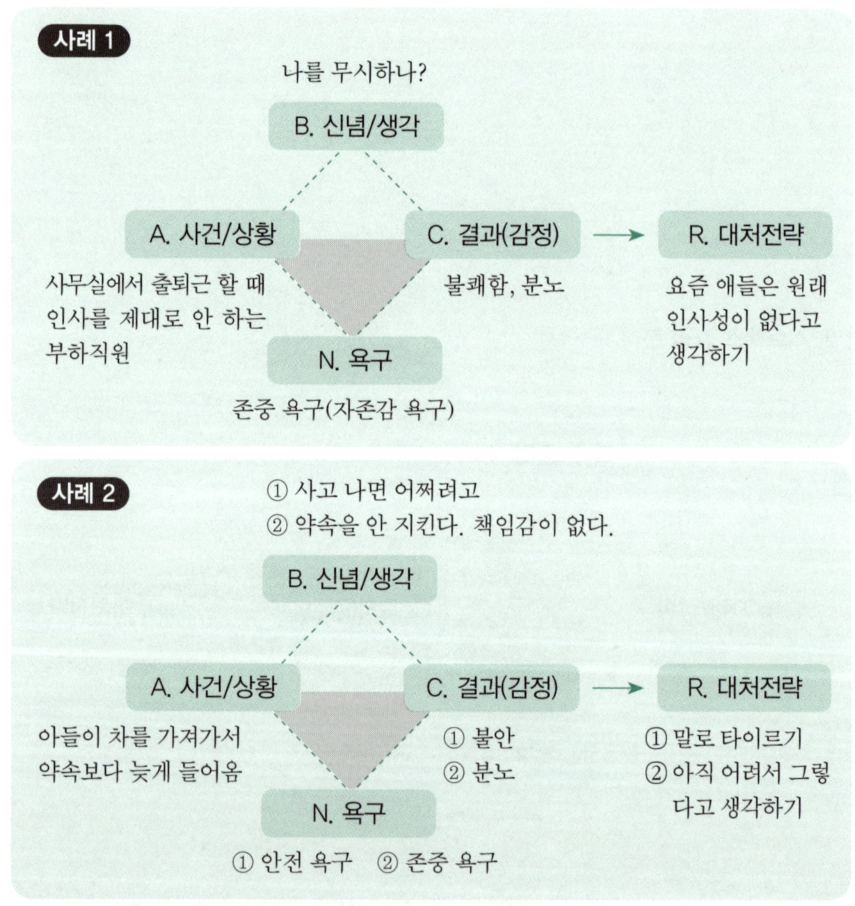

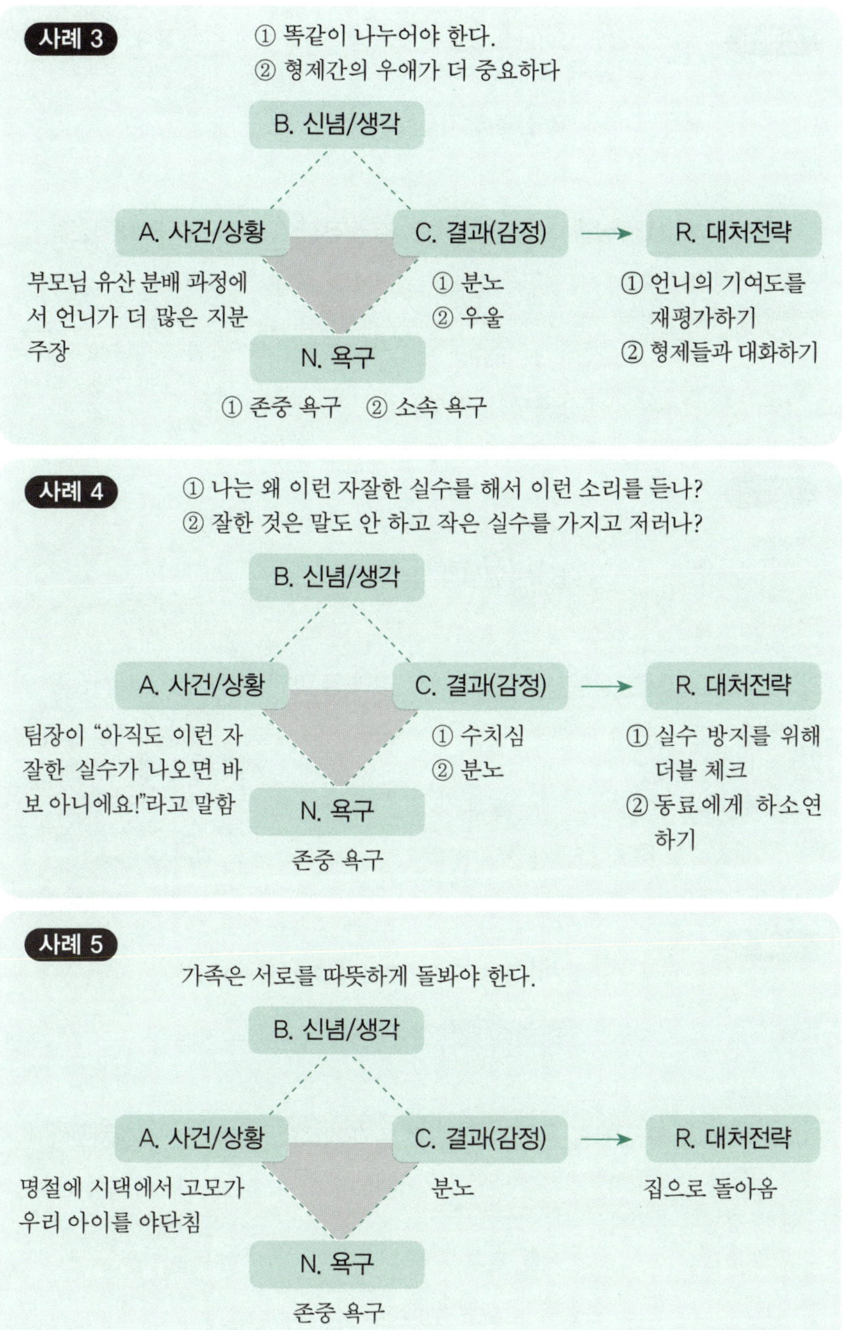
사례 3
① 똑같이 나누어야 한다.
② 형제간의 우애가 더 중요하다
B. 신념/생각
A. 사건/상황
C. 결과(감정)
R. 대처전략
부모님 유산 분배 과정에서 언니가 더 많은 지분 주장
① 분노
② 우울
① 언니의 기여도를 재평가하기
② 형제들과 대화하기
N. 욕구
① 존중 욕구 ② 소속 욕구
사례 4
① 나는 왜 이런 자잘한 실수를 해서 이런 소리를 듣나?
② 잘한 것은 말도 안 하고 작은 실수를 가지고 저러나?
B. 신념/생각
A. 사건/상황
C. 결과(감정)
R. 대처전략
팀장이 "아직도 이런 자잘한 실수가 나오면 바보 아니에요!"라고 말함
① 수치심
② 분노
① 실수 방지를 위해 더블 체크
② 동료에게 하소연하기
N. 욕구
존중 욕구
사례 5
가족은 서로를 따뜻하게 돌봐야 한다.
B. 신념/생각
A. 사건/상황
C. 결과(감정)
R. 대처전략
명절에 시댁에서 고모가 우리 아이를 야단침
분노
집으로 돌아옴
N. 욕구
존중 욕구

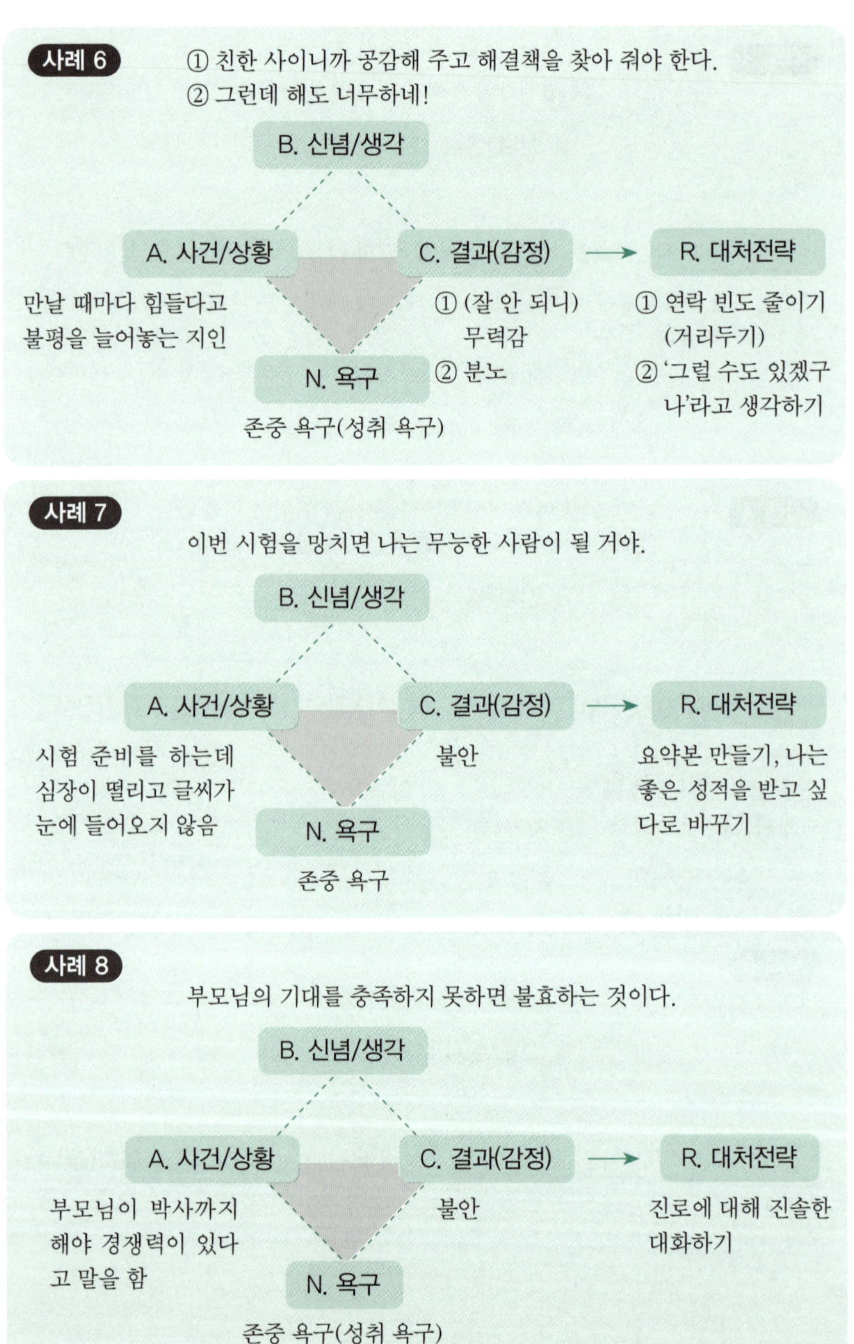
사례 6
① 친한 사이니까 공감해 주고 해결책을 찾아 줘야 한다.
② 그런데 해도 너무하네!
B. 신념/생각
A. 사건/상황
C. 결과(감정)
R. 대처전략
만날 때마다 힘들다고 불평을 늘어놓는 지인
① (잘 안 되니) 무력감
② 분노
① 연락 빈도 줄이기 (거리두기)
② '그럴 수도 있겠구나'라고 생각하기
N. 욕구
존중 욕구(성취 욕구)
사례 7
이번 시험을 망치면 나는 무능한 사람이 될 거야.
B. 신념/생각
A. 사건/상황
C. 결과(감정)
R. 대처전략
시험 준비를 하는데 심장이 떨리고 글씨가 눈에 들어오지 않음
불안
요약본 만들기, 나는 좋은 성적을 받고 싶다로 바꾸기
N. 욕구
존중 욕구
사례 8
부모님의 기대를 충족하지 못하면 불효하는 것이다.
B. 신념/생각
A. 사건/상황
C. 결과(감정)
R. 대처전략
부모님이 박사까지 해야 경쟁력이 있다고 말을 함
불안
진로에 대해 진솔한 대화하기
N. 욕구
존중 욕구(성취 욕구)

사례 9

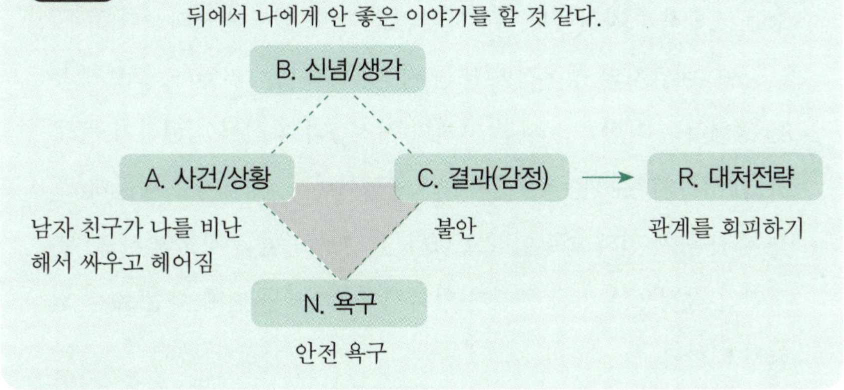

뒤에서 나에게 안 좋은 이야기를 할 것 같다.

B. 신념/생각

A. 사건/상황

남자 친구가 나를 비난해서 싸우고 헤어짐

C. 결과(감정) → R. 대처전략

불안

관계를 회피하기

N. 욕구

안전 욕구

사례 10

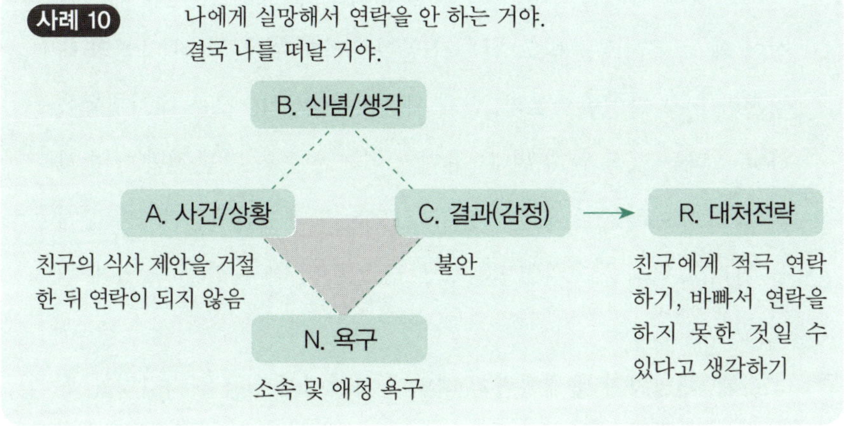

나에게 실망해서 연락을 안 하는 거야.
결국 나를 떠날 거야.

B. 신념/생각

A. 사건/상황

친구의 식사 제안을 거절한 뒤 연락이 되지 않음

C. 결과(감정) → R. 대처전략

불안

친구에게 적극 연락하기, 바빠서 연락을 하지 못한 것일 수 있다고 생각하기

N. 욕구

소속 및 애정 욕구

내담자의 스트레스 경험을 ABCN-R 모델에 따라 분석하는 것은 다음과 같이 세 가지 효과가 있다.

첫째, 상담자와 내담자의 자각 수준과 표현 능력을 함양하게 된다. 내담자의 스트레스 경험을 ABCN-R 모델로 분석하는 과정은 상담자에게는 내담자의 경험을 명료화하여 이해, 공감, 격려, 지지

를 전달하는 데 효과적인 방법이다. 또한 내담자에게는 자신의 경험을 명확하게 자각하고 적절하게 표현할 수 있도록 도와준다.

둘째, 내담자의 생존전략 또는 강점을 확인할 수 있다. 스트레스를 경험하는 사람들은 사건 자체의 어려움과 자신이 이해하지 못하고, 대처하지 못하는 것 때문에 더 힘들어한다. 내담자를 힘들게 하는 사건을 첫 번째 화살이라고 한다면, 그로 인한 부정적인 사고, 부정적인 감정으로 인해 문제가 악화되는 것을 '두 번째 화살'로 비유하기도 한다.

스트레스 경험을 ABCN-R 모델에 따라 분석하면, 내담자는 자신이 왜 스트레스를 받고 있는지 알아차리게 된다. 특히 자신의 대처전략(R)을 확인함으로써, 현재 자신이 어떤 식으로든 대처행동을 하고 있다는 것을 알게 된다. 하지만 이는 일종의 '생존전략'이며 자신의 '강점'이라는 것을 인식할 수 있도록 도와주면, 그 전략의 장점을 살리고 단점을 보완하면서 스트레스를 더 잘 관리할 수 있게 될 것이다.

셋째, 내담자가 문제해결의 책임이 자신에게 있음을 자각하게 된다. 내담자들이 문제에 대해 가장 쉽게 쓸 수 있는 방법은 대상, 상황, 조건을 탓하는 것이다. 이는 일종의 책임 회피 전략이다.

스트레스 경험을 ABCN-R 모델에 따라 분석하면, 내담자는 어떤 사건이나 상황(A)보다 자신의 생각(B)이 더 중요하며, 자신이 스트레스에 대해 어떤 식으로든 이미 대처(R)하고 있다는 것을 알게 되어, 자신의 스트레스에 대해 보다 적극적으로 선택하고 책임지려는 태도를 갖게 될 것이다.

행동과 욕구 분석

"여러분, 욕구(needs)와 바람(want)의 차이를 아시나요? 욕구는 행동의 원인이며 인간에게 공통된 것이라면, 바람은 욕구를 만족시켜 줄 수 있는 개인만의 구체적인 것을 말합니다. 예를 들어, 인간은 누구나 식욕을 느끼는데, 오늘 점심 메뉴를 무엇으로 할 것이냐는 개인의 구체적 바람이라고 할 수 있습니다.

욕구에 관해서는 '생-안-소-존-자' 매슬로의 5단계 욕구위계설이 유명하죠? 아들러 심리학에서는 개인의 경험과 기억 속에 자리 잡고 있는 구체적인 바람이 곧 삶의 목표나 목적이 될 수 있다고 봅니다."

욕구(needs)는 행동을 유발하는 근본 요인이다. 인본주의 심리학자로 잘 알려진 매슬로는 기존의 욕구 이론들을 통합하여 5단계 욕구위계설을 주장하였다. 매슬로가 제시한 욕구위계설을 아래에서부터 순서대로 살펴보면 다음과 같다.

첫째, 생리적 욕구는 욕구위계설의 피라미드에서 가장 아래에 위치한다. 이는 생존과 관련되어 있는 가장 기본적이고 중요한 욕구이다. 이 단계에 해당하는 욕구로는 식욕, 성욕, 수면욕 등이 있다. 예를 들어, 시험 준비를 위해 밤을 꼬박 새워 피곤하다면, 이는 생리적 욕구의 위배로 인한 스트레스라고 할 수 있다.

둘째, 안전 욕구는 신체적 안전에 대한 욕구와 심리적 안정에 대한 욕구이다. 안정, 취업, 자원, 건강, 보호 등의 욕구이다. 이런 욕구가 위협받을 때 우리는 불안을 경험하게 된다. 따라서 각종 보험을 드는 것, 돈을 버는 것 등은 안전 욕구와 관련되는 경우가 많다. 예를 들어, 자동차 사고를 경험한 사람이 자동차에 타는 것을 힘들어한다면 이는 안전 욕구의 위배로 인한 스트레스라고 할 수 있다.

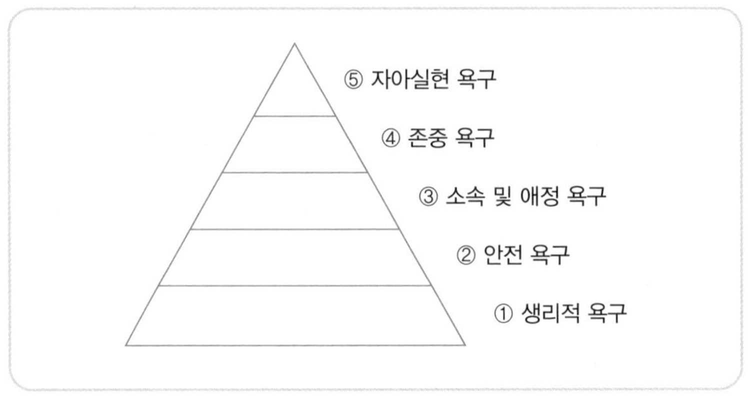

매슬로의 욕구 위계

셋째, 소속 및 애정 욕구는 보다 인간적인 욕구이다. 일단 생리적 욕구 및 안전 욕구가 충족되면 우리의 동기는 삶의 사회적 부분에 집중된다. 우리는 다른 사람과 함께하고 싶어 하고 정서적 교류를 갈망한다. 이 수준에서는 타인과 소통하기, 우정을 쌓고 애정을 주고받기, 공동체에 소속감을 느끼기, 타인들로부터 수용되기를 위해 행동한다.

예를 들어, 친구들 또는 가족과 여행을 가서 행복을 경험했다면, 이는 소속 및 애정 욕구의 충족으로 인한 것이다. 반면, 사귀던 애인과 이별했을 때 슬픔을 경험한다면 이는 소속 및 애정 욕구의 위배로 인한 스트레스라고 할 수 있다.

넷째, 존중 욕구는 타인으로부터 존경을 받고 명예를 얻고 조직 내에서 두드러지고 싶어 하는 욕구이다. 또한 자기 자신에 대한 존중도 여기에 포함된다. 존중 욕구를 때로는 힘 욕구, 성취 욕구, 통제 욕구라고도 부른다. 존중 욕구의 가장 단순한 형태는 자신의 생각이나 말을 존중하는 것이다.

예를 들어, 시험에서 좋은 성적을 받았다면 이는 성취 욕구의 충족으로 인해 느끼는 행복이라고 할 수 있다. 또한 가까운 사람이 자신의 생각과 다른 행동을 할 때 분노를 느끼는 것은 존중 욕구의 위배로 인한 스트레스이다.

다섯째, 자아실현 욕구는 나답게 살아가고자 하는 욕구이다. 심리학적으로 나답게 살아간다는 것은 자신의 타고난 기질을 실현하는 것과 경험을 통해 형성된 핵심 가치를 실현하는 것이다. 매슬로에 따르면 이 수준에서 인간은 자신을 완성하고 세상에 족적을 남기고 싶어 한다고 한다. 자신이 원하는 것을 이루고자 한다는 점에서 존중 욕구와 자아실현 욕구를 구별하기는 쉽지 않다. 자신의 핵심 신념, 핵심 가치를 실현했을 때, 이를 자아실현의 욕구가 달성된 것으로 볼 수 있다. 따라서 자아실현의 전제 조건은 자기이해, 즉 핵심 신념 및 가치를 명료화하는 것이다.

ABCN-R 모델에서 욕구(N)의 위치는 ABC 삼각형의 아래에 역삼각형으로 표현할 수 있다. 삶의 경험이 진행되는 자연적 순서는

N-A-B-C-R이다. 즉, 인지, 정서, 행동 경험의 바탕에는 항상 욕구가 자리 잡고 있다.

특히 이러한 욕구는 본질적으로 생명을 유지하려고 하는 생존 욕구라는 것을 알아야 한다. 그래야 인간 행동에 대한 이해와 수용이 가능해진다. 즉, 자신과 타인의 행동을 이해하는 데 있어 구체적인 내용을 잘 모를지라도, 우리는 그 행동 아래에 욕구가 작용하고 있으며, 이는 기본적으로 생물학적 또는 사회적 생존을 위한 것임을 알기에 상대의 행동에 대해 호기심을 가지고 구체적인 의미를 탐색할 수 있다. 참고로 심층심리학의 3대 거장이라고 하는 프로이트, 아들러, 융은 무의식에서 작용하는 정신적인 힘의 움직임, 즉 정신에너지의 역동을 강조했는데, 그 힘의 본질은 생존 욕구라고 할 수 있다. 프로이트는 성욕을 강조했으며, 아들러는 존중 욕구, 자아실현 욕구 그리고 소속의 욕구를 강조했다. 한편, 융은 분화와 통합이라는 개성화 과정에서 전자에서는 자아(ego)실현을 후자에서는 자기(self)실현을 강조했는데, 이는 인성 발달과 영성 회복을 통합하고 있다는 점에서 독특한 접근이다.

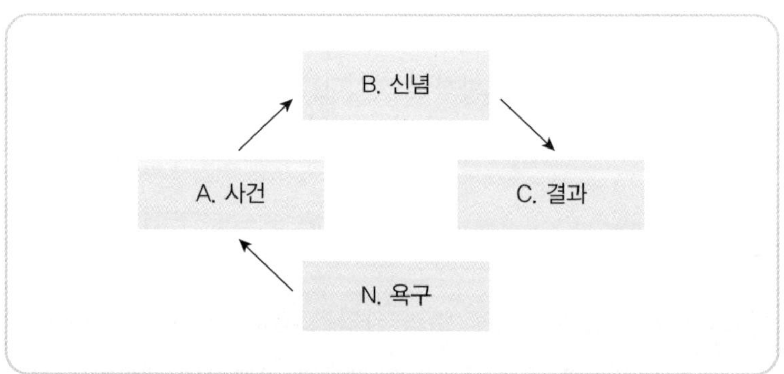

아들러식 강점 기반 상담모델에서는 ABCN 모델을 음과 양의 삼각형이 결합되어 있는 마름모 형태로 표시한다. 이를 대처전략(R)의 마름모와 연결 지어 표시하면 다음과 같다.

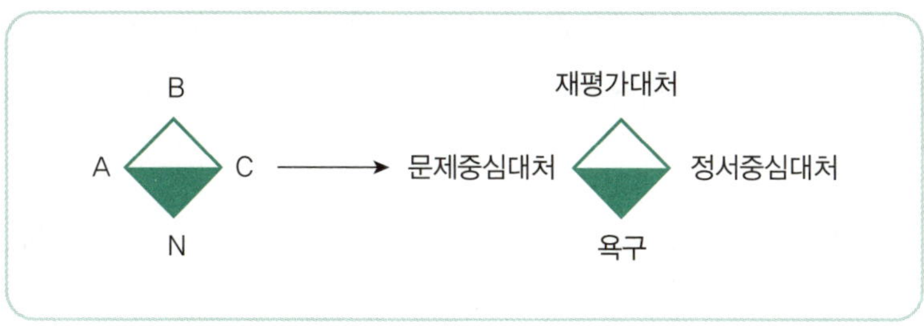

바라는 해결 상태 분석

"여러분, 손등과 손바닥, 동전의 앞면과 뒷면, 지구의 낮과 밤이 상응을 이룬다면, 문제(problem)와 상응을 이루는 것은 무엇일까요? 네. 문제 이면에는 해결(solution)이 있습니다.

그런데 저는 문제와 바람(want)으로 표현하는 것을 좋아합니다. 왜냐하면 문제가 있다는 것은 내가 원하는 것이 이루어지지 않았다는 것을 의미하고, 무언가 바란다는 것은 곧 문제를 느끼는 상태이기 때문입니다. 따라서 우리는 내담자가 호소하는 문제 이면에 숨겨진 그의 바람을 찾아야 합니다."

생각하는 존재로서 인간은 어떤 사건이나 행동의 원인을 찾는 경향이 강하다. 그런데 행동의 원인을 욕구로 귀결시킨다면 그 행동을 변명하는 데는 도움이 되지만, 그 행동을 변화시키는 데는 별로 도움이 되지 않는다. 어떤 행동의 근원이 되는 욕구를 이해하는 것에서 한 걸음 더 나아가, 보다 능동적인 관점에서 행동의 원인을 파악하려고 한다면, 아들러가 강조했던 목적론을 고려해 볼 필요가 있다.

아들러는 "인간의 모든 행동에는 목적이 있다."라고 하면서 인간을 목적론적 존재로 설명했다. 나아가 인간은 전체적 존재로서 개인의 내밀한 목적을 위해 그의 생각과 감정과 행동을 사용하며 살아가는 능동적 존재라고 보았다. 이러한 접근은 인간을 생물학적 욕구에 지배당하는 피동적인 존재로 보기보다는 어떤 목적을 추구하는 동기를 가진 보다 능동적인 존재로 볼 수 있게 해 준다.

그럼 인간의 내적인 목적은 어떻게 형성되는가? 아들러는 초기 아동기에 가족관계 경험을 바탕으로 열등감에 대한 보상으로 우월성을 추구하는 과정에서 각 개인의 고유한 생활양식이 형성된다고 보았다. 이때 열등감에 대한 보상으로 우월성을 추구하는 과정이 삶의 목적을 추구하는 과정이며 자아실현의 과정이다. 따라서 아들러 상담 과정에서는 생활양식을 평가하기 위해 초기기억과 가족구도 등의 자료를 사용한다. 어린 시절 기억을 분석해 보면, 아동이 무의식적으로 설정해 놓은 삶의 목적을 추론할 수 있다. 즉, 초기기억 속에는 그의 삶의 방향과 목적을 암시하는 구체적인 바람이 숨어 있다고 할 수 있다. 다만, 어린 시절의 인상적인 기억에 의해 무의식적으로 새겨진 그의 바람과 목적은 깊은 자기 성찰이나 상담

등을 통해 명료화하지 않는 한 제대로 인식하기가 쉽지 않다.

이 과정은 현실치료의 4단계 상담 과정에서 첫 번째 단계인 '바람 파악하기'와 유사하다. 현실치료에서는 인간이 다섯 가지 기본적 욕구를 채우기 위해 자신의 행동을 선택한다고 보았다. 특히 현실치료에서는 욕구(needs)와 바람(want)을 명확히 구분하여 사용한다. 욕구가 인간 행동의 공통적인 유발 요인이라면, 바람은 각 개인이 원하는 구체적인 요구사항이다. 현실치료의 상담 과정은 바람을 명료화하고, 현재 행동을 파악하여(doing), 이를 평가하고(evaluating), 원하는 것을 이루기 위해 현실적인 계획을 세우는 것(planning)으로 진행된다. 그 첫 단계인 바람을 찾는 기본질문은 '당신이 정말로 원하는 것은 무엇인가?'이다. 이때 바람은 직접적 또는 간접적 경험을 통해 기억 속에 자리 잡고 있는 구체적인 것이어야 한다. 아들러 상담에서는 내담자의 의식 깊은 곳에서 작용하는 목적과 바람을 찾기 위해 초기기억을 사용한다. 이러한 맥락에서 아들러는 "초기기억의 중요성을 발견한 것은 아들러 심리학의 가장 중요한 발견 중 하나이다."라고 말했다.

아들러식 상담에서는 내담자가 원하는 문제해결의 상태가 그의 경험과 기억 속에 자리 잡고 있다고 본다. 특히 이는 초기기억 속에 투사되어 나타날 수 있다. 다음은 초기기억과 그 속에 암시되어 있는 욕구와 바람을 찾아본 것들이다. 이 사례를 참고하여, 다음에 제시된 초기기억들 속에서 욕구와 바람을 탐색해 보자.

가이드의 초기기억

> 초등학교 1학년 때 한참을 걸어서 어떤 산으로 소풍을 갔다. 보물찾기 시간이 되어 다른 친구들은 보물이 표시된 쪽지를 바위 밑이나 나뭇가지 위에서 찾아내는데, 나는 보물을 하나도 찾지 못했다. 그때 할머니께서 나에게 가만히 쪽지를 하나 건네주셨다. 펴보니 '공책'이라고 써져 있었다. 나는 쪽지를 들고 가 선물을 받았다.

- 가장 인상적인 부분은 할머니가 가만히 쪽지를 건네주신 것이다.
- 그때의 감정은 놀람, 기쁨, 고마움이다.

이 초기기억에서 가이드는 할머니가 건네준 보물찾기 쪽지가 가장 인상적이라고 했는데, 이는 성취 욕구와 소속 및 애정의 욕구가 만족된 경험이다. 성취 욕구와 관련된 구체적인 바람은 누군가의 도움을 받아 원하는 것을 얻는 것이다. 소속 및 애정의 욕구와 관련된 구체적인 바람은 다른 사람을 도와주고 도움을 받는 것이다. 그 과정에서 도움을 주는 사람이나 도움을 받는 사람 모두 기쁨을 경험할 수 있다.

리즈벳(43, 여)의 초기기억

> 4~5세경, 가족들과 함께 수영장으로 놀러 갔다. 아빠는 한쪽에 비켜 서 있었고, 나는 수영을 하려고 애쓰고 있었다. 나는 수영을 못해 엄청난 공포를 느꼈다. 하지만 아빠는 나를 도와주지 않았다.

• 가장 인상적인 부분은 엄청난 공포를 느낀 것이다.

• 그때의 감정은 죽을 것 같은 공포이다.

이 초기기억에서 리즈벳은 아버지가 도와주지 않아서 엄청난 공포를 느꼈는데, 이는 안전 욕구가 채워지지 못한 상황이다. 따라서 안전 욕구, 소속 및 애정의 욕구와 관련하여 리즈벳이 원하는 바람은 자신이 힘들 때 누군가 적극적으로 도와주는 것이다.

연습 1 라봄의 초기기억 속에서 욕구 추론하기

6~7세경, 명절날 아침 작은집에 갔다. 여자 어른들은 부엌, 남자 어른들은 차례를 지내는 방에서 차례상 준비를 하고 있었다. 나는 친척 또래 아이들과 마루에 누워 이리 뒹굴 저리 뒹굴 놀고 있었다. 부엌과 차례 지내는 방을 왔다 갔다 하시던 할머니의 버선발과 뒹굴던 내가 부딪혔다. 그때 할머니가 성가시다는 듯 "아이고, 얘는 왜 이래?"라고 하셨다. 다른 애들도 다 뒹굴거리며 놀고 있는데, 나한테만 뭐라고 하시는 것 같아서 억울한 마음도 들고, 친척들이 다 있는데 꾸지람을 들어서 속상했다.

• 가장 인상적인 부분은 한복 차림의 큰 키의 할머니가 "(거추장스럽다는 듯이) 아이고, 얘는 왜 이래?"라고 하신 것이다.

• 그때의 감정은 (여러 사람 앞에서 좋지 않은 피드백으로 인한) 창피함, 무안함, 그리고 서운함과 억울함도 있었다.

• 자료에 근거하여 → 강점 찾기

한복 차림의 큰 키의 할머니가 "아이고, 얘는 왜 이래?" → 청각과 시

각, 길이/크기 등 판별력

명절, 차례 → 의식/예식 중시

친척 또래 아이들과 마루에 누워 이리 뒹굴 저리 뒹굴 놀고 있었다. → 친화력, 놀이능력, 표현력, 활동성, 자유로움, 공간사용능력

부엌과 차례 지내는 방을 왔다 갔다 하시던 → 공간지각능력

억울한 마음도 들고, 꾸지람을 들어서 속상했다. → 견디는 힘, 인내력, 자기조절능력, 자존감, 명예추구

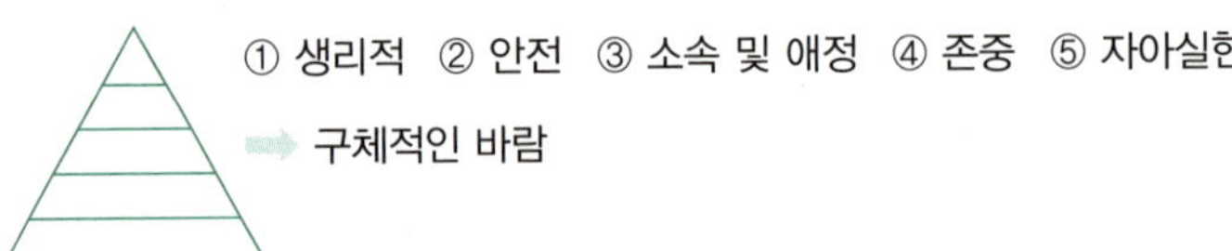

연습 2 사랑이의 초기기억 속에서 욕구 추론하기

4~5세경, 할아버지가 돌아가신 날, 시골집 큰방 병풍 뒤에 있는 할아버지의 주검이 하얀 천으로 쌓여 있었다. 증조할머니가 병풍을 걷어 내어 하얀천을 풀며 "이렇게는 못 보낸다."라고 소리치며 우셨다. 할아버지의 얼굴인지는 모르겠으나 파랗게 질려 있는 성인남성의 얼굴이 보였다. 막연히 무서운 느낌이었다. 나는 아무것도 못 하고 그 자리에 가만히 서 있었다.

- 가장 인상적인 부분은 증조할머니가 소리치며 우는/절규하는 모습이다.
- 그때의 감정은 슬픔보다는 무서움(얼어붙는 느낌)이다.
- 자료에 근거하여 → 강점 찾기

할아버지가 돌아가신 날, 시골집 큰방 병풍 → 기억력, 관찰력, 묘사력, 공간지각능력

"이렇게는 못 보낸다."라고 소리치며 우셨다. → 청각, 감정읽기, 표정/얼굴인식, 연민

나는 아무것도 못 하고 그 자리에 가만히 서 있었다. → 용기, 대담성, 위험민감성, 회피능력, 상황을 견디는 힘, 대처능력

① 생리적 ② 안전 ③ 소속 및 애정 ④ 존중 ⑤ 자아실현

➡ 구체적인 바람

연습 3 **무심의 초기기억 속에서 욕구 추론하기**

3~4세경, 부산 개금, 기찻길 옆에서 살았다. 엄마와 함께 아빠의 퇴근시간에 맞춰 마중을 나갔다. 엄마 손을 잡고 아빠가 오는 모습을 고대하며 기다렸다. 아빠가 보이면 "아빠!" 하고 외치며 달려갔다. 아빠는 나를 반갑게 안아 주셨다.

- 가장 인상적인 부분은 엄마 손을 잡고 아빠가 오는 모습을 고대하며 기다렸던 것이다.
- 그때의 감정은 (아빠가 오기를 고대하며 집중하고 있는) 기대감이다.
- 자료에 근거하여 → 강점 찾기

부산 개금, 기차길 옆에서 살았다. → 공간지각능력, 기차와 여행

엄마 손을 잡고 아빠가 오기를 고대하면 집중하고 있는 → 시각, 촉각,

기다림, 집중력, 인내심, 참을성, 희망, 긍정성, 가족애

엄마와 함께 아빠의 퇴근시간에 맞춰 마중을 나갔다. → 가족애, 정서적 유대감, 성실성, 시간중시, 시간감각, 역할분담, 책임감

"아빠!" 하고 외치며 달려갔다. → 자기표현, 적극성

아빠는 나를 반갑게 안아 주셨다. → 사랑 표현, 마음읽기

① 생리적 ② 안전 ③ 소속 및 애정 ④ 존중 ⑤ 자아실현

→ 구체적인 바람

연습 4 기쁨이의 초기기억 속에서 욕구 추론하기

8세 국민학교 입학식 때, 엄마가 아프셔서 주일학교 선생님과 함께 갔다 오라고 말씀하셔서 많이 당황스러웠다. 그런데 주일학교 선생님이 볼일이 있어서 먼저 간다며 집에 알아서 잘 들어가라고 말씀하셨다. 입학식이 끝나고 다른 아이들은 부모님이나 할머니 할아버지와 함께 웃으며 뿔뿔이 흩어져 가는데 나는 어디로 가야 할지 방향을 몰라 전봇대를 붙잡고 가만히 서 있었다. 얼마나 서 있었는지 알지 못하나 오래 서 있었는지 다리가 아파 확신 없이 발이 가는 대로 걷다가 계속 모르는 길이라 눈물이 나왔고, 울면서 정처 없이 걸으며 '집에 무사히 도착하게 해 달라고' 하나님께 기도했다. 한참을 걷다가 익숙한 길을 찾아 달려서 집으로 갔다. 집에 도착해 감사하며 안도하는 마음이 제일 먼저 들었으나 엄마를 보는 순간 함께 가지 못하게 아픈 엄마에 대한 서운함과 원망의 마음이 들어 눈물이 더 많이 쏟아졌다.

- 가장 인상적인 부분은 어린아이가 울면서 가는데 안 보이는 것처럼 그냥 지나가는 어른들의 차가움(무관심, 존재하지 않는 것처럼, 세상의 차가움)이다.
- 그때의 감정은 무서움이다.
- 자료에 근거하여 → 강점 찾기

주일학교 선생님과 함께 갔다 오라고 말씀하셔서 → 배려심, 대체능력, 순응

방향을 몰라 전봇대를 붙잡고, 발이 가는 대로 걷다가 → 용기, 실행력

다른 아이들은 부모님이나 할머니 할아버지와 함께 웃으며 뿔뿔이 흩어져 가는데 → 관찰력

나는 어디로 가야 할지 → 상황판단

발이 아파 확신 없이 발이 가는 대로 걷다가 → 직관력, 추진력, 시행착오능력을 통해 답을 찾는 능력

어린아이가 울면서 가는데 안 보이는 것처럼 그냥 지나가는 어른들의 차가움 → 감정자각 및 표현, 정서적 민감성, 타인관심, 인정

'집에 무사히 도착하게 해 달라고' 하나님께 기도했다. → 도움요청, 대상 찾기, 희망 찾기, 신앙심

익숙한 길을 찾아 달려서 집으로 갔다. → 길찾기, 침착성, 목표지향적, 관찰력, 판단력, 달리기/운동능력, 공간지각능력

집에 도착해 감사하며 안도하는 마음이 → 감사하는 마음

엄마에 대한 서운함과 원망의 마음이 들어 눈물이 더 많이 쏟아졌다. → 감정자각, 감정표현 감수성

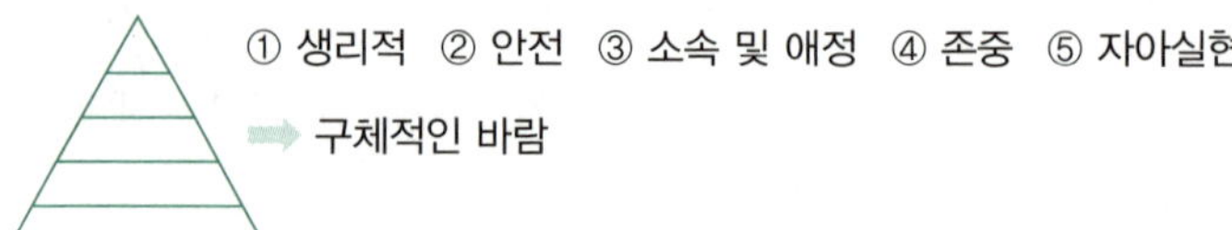

연습 5 민들레의 초기기억 속에서 욕구 추론하기

4~5세경, 나는 할머니랑 집에 남아 있었다. 엄마와 아버지는 (세 살 위) 오빠를 데리고 멀리 차를 타고 가족 행사에 갔다. 나한테는 어디에 간다고 말도 하지 않고 갔다. 내가 울까 봐 내가 좋아하는 라면땅 과자를 다락방에 많이 사 놓고 갔다. 나는 따라가고 싶었는데, 나를 왜 데려가지 않았느냐고 울지도 않고 라면땅 과자를 먹을 수 있어서 좋았다.

- 가장 인상적인 부분은 왜 나를 데려가지 않고 오빠만 데리고 갔을까? 말도 안 하고 갔을까? 하는 생각이다.
- 그때의 감정은 외로움/소외감, 홀로 남겨진 슬픔이다. 그리고 아들, 딸 차별에 대한 불평등함에 대한 분노 감정이다.
- 자료에 근거하여 → 강점 찾기

  라면땅 과자를 먹을 수 있어서 좋았다. → 긍정성, 순수함, 양면성 인식, 균형 잡기, 먹을 거 중시

  그냥 가 버린 게 아니라 과자를 다락방에 많이 사 놓고 갔다. → 배려, 돌봄

  울지도 않고 → 감정조절, 절제력/통제력, 인내력/참을성

  왜 나를 데려가지 않고 → 호기심, 설명능력, 이유 중시, 인과추론/

원인파악

① 생리적 ② 안전 ③ 소속 및 애정 ④ 존중 ⑤ 자아실현

➡ 구체적인 바람

연습 6 **행복이의 초기기억 속에서 욕구 추론하기**

4~5세경, 동네에 있던 양지바른 국수집 앞에 동네 사람들이 모여 있었다. 그곳에서 놀다가 갑자기 국수틀에 손가락이 끼어서 울었다. 엄마가 나를 안고, 동네 사람들이 목화솜을 태워 들기름에 개어서 내 손가락에 붙여 주었다. 너무 아팠지만 잠시 후에 통증이 싹 없어지고 엄마 품에서 포근하고 따뜻한 느낌으로 잠이 들었다.

- 가장 인상적인 부분은 손가락이 끼어서 울었던 것보다 엄마 품에서 포근하게 잠이 든 것이다.
- 그때의 감정은 안정감, 평온함이다.
- 자료에 근거하여 → 강점 찾기

엄마 품에서 포근하고 따뜻한 느낌으로 잠이 들었다. → 돌봄, 모성애/사랑/애착, 인정, 촉감, 정서적 안정감, 정서적 유대감

목화솜을 태워 들기름에 개어서 내 손가락에 붙여 주었다. →치유능력, 위기대처

양지바른 국수집 앞에 동네 사람들이 모여 있었다. → 어울림, 사회적 관심, 공동체의식, 연결감

국수틀에 손가락이 끼어서 울었다. → 자기표현/주장, 호기심, 조심성

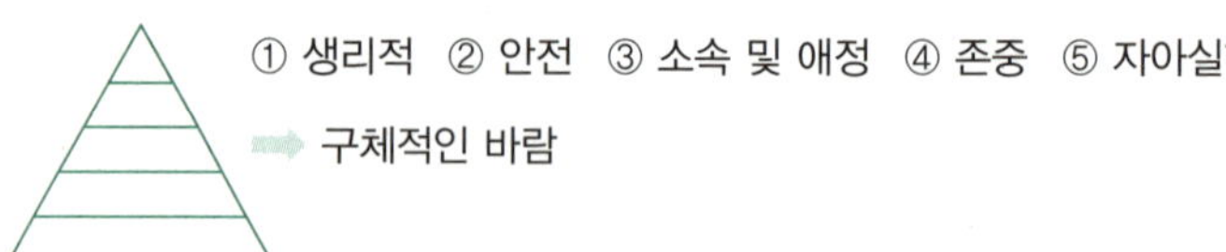

연습 7 동상의 초기기억 속에서 욕구 추론하기

5~6세경, 엄마의 지인이 나에게 물었다. 너는 누구를 닮았니?(엄마는 안 닮았다는 걸 말하는 것 같은 느낌이었다.) 나는 엄마를 전혀 닮지 않았다. 나는 아빠를 닮았다. 그러나 그 시절에도 나는 아빠가 싫었나 보다. 머리를 짜내고 짜내어 최대한의 형상을 찾아내려고 애를 썼다. 엄마 손과 내 손을 번갈아 보았다. 그리고 엄마 손을 닮았다고 하였다. 뭐라도 닮았다고 해야 이어질 것 같았나 보다.

- 가장 인상적인 부분은 엄마 손과 내 손을 번갈아 보았던 기억이다.
- 그때의 감정은 (엄마랑 닮지 않았다면 엄마 딸이 아닐 거 같아서, 엄마랑 이어지지 않을 것 같은 느낌, 내 존재가 없어질 것 같은 느낌) 불안이다.
- 자료에 근거하여 → 강점 찾기

  싫다/좋다 → 기호/선호가 확실, 자기주장/표현

  엄마 손과 내 손을 번갈아 보았던 기억 → 시각, 관찰력, 비교분석(사고력)

  엄마 손을 닮았다고 하였다. → 순발력/센스

엄마랑 닮지 않았다면 내 존재가 없어질 것 같은 느낌 → 존재감 찾기, 정체성 중시

머리를 짜내고 짜내어 최대한의 형상을 찾아내려고 애를 썼다. → 위기 대처, 문제해결, 적극성, 탐색능력(숨은그림찾기)

아빠가 잘생김 → 외모 자신감

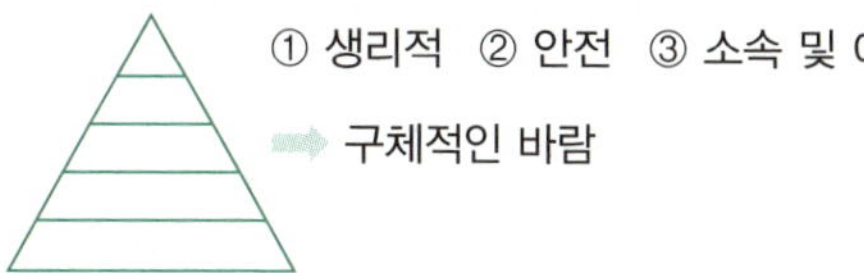

연습 8 존중의 초기기억 속에서 욕구 추론하기

4~5세경, 아버지와 나, 작은언니 그리고 엄마, 조카와 집 마루에 앉아 있다. 큰오빠가 사진을 찍었던 것 같다, 아버지와 나, 언니는 앞에 앉고 엄마는 조카를 안고 뒤에 있었다. 언니와 나는 모양이 다른 모자를 쓰고 찍었는데 목에 묶을 수 있는 모자를 언니도 나도 쓰고 싶어 했고 결국 내가 쓰고 사진을 찍었다. 나는 미안한 마음에 언니의 무릎에 살짝 손을 올렸다. 엄마는 백일도 되지 않은 조카를 얼굴이 앞으로 나오도록 안고 미소 짓고 있었다. 아버지도 함께 사진 찍어 좋아하는 느낌, 작은언니는 화가 난 듯한 인상이었다.

- 가장 인상적인 부분은 작은 언니의 화가 난 듯한 인상이다. 뚱한 듯한 표정
- 그때의 감정은 (좋은 마음도 있었지만) 미안한 마음이 더 크다.
- 자료에 근거하여 → 강점 찾기

아버지와 나, 언니는 앞에 앉고 → 서열, 배열 중시

모자를 언니도 나도 쓰고 싶어 했고 → 패션감각

결국 내가 쓰고 사진을 찍었다. → 추진력, 성취/목표 지향성, 원하는 것을 얻는 능력

작은언니는 화가 난 듯한 인상이었다. → 마음 읽기, 따뜻한 마음, 배려심, 표정 민감성, 공감능력, 관찰력, 묘사력

미안한 마음이 컸다. → 타인 배려/존중

나는 미안한 마음에 언니의 무릎에 살짝 손을 올렸다. → (말보다) 행동으로 표현하기, 화해 능력

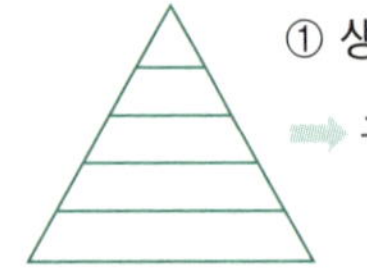

① 생리적 ② 안전 ③ 소속 및 애정 ④ 존중 ⑤ 자아실현

➡ 구체적인 바람

매슬로가 제시한 다섯 가지 욕구를 알고 있으면 앞의 초기기억들 속에서 그 사람의 욕구를 파악하는 것이 크게 어렵지는 않았을 것이다. 하지만 그 사람의 바람을 파악하려는 시도는 별로 성공적이지 못했을 것이다. 내가 추론한 바람은 그 사람의 바람이 아니라 나의 바람이 투사된 것일 수 있다. 앞에서 말했듯이 바람은 개인적인 경험과 기억에 근거하기 때문이다.

아들러식 강점 기반 상담모델 1단계에서는 내담자의 문제를 탐

색하여 명료화하고, 문제 이면의 목적과 바람을 파악하여 구체적인 상담 목표를 세우도록 한다. 그 과정에서 욕구와 바람을 파악하는 것의 중요성은 다음과 같다.

첫째, 욕구와 바람을 파악하는 것은 내담자와 함께 상담의 구체적인 목표를 설정하는 데 매우 효과적이다. 내담자의 욕구와 바람에 따라 상담의 목표를 세우는 것은 내담자의 동기를 활성화하여 상담의 효과를 높이는 데에도 크게 도움이 된다.

둘째, 내담자가 무의식적 행동 패턴의 목적을 자각하게 된다면, 자신의 삶과 성격을 보다 깊게 이해하여 새로운 행동을 선택할 수 있다. 그렇게 된다면 그는 더 이상 자신의 경험과 기억, 생각에 종속된 사람이 아니라, 주인공이 되어 창조적으로 자신의 삶을 만들어 갈 수 있다.

셋째, 행동 이면에 감춰진 욕구와 바람을 자각하는 것은 자기이해와 타인이해의 기본적 틀을 제공한다. 따라서 '나는 왜 이럴까? 저 사람은 왜 저럴까?'라는 질문들에 대해 대강의 답을 얻을 수 있기 때문에 스트레스를 덜 받게 된다. 그리고 그에 대한 하나의 가설을 가지고 대화를 하다 보면 구체적인 목적과 바람을 확인할 수도 있다. 이를 통해 우리는 원활한 의사소통과 상호이해에 도달할 수 있다.

제 6 장

상담 단계 2_초기기억 강점 찾기

아들러식 강점 기반 상담모델의 두 번째 단계에서는 인생과제 스트레스 경험과 연관된 초기기억을 떠올리도록 한 후, 강점 찾기 활동을 통해 내담자를 격려한다.

한편, 상담자는 내담자의 초기기억을 분석하여 상식, 용기, 사회적 관심의 정도를 평가한다.

인지행동치료의 ABC 이론에 따라 경험을 분석할 때, 사건(A)은 감각 및 행동이고, 신념(B)은 인지이며, 결과(C)는 감각 및 정서이다. 아들러식 강점 기반 상담모델에서는 여기에 욕구(N)라는 요소를 추가하여 ABCN 모델에 따라 인간의 경험과 기억을 분석한다. 이 모델에서는 음과 양의 삼각형이 결합되어 있는 마름모 형태로 이를 표시한다.

초기기억 회상하기

"일반적으로 상담 과정에서 문제의 원인을 파악하기 위해서, '언제부터 그런 문제가 시작되었나요?'라는 질문을 던집니다.

아들러식 강점 기반 상담모델에서는 그와 더불어 인생과제 문제와 관련된 초기기억을 찾아 분석합니다. 먼저 초기기억을 자유롭게 회상하게 한 후 연관성을 검토하거나, 또는 직접적으로 현재 스트레스 상황(A)과 유사한 초기기억, 현재 스트레스를 유발하는 생각(B)과 관련된 초기기억, 현재 스트레스 감정(C)과 연관된 초기기억을 회상하도록 요청합니다."

초기기억(early memory)은 약 5, 6세 이전의 기억을 말한다. 사춘기 때 첫사랑을 평생 잊지 못하는 것처럼, 인생초기의 기억은 개인의 의식과 삶의 뿌리가 된다. 따라서 인생초기 아동기 경험에 대한 기억 속에는 현재 자신의 성격과 삶의 방식을 설명할 수 있는 비밀들이 숨겨져 있다. 초기기억은 개인의 삶을 이해하고 바꾸기 위한 비밀열쇠와도 같다. 이런 측면에서 아들러는 "아들러 심리학의 가장 중요한 발견 중 하나는 (생활양식을 파악하는 데 있어, 자기 자신과 삶을 이해하는 데 있어) 초기기억의 중요성을 확인한 것이다."라고 했다.

초기기억이 중요한 것은 기억의 사실 여부에 상관없이 그 기억 속에 현재 그 사람의 생활양식, 즉 생각하고 느끼고 행동하는 패턴이 투사되어 나타나기 때문이다. 따라서 아들러식 상담 과정에서 생활양식을 평가하는 가장 중요한 도구가 바로 초기기억이다.

이론적으로 초기기억은 약 5, 6세의 기억을 말하지만, 보다 풍부하게 초기기억을 수집하기 위해 초등학교 1학년 때의 기억부터 초기기억으로 인정하고 작업을 진행할 수 있다. 다음은 김천수가 개발한 초기기억 회상 유도절차이다. 그 내용은 사건 또는 장소 등의 인출 단서를 제시하여 누구나 쉽게 초기기억을 회상할 수 있도록 구성하였다. 가급적 조용한 곳에서 이 내용을 읽어 주면서 내담자가 자신의 어린 시절 기억을 떠올릴 수 있도록 안내한다. 때로는 잔잔한 배경음악을 틀어 놓고 초기기억 회상을 진행하기도 한다(참고로 유튜브 채널 '심명_명상상담연구소'에는 초기기억 회상을 유도하는 간단한 동영상이 업로드되어 있으니 이를 활용할 수도 있다).

편안하게 앉아서 눈을 감으십시오. 숨을 마시면서 지금, 내쉬면서 여기. 지금-여기(here-now), 살아 숨 쉬는 나 자신을 느껴 봅니다. 지금, 오늘 날짜와 시간을 떠올려 보십시오. 여기, 우리가 머물고 있는 공간을 느껴 봅니다.

이제 여러분들의 기억 속으로 여행을 떠나겠습니다. 제가 제시하는 시간과 장소, 사건들을 떠올려 보십시오. 혹시 기억이 안 나거나, 해당되지 않는 사항이면, 그냥 통과하면 됩니다.

사람마다 경험이 다르기 때문에 공통적인 요소로 안내를 시작하겠습니다. 하루 전, 이 시간에 어디서 무엇을 했는지 떠올려 보십시오. 다음, 고등학교 3학년 졸업식 날을 떠올려 봅니다. 졸업식에 누가 왔고, 누구와 사진을 찍었고, 점심을 어디서 먹었는지, 이런 부분들이 생각이 날 것입니다. 조금 더 멀리, 중학교 2학년 정도로 돌아가 볼까요? 중학교 2학년 때 담임선생님, 친구들을 떠올려 보십시오. 이제 초등학교 6학년 졸업식을 떠올려 봅니다. 아마 졸업식 사진이 남아 있을 수도 있겠네요. 다음은 초등학교 3학년 무렵으로 돌아가 봅니다. 초등학교 3학년 때 교실, 담임선생님, 친했던 친구들을 떠올려 보십시오.

이제 초등학교 1학년 무렵으로 가 보겠습니다. 아들러 심리학에서 초기기억은 5, 6세 무렵의 기억을 말하지만, 이 프로그램에서는 초등학교 1학년 때부터 초기기억으로 인정을 하겠습니다. 초등학교 1학년 때, 내가 다니던 학교의 교문 앞에 서 있다고 상상해 보십시오. 교문을 지나 내가 다니던 교실로 걸어갑니다. 초등학교 1학년 때 담임선생님, 친한 친구들 그리고 학교에서 있었던 좋은 일 또는 안 좋은 일을 떠올려 보십시오. 그 기억을 사진처럼 찍어서 저장해 둡니다. 이제 그 사진들을 내려놓으십시오.

그리고 학교에서 나와서 집으로 돌아가는 길을 떠올려 보십시오. 학교와 집을 오가는 길에 익숙한 장소들이 생각나고, 그 장소와 관련된 기억들이 떠오를 수 있습니다.

이제 당시 내가 살던 마을을 떠올려 봅니다. 마을 입구 또는 아파트 단지가 될 수도 있겠지요? 이제 초등학교 1학년 때 살던 집 앞에 도착했습니다. 잠시 문 앞에 서서 그 집에서 함께 살던 가족의 모습을 당시 모습 그대로 한 사람 한 사람 떠올려 보십시오. 그리고 집 안으로 들어갑니다. 그 집에서 있었던 좋은 일이나 안 좋은 일을 떠올려 보십시오. 기억이 떠오르면 사진 찍듯이 찍어서 저장해 둡니다. 이제 그 사진들을 시냇물에 흘려보내듯이 흘려보냅니다.

이제 심호흡을 한 번 하시고, 조금 더 어린 시절. 유치원 다닐 때 또는 여섯 살, 다섯 살, 때로는 네 살 등 가장 어린 시절로 가 보십시오. 이렇게 여러분들의 기억 속에서 가장 어렸을 때 최초 기억, 퍼스트 메모리(first memory)를 떠올려 보십시오. 머릿속에 사진 앨범을 떠올리고, 내 기억의 앨범 속에서 가장 어렸을 때 사진 3장을 뽑아 봅니다. 어릴 때 찍은 사진이 담겨 있는, 추억의 앨범을 넘기면서 사진 3장을 생각해 보세요. 어떤 분들은 기억의 아주 작은 부분만 생각나기도 하는데, 그걸 선택해도 좋습니다. 지금부터 30초 정도 시간을 드리겠습니다. 혹시 잘 기억이 나지 않는 분은, 잠시 후 제가 도와 드리도록 하겠습니다.

자. 심호흡을 한번 해 볼까요. 숨을 깊게 마시면서 지금, 내쉬면서 여기. 지금-여기로 의식과 에너지를 되돌립니다. 네, 좋습니다. 이제 천천히 눈을 뜨십시오.

초기기억 회상이 끝나면, 활동지에 초기기억 두세 가지를 기록하도록 한다. 초기기억을 기록하는 기본적인 형식은 다음과 같다. 가장 어렸을 때 기억부터, 최소한 4개 내지 5개 이상의 문장으로 기록한다. 너무 간략하면 정보가 적어서 강점 찾기 활동을 하기 어렵다. 먼저 나이를 적고, 어디서 누구와 무엇을 했는지, 기억을 적도록 한다. 마치 집에 놀러 온 친구에게 앨범을 보여 주고, 사진을 가리키며 설명을 하는 것처럼 쓰면 된다. 특히 가장 인상적인 부분과 그때의 감정을 기록하는 것을 빠뜨리지 않도록 점검한다.

“제가 예를 하나 들어 드리도록 하겠습니다. 하나, 둘, 셋, 넷. 네 문장이죠? 문장은 주어와 서술어가 있고, 이렇게 마침표로 끝이 납니다. 가장 인상적인 부분과 그때의 감정을 적으세요. 이런 식으로 활동지에 작성을 하기 바랍니다.”

민들레(48, 여)의 초기기억

> 5~6세경, 밖에서 놀다가 집에 들어갔다. 엄마가 마루에서 머리카락을 두 갈래로 따 주셨다. 기분이 좋아서 웃었다. 엄마도 머리를 따 주며 미소를 지으셨다.

- 가장 인상적인 부분은 머리를 따 주시던 엄마의 손길
- 그때의 감정은 행복, 기쁨(엄마 사랑을 받으니까 기쁨)

초기기억 강점 찾기

“아들러식 강점 기반 상담모델에서는 먼저 초기기억을 자유롭게 회상하게 한 후, 인생과제 문제와 연관된 초기기억을 찾아 분석합니다. 또는 직접적으로 현재 스트레스 상황(A)과 유사한 초기기억, 현재 스트레스를 유발하는 생각(B)과 관련된 초기기억, 현재 스트레스 감정(C)과 연관된 초기기억을 회상하도록 요청할 수도 있습니다.

이렇게 인생과제 문제와 연관된 초기기억을 찾았으면, 초기기억 속에 숨어 있는 강점 찾기를 진행합니다."

초기기억 강점 찾기 활동은 아들러 심리학과 긍정심리학의 철학을 배경으로 베트너와 쉬프론이 개발한 기법이다. 아들러는 내담자의 생활양식을 평가할 때, 그가 가진 자산(asset)을 발견하여 격려해야 한다고 했다. 또한 긍정심리학의 창시자인 셀리그만은 강점을 찾아 일, 관계, 양육에 적용하는 것이 성공과 행복의 지름길이라고 강조했다.

초기기억 속에서 강점을 찾는 것은 특히 초기기억의 부정적 측면에 몰입되어 있는 내담자에게 그 기억의 이면에 숨어 있는 자신의 강점과 자원을 발견하도록 돕는다는 점에서 놀랍고 획기적인 접근 방법이다.

초기기억 회상 활동지

날짜: 20___.___.___, 별명: ________________

A. 초기기억 기록하기

1. 나의 첫 번째 초기기억(4~5문장으로 기술)

1–1.

1–2. 가장 인상적인 부분은:

1–3. 그때의 감정은:

2. 나의 두 번째 초기기억(4~5문장으로 기술)

2–1.

2–2. 가장 인상적인 부분은:

2–3. 그때의 감정은:

초기기억 강점 찾기 활동지

날짜: 20____.____.___, 별명: ________________

B. 초기기억 강점 찾기

1–4. 자료에 근거하여 강점 찾기(5개 이상)

→

→

→

→

→

→

1–5. 소감:

2–4. 자료에 근거하여 강점 찾기(5개 이상)

→

→

→

→

→

→

2–5. 소감:

베트너와 쉬프론의 방식을 개선하여, 다음과 같이 3단계로 강점 찾기를 진행한다. 1단계에서는 내담자가 자신이 기록한 초기기억을 천천히 읽어 주도록 한다. 이를 통해 상담자와 기억을 공유하는 것이다. 2단계에서는 상담자가 근거를 제시하며 하나의 가설로써 내담자의 강점을 찾아 준다. 3단계에서는 내담자와 강점 찾기에 대한 소감을 나눈다.

민들레(48, 여)의 초기기억 강점 찾기

> 5~6세경, 밖에서 놀다가 집에 들어갔다. 엄마가 마루에서 머리카락을 두 갈래로 따 주셨다. 기분이 좋아서 웃었다. 엄마도 머리 따 주며 미소를 지으셨다.

- 가장 인상적인 부분은 머리를 따 주시던 엄마의 손길
- 그때의 감정은 행복, 기쁨(엄마 사랑을 받으니까 기쁨)
- 자료에 근거하여 → 강점 찾기(5개 이상)

엄마의 손길 → 촉각 민감성

머리카락 따 주니 기분이 좋아서 → 돌봄, 꾸미기, 미용 감각, 손재주, 감사

놀다가 들어감 → 친구관계/사회성, 놀이능력, 성실성/책임감

기분이 좋아서 웃었다. → 미소, 긍정, 공감

사랑받는 느낌을 아는 → 사랑을 주고받는 능력

삐에로의 첫 번째 초기기억 강점 찾기

> 7세경, 유치원 버스에서 내리면 늘 집까지 혼자 걸어가곤 했다. 내가 현관문을 두드리면 언제나 부모님 중 한 분이 열어 주시곤 했는데 그날따라 아무리 문을 두드려도 아무도 나오시지 않았다. 나는 건너편에 할머니댁이 있다는 것이 기억나서 그곳으로 찾아갔지만 할머니도 집에 안 계시는 듯했다. 해가 져서 주변은 어두웠고, 무서운 마음에 눈물이 날 것 같았지만 울음을 참으며 밖에서 부모님이 올 때까지 기다렸다.

- 가장 인상적인 부분은 어두운 저녁 시간대에 밖에서 언제 올지 모르는 부모님을 기다렸던 것이다.
- 그때의 감정은 무서움이다.
- 자료에 근거하여 → 강점 찾기(5개 이상)

늘 집까지 혼자 걸어감 → 자립심
건너편에 할머니댁이 있다는 것을 기억함 → 기억력, 순발력
할머니댁을 찾아감 → 상황판단 능력
울음을 참음 → 감정조절 능력
부모님을 기다림 → 인내심

삐에로의 두 번째 초기기억 강점 찾기

> 7세경, 내가 다니던 유치원은 매월 생일파티에서 좋아하는 이성 친구를 불러 볼뽀뽀를 하도록 시켰다. 내가 좋아하던 남자아이는 따로 있었는데, 내가 싫어하던 남자아이가 나를 지목했다. 다들 거절 안 하고 나가는 분위기라 싫다고 하면 나를 이상하게 보거나 선생님께 혼날까봐 어쩔수 없이 나갔다. 짧게 볼뽀뽀를 하였더니 사진을 찍어야 하니

계속 볼에 입을 대고 있으라며 핀잔을 들었다.

- 가장 인상적인 부분은 계속 볼에 입을 대고 있으라며 핀잔을 들은 것이다.
- 그때의 감정은 당황스러움, 속상함이다.
- 자료에 근거하여 → 강점 찾기(5개 이상)

좋아하고 싫어하는 남자아이가 따로 있음 → 이성관 뚜렷함

이성친구에게 지목을 받음 → 매력 있음

생일파티의 분위기를 파악함 → 사회생활, 상황판단 능력

나가기 싫지만 참고 나감 → 감정 조절능력

선생님이 하라는 대로 함 → 반항하지 않고 주어진 상황에 순응함

빠삐용의 첫 번째 초기기억 강점 찾기

5~6세경, 어린이집에서 공부를 하고 있는데, 옆 반 아이들이 쳐들어왔다. 나도 연필을 들고 나가서 장난을 치며 대응하다가, 연필 끝에 손바닥이 찔렸다. 피가 흥건히 났고, 선생님이 오셔서 처치를 해 주셨다. 옆 반 아이들은 혼이 났고, 어두웠던 것 같은 교실 책상에 엎드려 있었다. (피가 꽤 많이 났던 것 같은데, 운 기억은 선명하지 않다.)

- 가장 인상적인 부분은 옆 반 아이들이 책상에 엎드려 있는 장면이다.
- 그때의 감정은 당황스러움이다.
- 자료에 근거하여 → 강점 찾기(5개 이상)

어린이집(실내) → 내향성

공부/숙제를 하고 있음 → 정적 활동, 순응적, 공부를 좋아하고 잘함

연필을 들고 나가 맞섬 → 진취적

연필(뾰족한 쪽이 자신에게 오도록 잡음) → 타인을 배려함

옆 반 아이들이 엎드려 있음 → 타인의 부정적인 상황을 선호하지 않음(착함)

당황(옆 반만 혼나서) → 공동체감, 연대책임, 정의감, 착함

빠삐용의 두 번째 초기기억 강점 찾기

> 7세경, 어린이집에선 화장실에 물을 뿌리면 안 된다는 규칙이 있었다. 양치를 하다가 실수로 물을 흘렸다. 다른 친구가 물을 엎었다고 선생님께 이른다고 하였다. 뭔가 불안했다. 아마 선생님께 혼날까 봐, 혹은 규칙을 어기는 아이라는 이미지가 싫었던 것 같다.

- 가장 인상적인 부분은 화장실의 풍경이다.
- 그때의 감정은 불안함이다.
- 자료에 근거하여 → 강점 찾기(5개 이상)

어린이집의 규칙 → 준법정신

실수로 (일부로 한 것이 아니다.) → 책임감

양치 → 청결중시

불안감 → 정직함, 규칙을 따름

친구가 이른다고 하여도 배신감 등을 느끼지 않음 → 착함

초기기억 강점 찾기는 다음과 같이 다섯 가지 측면에서 효과가

있다. 첫째, 초기기억 강점 찾기는 자신의 경험과 기억에 대해 보다 유연하게 접근할 수 있는 가능성을 열어 준다. 초기기억 강점 찾기는 단지 어린 시절의 기억을 떠올려 보는 데에서 그치지 않고, 그 속에 숨어 있는 강점을 찾아봄으로써, 과거의 기억은 고정된 실체가 아니며 새롭게 구성하고 재해석할 수 있다는 것을 깨닫게 해 준다.

둘째, 초기기억 속에 숨어 있는 강점을 찾는 작업은 그 자체로 내담자를 격려하는 것이다. 특히 부정적인 기억에 사로잡혀 있던 내담자에게는 그 안에서 강점을 발견하는 것은 신기하고 놀라운 경험이 될 것이다. 나아가 초기기억 속에서 찾은 강점들이 현재 삶의 원동력이 되었음을 깨닫게 된다면, 자기 자신을 있는 그대로 수용하고 격려하게 된다.

셋째, 초기기억 강점 찾기를 통해 자신의 강점을 발견한 내담자는 마치 바닷가 모래밭에서 예쁜 조가비를 발견한 아이처럼 뿌듯한 마음이 들 것이다. 상담자가 근거를 제시하며 강점을 찾아 주고, 내담자가 이를 자신의 강점으로 인식하는 순간 자존감이 향상되는 것이다.

넷째, 초기기억 강점 찾기는 상담자와 내담자 간의 신뢰관계를 형성하는 데에도 탁월한 효과가 있다. 이 작업으로 내담자는 상담자의 전문성을 확인하게 되고, 상담자는 내담자의 자원을 발견함으로써 상담 진행의 동력을 확보할 수 있기 때문이다.

다섯째, 초기기억 속에서 찾은 강점과 인생과제의 문제를 연결지어 해석하는 실마리를 발견할 수 있다. 왜냐하면 초기기억 속에서 찾은 내담자의 강점은 내담자의 핵심신념, 핵심감정, 핵심대처행동과 관련이 깊기 때문이다. 따라서 초기기억 강점 찾기는 인생과제 스트레스 경험과 초기기억을 연결 짓는 아주 중요한 작업이다.

초기기억 분석하기

"아들러식 강점 기반 상담모델에서는 초기기억 강점 찾기를 한 후, 다시 내담자의 초기기억을 ABCN 모델에 따라 자세하게 분석합니다. 그 과정에서 내담자는 자신의 인생과제 스트레스 경험과 초기기억 간의 연관성을 발견하고 놀라게 될 것입니다."

인지행동치료의 ABC 이론에 따라 경험을 분석할 때, 사건(A)은 감각 및 행동이고, 신념(B)은 인지이며, 결과(C)는 감각 및 정서이다. 아들러식 강점 기반 상담모델에서는 여기에 욕구(N)라는 요소를 추가하여 ABCN 모델에 따라 인간의 경험과 기억을 분석한다. 특히 초기기억을 회상하고 기록할 때, 가장 인상적인 부분을 적도록 하는데 그 부분에서 핵심 신념에 대한 단서를 찾을 수 있다. 또한 인상적인 부분과 관련된 감정을 적도록 하는데, 이는 내담자의 핵심 감정의 주요한 후보가 된다. 다음은 초기기억들을 ABCN 모델에 따라 경험 분석한 자료이다. 예시를 보면서 그 이후에 제시하는 초기기억들을 분석하는 연습을 해 보자.

사례 1 삐에로의 초기기억 분석하기

7세경, 유치원 버스에서 내리면 늘 집까지 혼자 걸어가곤 했다. 내가 현관문을 두드리면 언제나 부모님 중 한 분이 열어 주시곤 했는데 그날따라 아무리 문을 두드려도 아무도 나오시지 않았다. 나는 건너편에 할머니 댁이 있다는 것이 기억나서 그곳으로 찾아갔지만 할머니도 집에 안 계시는 듯했다. 해가 져서 주변은 어두웠고, 무서운 마음에 눈물이 날 것 같았지만 울음을 참으며 밖에서 부모님이 올 때까지 기다렸다.

- 가장 인상적인 부분은 어두운 저녁 시간대에 밖에서 언제 올지 모르는 부모님을 기다렸던 것
- 그때의 감정은 무서움

나는 누군가의 보호가 필요한 존재이다.
세상은 위협적인 곳이다.
따라서 나는 안전한 장소로 피하거나 보호해 줄 사람을 찾아야 한다.

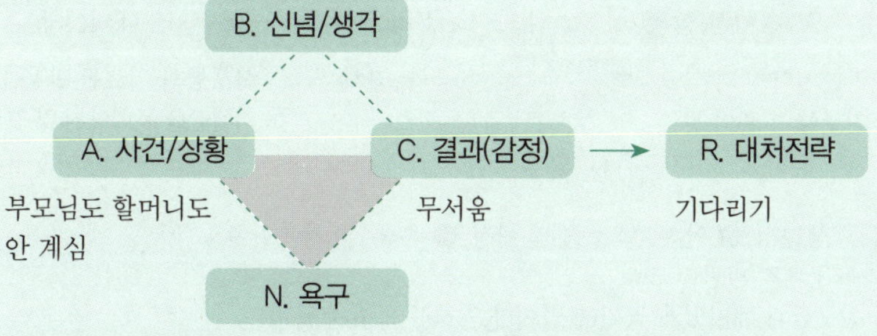

① 생리적 ❷ 안전 ③ 소속 및 애정 ④ 존중 ⑤ 자아실현
→ 구체적 바람(want)
부모님이나 할머니가 집에서 나를 맞아 주는 것

사례 2 **빠삐용의 초기기억 분석하기**

5~6세경, 어린이집에서 공부를 하고 있는데, 옆 반 아이들이 쳐들어 왔다. 나도 연필을 들고 나가서 장난을 치며 대응하다가, 연필 끝에 손바닥이 찔렸다. 피가 흥건히 났고, 선생님이 오셔서 처치를 해 주셨다. 옆 반 아이들은 혼이 났고, 어두웠던 것 같은 교실 책상에 엎드려 있었다.
(피가 꽤 많이 났던 것 같은데, 운 기억은 선명하지 않다.)

- 가장 인상적인 부분은 옆 반 아이들이 책상에 엎드려 있는 장면
- 그때의 감정은 당황스러움

나는 소심하고 약하다.
타인은 나를 괴롭힌다.
세상은 무서운 곳이다.
따라서 나는 규칙을 어기면 안 되고, 조심해야 한다.

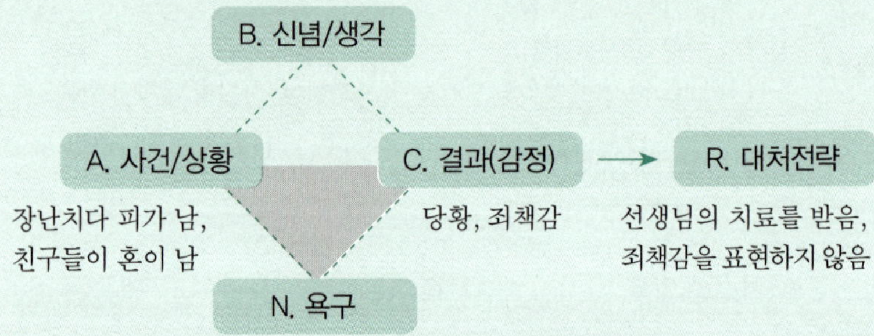

① 생리적 ❷ 안전 ③ 소속 및 애정 ❹ 존중 ⑤ 자아실현
→ 구체적 바람(want)
친구들과 재미있게 놀기(불안이나 죄책감 느끼지 않기)

사례 3 보배의 초기기억 분석하기

> 7~8세경, 동생과 싸운 후, 방 한쪽에 웅크리고 있었다. 엄마가 회초리를 들고 다가오자 동생은 쏜살같이 도망치고 나는 그 자리에 앉아 엄마를 똑바로 쳐다보았다. 엄마가 회초리로 허벅지 부근을 때렸다. 그리고 나를 쳐다보면서 "너는 참 독한 애야."라고 했다.

- 가장 인상적인 부분은 엄마가 "너는 참 독한 애야."라고 말한 것이다.
- 그때의 감정은 (엄마가 나를 싫어하는구나.) 실망감, 두려움이다.
- 자료에 근거하여 → 강점 찾기

7~8세경 동생과 싸운 후, 방 한쪽에 웅크리고 있었다. → 자기주장, 자기표현능력, 자아성찰능력

동생은 쏜살같이 도망치고 나는 그 자리에 앉아 엄마를 똑바로 쳐다보았다. → 용기, 적극성, 의지, 강인함, 굴하지 않는 마음

엄마가 회초리로 허벅지 부근을 때렸다. 그리고 나를 쳐다보면서 '너는 참 독한 애야.' → 행동에 대한 책임감, 체벌 지양, 승부욕

엄마는 나를 좋아하지 않는다.
따라서 엄마가 좋아하는 행동을 해야 한다.

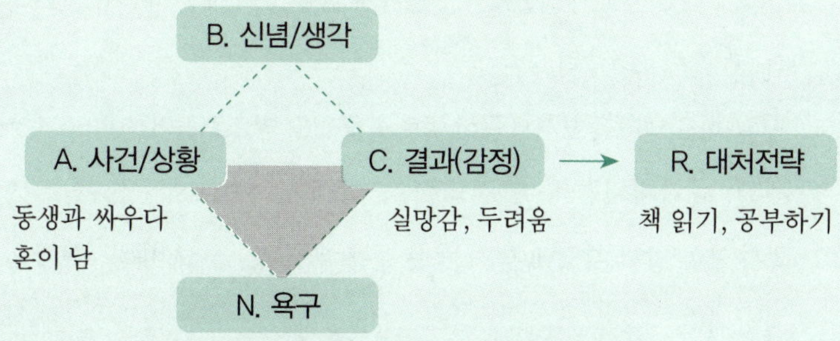

① 생리적 ② 안전 ❸ 소속 및 애정 ❹ 존중 ⑤ 자아실현

사례 4 **여우곰의 초기기억 분석하기**

7~8세경, 가을날 오후, 남동생이 신발장에서 성냥을 발견하고 켜 보자고 했다. TV 드라마에서 편지나 사진을 태웠던 것이 생각나 뒤꼍에서 일기장을 태웠다. 까맣게 태웠는데 연필 글씨가 선명하게 남아 있어서 신기했다. '띵동' 하고 엄마가 오셔서 급히 발로 불을 끄고 방으로 들어갔다. '와장창' 소리에 깜짝 놀라 혹시나 하고 나가 보니 떼어 놓은 유리창에 불이 붙어 활활 타고 있었다. 혹시 불이 날까 부엌에 받아 놓은 물을 뿌렸다. '피지직' 불이 꺼지고 연기가 났다. 하필이면 엄마가 마당의 낙엽을 쓸겠다고 하시는 바람에, 들켜서 벌을 받았다.

- 가장 인상적인 부분은 '피지직' 불이 꺼지고 연기가 난 것이다.
- 그때의 감정은 안도감이다.
- 자료에 근거하여 → 강점 찾기

  성냥을 발견하고 켜 보자고 했다. → 호기심, 도전정신, 협동심

  TV 드라마에서 편지나 사진을 태웠던 것이 생각나 뒤꼍에서 일기장을 태웠다. → 창의력, 응용력, 리더십

  까맣게 태웠는데 연필 글씨가 선명하게 남아 있어서 신기했다. → 호기심, 관찰력, 묘사력

  '띵동' 하고 엄마가 오셔서 급히 발로 불을 끄고 방으로 들어갔다. → 문제해결, 위기대처능력, 안전의식, 순발력

  혹시 불이 날까 부엌에 받아 놓은 물을 뿌렸다. → 준비성, 신중함, 침착함

  '피지직' 불이 꺼지고 연기가 났다. → 청각, 시각

하필이면 엄마가 마당의 낙엽을 쓸겠다고 하시는 바람에, 들켜서 벌을 받았다. → 책임감

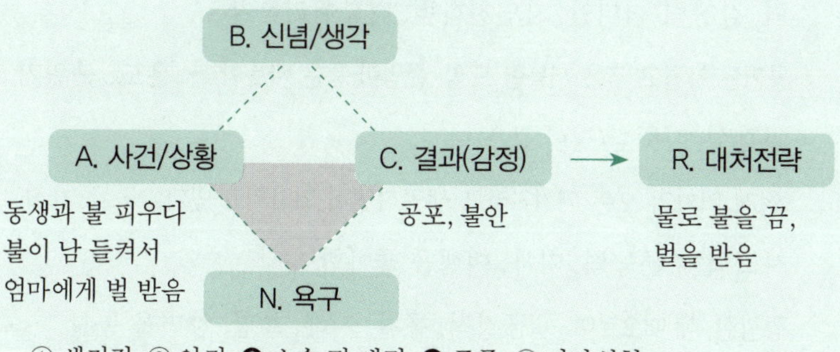

① 생리적 ② 안전 ❸ 소속 및 애정 ❹ 존중 ⑤ 자아실현

연습 1 불꽃의 초기기억 분석하기

3~4세경, 강원도 도0역 플랫폼에서 새벽에 큰엄마의 등에 업혀 서울로 올라가는 열차를 기다리고 있다. 공기는 차갑고 추운 서늘한 느낌이고 주변에 사람은 그리 많지 않다. 큰엄마의 품에 파고들어서 살짝 졸린 상태에서 먼 하늘을 바라보고 있다. 멀리서 해가 떠오르고 있는 것을 보고 있고 하늘이 점점 붉게 변하는 것을 신기하게 쳐다보고 있다. '언제 기차가 오는 거지?'라고 생각하면서 기다리고 있다.

- 가장 인상적인 부분은 하늘에 해가 떠오르며 하늘이 변화(깜깜했다가 붉어지는)하는 장면이다.

(예전에는 의존적이고 수동적인 장면, 외롭고 슬픈 느낌이었는데 지

금은 달라졌다.)

- 그때의 감정은 예쁘고, 신기하다는 느낌이다.
- 자료에 근거하여 → 강점 찾기

하늘에 변화(깜깜했다가 붉어지는) 예쁘고 신기함 → 시각, 색감, 관찰력, 감상력/심미안, 자연친화력, 변화원리통찰

공기는 차갑고 추운 서늘한 느낌, 큰엄마 등은 따뜻함 → 온도, 분위기 민감성, 따뜻함(정이 깊은)

'언제 기차가 오는 거지?'라고 생각하면서 기다리고 있다. → 호기심, 사고력/추론능력, 기차, 여행을 좋아함

깜깜한, 해 떠오르며 → 긍정적, 통찰, 지혜, 희망, 양면을 통찰

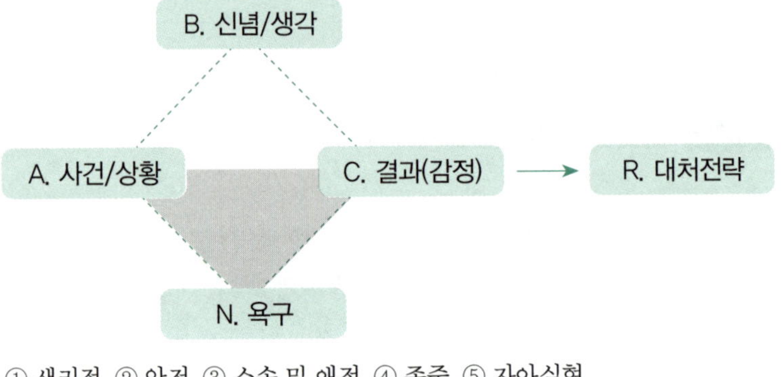

① 생리적 ② 안전 ③ 소속 및 애정 ④ 존중 ⑤ 자아실현

연습 2 나답게의 초기기억 분석하기

5세경, 수돗가 옆 마당에서 파란색 멜빵치마를 입고 앉아 공깃돌놀이를 하고 있다. 초여름 날씨에 바람이 불어 나뭇가지가 흔들린다. 혼자다.

심심하다. 엄마는 밭에 일하러 가셨다. '엄마는 언제 올까?'라고 생각을 했다.

- 가장 인상적인 부분은 파란색 멜빵치마 그게 사진처럼 선명하다.
- 그때의 감정은 (불안하지는 않았고) 청명한 느낌이다.
- 자료에 근거하여 → 강점 찾기

수돗가 옆 마당에서 → 공간지각능력

파란색 멜빵치마 그게 사진처럼 선명하게 → 시각 강점감각, 색감, 패션감각

'엄마는 언제 올까?'라고 생각을 했다. → (울지 않았다.) 감정조절, 차분한, 인내심

여름 바람이 불어 나뭇가지가 흔들린다. → 자연친화력, 날씨, 분위기 민감성, 감각적, 묘사력, 서정적, 관찰력

혼자다, 심심하다 → 자기주도적, 자립심, 순종적, 상황을 받아들이고, 혼자 잘 지냄, 영성(고요함과 편안함)

앉아 공깃돌놀이를 하고 → 스스로 찾아 일, 놀이능력

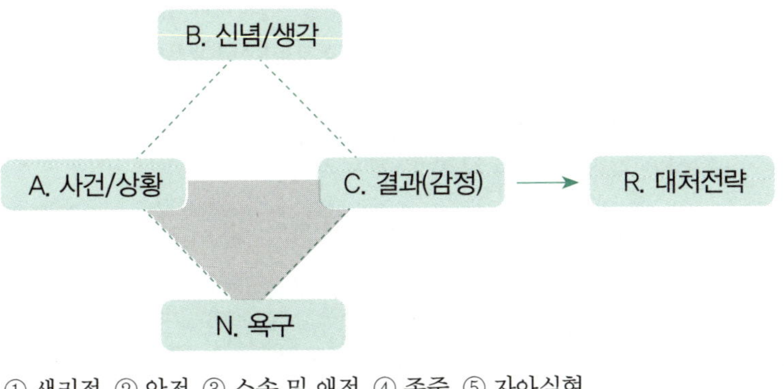

① 생리적 ② 안전 ③ 소속 및 애정 ④ 존중 ⑤ 자아실현

연습 3 엔조이의 초기기억 분석하기

4~5세경, 할머니 집 방 안에 부모님과 나, 여동생 그리고 의사와 간호사 선생님이 둘러앉아 있다. 할머니는 이불을 덮고 누워 계시며 의사 선생님이 진찰을 하시는데 분위기가 엄숙하고 조용하다. 할머니가 곧 돌아가신다고 하는 것 같고 모두 말이 없고 가만히 있다. 난 사람들을 살피며 익숙하지 않는 분위기 속에서 '나는 어떻게 해야 하지?'라고 생각하고 있는 것 같다.

- 가장 인상적인 부분은 이불을 덮고 누워 계시는 할머니(그리고 두리번거리며 사람들을 살피는 내 모습)
- 그때의 감정은 이게 뭘까? 당황스럽고, 안 좋은 거 같은데 뭘 해야 할지 모르는 상황, 근심/불안이다.
- 자료에 근거하여 → 강점 찾기

이불을 덮고 누워 계시는 할머니 → 시각, 경로사상, 연장자교류능력

'나는 어떻게 해야 하지?'라고 → 문제해결력, 상황판단 및 대처, 의젓함, 침착함, 자율성/주도성

부모님과 나, 여동생 그리고 의사와 간호사 선생님이 둘러앉아 있다. → 묘사, 서술능력, 공동체 의식, 타인관심과 배려, 협동, 치유능력, 삶과 죽음에 대한 통찰력/사고력

분위기가 엄숙하고 조용하다. → 분위기 파악/중시, 마음읽기

모두 말이 없고 가만히 있다. → 관찰력, 조망능력

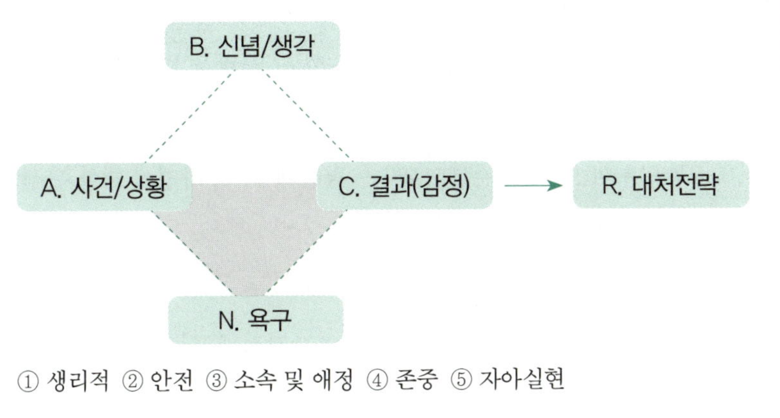

① 생리적 ② 안전 ③ 소속 및 애정 ④ 존중 ⑤ 자아실현

연습 4 느긋이의 초기기억 분석하기

5세 때 길을 잃어버렸는데, 교복 입은 여고생 언니가 파출소에 데려다 주었다. 순경아저씨가 쇼파에 이불/옷을 덮어 주셨고, 쿠키 하나를 주셨다. 다음날 아버지가 나를 찾으러 왔다. 그리고 어버지 자전거를 타고 집으로 돌아왔다. 동네 어귀에 동네 사람들이 많이 나와 있었다. 엄마가 나를 부둥켜안고 '꺼이꺼이' 소리 내어 아주 오랫동안 우셨다. 엄마의 힘이 세게 느껴졌고, '왜 그러지?'라는 당황스러운 마음이 들었다.

- 가장 인상적인 부분은 엄마의 엉엉 우는 모습이다.
- 그때의 감정은 (왜 그러지?) 당황스러움, (다 쳐다보니) 쑥스러움/부끄러움, 그리고 엄마의 사랑을 느끼고 나의 소중함을 느꼈다.
- 자료에 근거하여 → 강점 찾기

  엄마의 엉엉 우는 모습, (왜 그러지?) 당황스러움 → 청각, 호기심, 인과관계추론능력

교복 입은 여고생 언니 따라감 → 대담함/대범함, 침착함, 타인 믿음

엄마의 사랑을 느끼고 나의 소중함을 느낌 → 사랑을 주고받는 능력, 자존감

교복 입은 여고생 언니, 순경 아저씨 → 공동체 의식, 타인에 대한 관심, 협동, 제복

쿠키 하나를 주셨다. → 음식 중시

엄마가 '꺼이꺼이' → (너무 많이 운다.) 감정절제, 차분한

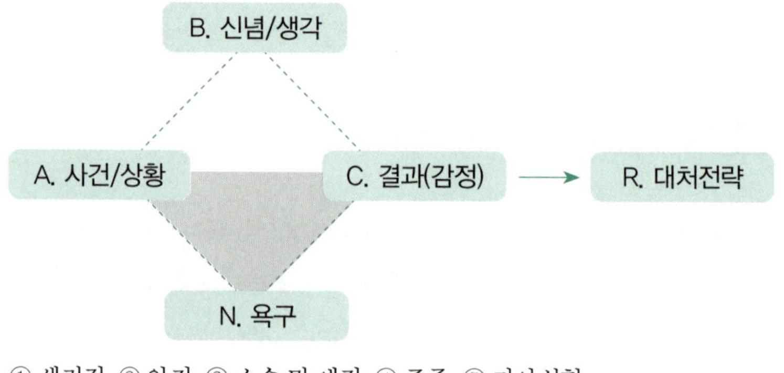

① 생리적 ② 안전 ③ 소속 및 애정 ④ 존중 ⑤ 자아실현

연습 5 테스의 초기기억 분석하기

6살 경, 집 옆 공터에서 뻥튀기 장수가 와서 사람들이 모여 있고 아이들도 몇몇 있었다. "곧 뻥이요 하니 귀를 막으세요."라고 했다. 뻥튀기 기계에서 연기가 나고 곧 폭발할 것 같아 엄청 긴장됐다. '뻥' 하는 순간 오줌을 지렸다. 순간 놀래서 누가 볼까 봐 집으로 들어가 재빨리 바지를 갈아입고 나갔다. 뻥튀기 기계는 다시 돌아가고 있었고 또 뻥이 터졌다. 뻥이요 하니 또 오줌을 지려 집으로 들어가 또 갈아입었는데 엄마한테 혼날

것 같은 마음이 들어 다시 가지 않았다. 자꾸 뻥튀기 하는 것을 보러 나간 것은 뒤에 어떻게 되는지 너무 궁금했기 때문이다. 한편, 몽땅 벗어 놓은 옷 때문에 혼날 것 같았지만 무서운 기분은 아니었다.

- 가장 인상적인 부분은 뻥기계에서 허연 연기가 풀풀 나고 터지기 직전의 모습을 바라보는 나의 뒷모습이다.
- 그때의 감정은 호기심과 기대, 걱정과 긴장이 뒤섞인 느낌이다.
- 자료에 근거하여 → 강점 찾기

뻥튀기 장수가 와서 사람들이 모여 있고 아이들도 몇몇 있었다. → 행사 기획, 참여 중시

"곧 뻥이요 하니 귀를 막으세요."라고 했다. → 배려

뻥튀기 기계에서 연기가 나고 곧 폭발할 것 같아 엄청 긴장됐다. → 스릴을 즐김, 용기, 대담성

뻥튀기 기계가 터지기 직전의 모습을 바라보는 나의 뒷모습 → 자기성찰 능력, 메타인지

뒤에 어떻게 되는지 궁금해서 두 번이나 보러 감 → 호기심, 탐구심, 다시 확인하기, 주도성, 자율성

순간 놀래서 누가 볼까 봐 집으로 들어가 재빨리 바지를 갈아입고 나갔다. → 문제해결, 위기대처능력

엄마한테 혼날 것 같은 마음이 들어 다시 가지 않았다. → 상황판단, 예측, 추론능력, 만족지연, 자기조절능력

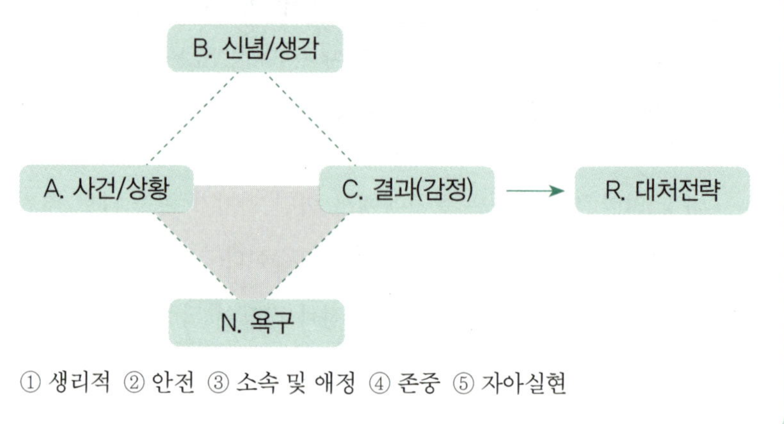

① 생리적 ② 안전 ③ 소속 및 애정 ④ 존중 ⑤ 자아실현

연습 6 낮달의 초기기억 분석하기

5~6세경, 엄마 아빠가 마당에서 싸우고 있다. 아빠가 엄마를 빗자루로 때리고 엄마는 소리를 지르며 반항하고 있다. (아빠가 도박하고, 술 마시고, 분을 못 이기고 때리는 것 같다. 엄마는 가만히 있지 않고, 계속 소리를 지른다.) "으악, 그만해. 당신 잘못인데, 왜 나한테 그래? 내가 뭘 잘못했다고 그래?" 나와 오빠 동생은 무서워서 마루 아래에 숨어 있다. 나는 무서웠다.

- 가장 인상적인 부분은 엄마를 지키지 못하고 숨어서 엄마가 맞고 있는 장면을 보고 있는 나이다.
- 그때의 감정은 엄마가 죽을까 봐/잘못될까 봐 무섭다! 엄마를 지키지 못했다는 죄책감 그리고 엄마가 집을 나갈까 봐 걱정된다.
- 자료에 근거하여 → 강점 찾기

마루 아래에 숨어 엄마가 맞고 있는 장면을 보고 있는 나 → 은폐, 감추

기, 자기보호/방어, 관찰력, 통찰력, 시각

"으악, 그만해. 당신 잘못인데, 왜 나한테 그래? 내가 뭘 잘못했다고 그래?" → 판단능력, 도덕성, 호소력, 자기주장, 방어, 자기보호, 통솔, 강인함, 용기, 정의

아빠가 도박하고, 술 마시고, 분을 못 이기고 때리는 것 같다. → 마음읽기, 추론능력

엄마는 가만히 있지 않고 → 상황판단능력, 추론, 대처능력, 자기관리, 공감

나와 오빠 동생 → 공동체감/사회적 관심, 협동

엄마가 죽을까 봐 무섭다! → 긍휼, 연민, 사랑

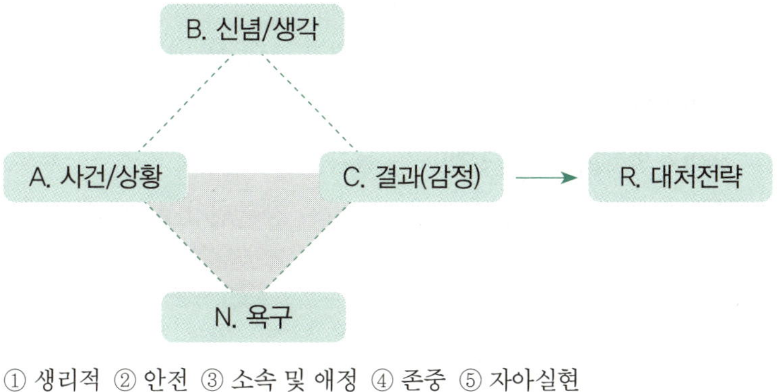

① 생리적 ② 안전 ③ 소속 및 애정 ④ 존중 ⑤ 자아실현

연습 7 배짱이의 초기기억 분석하기

8세경 여름 날 늦게까지 일을 하고 들어온 아빠가 화가 많이 나서 소리를 치셨다. "휘발유통 가지고 와서, 이 집구석 싹 다 불살라 버리겠어."

우리 삼남매는 영문도 모르고 그 앞에 섰다. 엄마가 "왜 그러냐? 이러지 마라. 애들 운다."라고 말리셨다. 그런데 할머니는 "너가 제대로 못 하니까 그렇지."라고 엄마에게 핀잔을 주며 아빠를 부추겼다. 아빠는 격분해서 세숫대야를 발로 차고 휘발유통을 끌고 왔다. 엄마가 아빠를 잡았다. 우리 삼남매는 덜덜 떨면서 서 있었다.

- 가장 인상적인 부분은 아빠가 "휘발유통을 가지고 와서, 이 집구석 싹 다 불살라 버리겠어."라고 말한 것이다.
- 그때 감정은 (진짜로 죽는 건가?) 무서움이다.
- 자료에 근거하여 → 강점 찾기

아빠가 화가 많이 나서 소리를 치셨다. → (이런 상황을 피하려고) 감정 절제력

이 집구석 싹 다 불살라 버리겠어. → 청각, 활동성, 자기표현

우리 삼남매는 영문도 모르고 그 앞에 섰다. → 질서, 규칙, 상식추구

엄마가 말리고, 아빠를 잡았다. → 돌봄, 위기대처

우리 삼남매는 덜덜 떨면서 서 있었다. → 감각민감성, 신체자각(촉감), 인내력, 견디기, 버티기

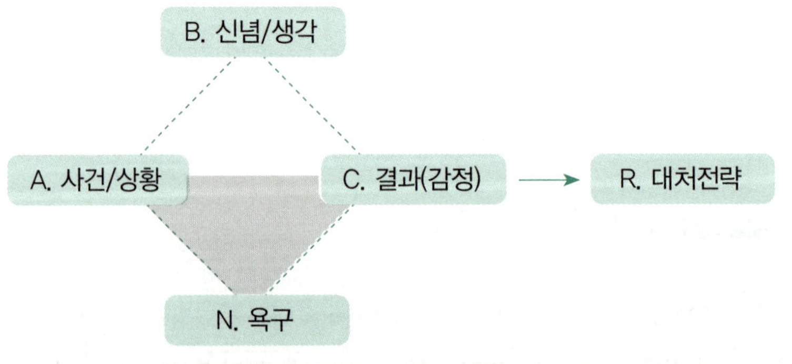

① 생리적 ② 안전 ③ 소속 및 애정 ④ 존중 ⑤ 자아실현

연습 8 원트의 초기기억 분석하기

6~7세경, 동네 오빠들을 따라 낚시를 하러 갔다. 작은 시냇가에서 지렁이를 꿰어 아주 작은 물고기를 잡았는데 오다가 죽었다. 건널목 앞에 노란색과 파란색이 트위스트로 칠해진 돌기둥 밑 흙을 파서 은빛 나는 움직이지 않는 물고기를 내려놓고 흙을 덮어 주었다.

- 가장 인상적인 부분은 은빛 나는 움직이지 않는 물고기이다.
- 그때의 감정은 어릴 때 텔레비전에서 방영하지 않으면 검은색과 흰색 작은 점들로 치이이익거리던 꺼진 방송 시간의 느낌, 끝, 멈춤, 별로 좋지 않은 느낌, 보고 싶은 TV가 끝난 듯한 느낌이다.
- 자료에 근거하여 → 강점 찾기

  동네 오빠들을 따라 낚시를 하러 갔다. → 친화력, 모험심, 활동성

  작은 시냇가에서 지렁이를 꿰어 아주 작은 물고기를 잡았는데 오다가 죽었다. → 자연친화력, 생명존중

  건널목 앞에 노란색과 파란색이 트위스트로 칠해진 돌기둥 밑 흙을 파서 은빛 나는 움직이지 않는 물고기를 내려놓고 흙을 덮어 주었다. → 시각, 색감, 묘사력, 서정적, 의식중시, (삶과 죽음에 대한) 철학적/사고력, 문제해결능력

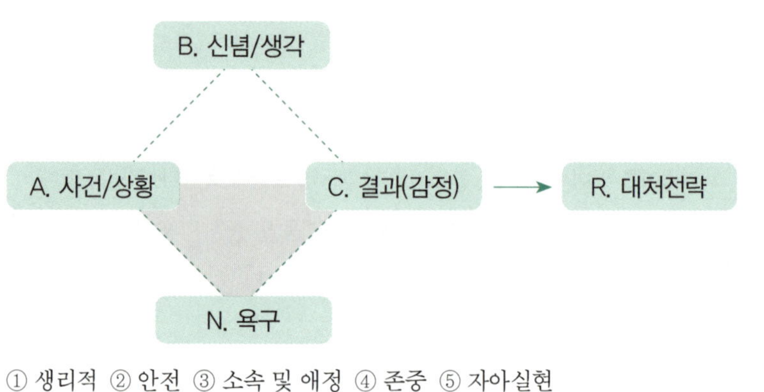

① 생리적 ② 안전 ③ 소속 및 애정 ④ 존중 ⑤ 자아실현

연습 9 순심이의 초기기억 분석하기

4~5세경, 더운 여름날 우리 집 앞마당 평상에서 온 가족이 모여 아욱죽을 먹으면서 웃고 있었다. 나는 그것이 너무 뜨거워 뱉었다. 엄마가 "맛있게 먹어야지."라고 말해서, 기분이 안 좋았다.

하지만 참고 끝까지 먹었다.

- 가장 인상적인 부분은 엄마가 "맛있게 먹어야지."라고 말한 것이다.
- 그때의 감정은 (내 마음을 몰라주니) 야속함이다.
- 자료에 근거하여 → 강점 찾기

더운 여름날 우리 집 앞마당 평상에서 → 공간, 시간/계절민감성, 자연친화적

온 가족이 모여 아욱죽을 먹으면서 웃고 있었다. → 가족애, 인간애, 나누기

나는 그것이 너무 뜨거워 뱉었다. → 촉각민감성, 위기대처능력, 순발력

엄마가 "맛있게 먹어야지."라고 말해서 → 청각, 질서, 규칙

참고 끝까지 먹었다. → 인내심, 감정조절, 순응적

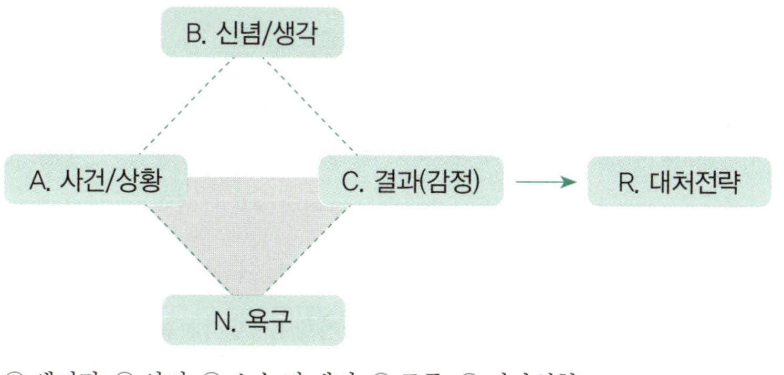

① 생리적 ② 안전 ③ 소속 및 애정 ④ 존중 ⑤ 자아실현

매슬로가 제시한 다섯 가지 욕구를 알고 있으면 앞에 제시된 초기기억들 속에서 그 사람의 욕구를 파악하는 것이 크게 어렵지는 않았을 것이다. 하지만 그 사람의 바람을 파악하려는 시도는 별로 성공적이지 못했을 것이다. 내가 추론한 바람은 그 사람의 바람이 아니라 나의 바람이 투사된 것일 수 있다. 앞에서 말했듯이, 바람은 개인적인 경험과 기억에 근거하기 때문이다.

아들러식 강점 기반 상담모델 1단계에서는 내담자의 문제를 탐색하여 명료화하고, 문제 이면의 목적과 바람을 파악하여 구체적인

상담 목표를 세우도록 한다. 그 과정에서 욕구와 바람을 파악하는 것의 중요성은 다음과 같다.

첫째, 욕구와 바람을 파악하는 것은 내담자와 함께 상담의 구체적인 목표를 설정하는 데 매우 효과적이다. 내담자의 욕구와 바람에 따라 상담의 목표를 세우는 것은 내담자의 동기를 활성화하여 상담의 효과를 높이는 데에도 크게 도움이 된다.

둘째, 내담자가 무의식적 행동 패턴의 목적을 자각하게 된다면, 자신의 삶과 성격을 보다 깊게 이해하여 새로운 행동을 선택할 수 있다. 그렇게 된다면 그는 더 이상 성격과 삶의 피해자가 아니라, 주인공이 되어 창조적으로 자신의 삶을 만들어 갈 수 있다.

셋째, 행동 이면에 감춰진 욕구와 바람을 자각하는 것은 자기이해와 타인이해의 기본적 틀을 제공한다. 따라서 '나는 왜 이럴까? 저 사람은 왜 저럴까?'라는 질문들에 대해 대강의 답을 얻을 수 있기 때문에 스트레스를 덜 받게 된다. 그리고 그에 대한 하나의 가설을 가지고 대화를 하다 보면 구체적인 목적과 바람을 확인할 수 있고, 이를 통해 우리는 원활한 의사소통과 상호이해에 도달할 수 있다.

문제의 원인 파악하기

"아들러 심리학에서 문제는 유용하지 못한 생활양식입니다. 다시 말하면, 일, 관계, 사랑의 인생과제를 제대로 해결하지 못하는 것입니다. 왜 이렇게 유용하지 못한 생활양식을 갖게 되느냐? 아들러는 잘못된 생활양식의 원인을 상식, 용기, 사회적 관심의 결여 때문이라고 했습니다.

따라서 초기기억을 분석할 때는 강점 찾기와 더불어 이 세 가지 요소를 평가하여, 어느 부분을 중점적으로 다룰 것인지 계획을 세워야 합니다."

아들러식 강점 기반 상담모델에서는 초기기억 강점 찾기 활동 후, 초기기억을 ABCN-R 모델에 따라 분석한다. 이를 통해 내담자에게 중요한 대상이나 핵심 사건, 핵심 신념, 핵심 감정 그리고 핵심적인 대처 행동 등을 파악할 수 있다. 상담자는 이 부분을 아들러 심리학에서 강조하는 상식, 용기, 사회적 관심과 연결 지어 평가한다.

먼저 사건(A)에서 내담자에게 있어 중요한 대상이나 인물을 파악하고, 그 사건이 내담자에게 미치는 영향력이나 심각성을 살펴본다. 다음으로 신념(B) 부분에서 내담자의 생각이 인생과제 스트레스를 유발하는 경직된 사고는 아닌지 검토해 본다. 특히 이분법적 사고, 과일반화, 당위적 사고와 같은 기본적 오류를 포함하고 있는지 확인한다.

그리고 초기기억의 인상적인 부분에 나타난 감정이 인생과제 스트레스와 동일한 내용인지 확인한다. 이 부분은 내담자가 스트레스 받을 때 자주 경험하는 부정적 감정일 수 있다. 그 감정을 느낄 때 내담자는 용기를 잃고 낙담하게 될 가능성이 높다.

또한 내담자가 자신의 욕구(N)와 바람을 달성하기 위해 또는 스트레스(ABC)를 다루기 위해 사용하는 전략(R)을 확인하면서, 그가 주로 쓰는 방식이 소극적이며 혼자 처리하는 스타일인지, 아니면 다른 사람과 함께 문제를 해결해 가는 스타일인지 파악할 수 있다.

이상의 내용들은 다음에 제시하는 점검표에 간략히 기록해 둔다. 생활양식 평가 부분에서는 내담자의 초기기억을 바탕으로 상담자가 생각하는 내담자의 상식, 용기, 사회적 관심의 정도를 각각 5점 척도로 평가하고, 그 내용을 요약한다. 이는 아들러식 강점 기반 상담모델의 네 번째 단계에서 내담자의 생활양식을 재정향하는 심층 작업의 기초 자료가 된다. 다만, 현 단계에서는 다음의 점검표를 내담자에게 공개하거나 함께 논의하지는 않는 것이 더 좋다.

상식, 용기, 사회적 관심 점검표

	생활양식 평가	내용 요약
상식	사적논리의 경직성 ①-②-③-④-⑤	
용기	부정적 감정 몰입도 ①-②-③-④-⑤	
사회적 관심	협동과 기여 정도 ①-②-③-④-⑤	

사례 1 삐에로의 생활양식 평가하기

나는 누군가의 보호가 필요한 존재이다.
세상은 위협적인 곳이다.
따라서 나는 안전한 장소로 피하거나 보호해 줄 사람을 찾아야 한다.

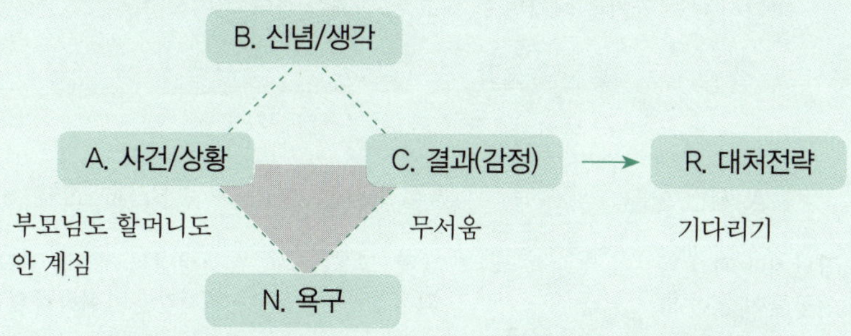

소속 및 애정 욕구, 안전 욕구
→ 구체적 바람(want)
부모님이나 할머니가 집에서 나를 맞아 주는 것

	생활양식 평가	내용 요약
상식	사적논리의 경직성 ①-②-③-❹-⑤	회피하기, 의존하기 이분법적, 당위적 사고
용기	부정적 감정 몰입도 ①-②-③-❹-⑤	혼자 있는 상황 불안과 공포
사회적 관심	협동과 기여 정도 ①-②-③-❹-⑤	혼자서 문제해결 타인과의 연결 시도

사례 1 **삐에로의 생활양식 평가하기**

나는 소심하고 약하다.
타인은 나를 괴롭힌다.
세상은 무서운 곳이다.
따라서 나는 규칙을 어기면 안 되고, 조심해야 한다.

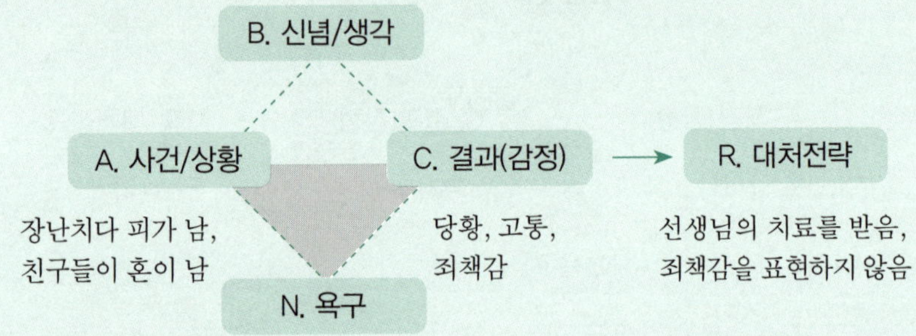

안전 욕구, 존중 욕구
→ 구체적 바람(want)
친구들과 재미있게 놀기(불안이나 죄책감 느끼지 않기)

	생활양식 평가	내용 요약
상식	사적논리의 경직성 ①-②-③-④-❺	규칙과 틀 준수하기 이분법적, 당위적 사고
용기	부정적 감정 몰입도 ①-②-③-❹-⑤	불안, 죄책감
사회적 관심	협동과 기여 정도 ①-②-❸-④-⑤	피동적 문제해결 감정 표현하지 않음

초기기억을 분석하고, 그 속에 내포된 상식, 용기, 사회적 관심을 평가하는 것은 현재 그 사람의 성격과 삶을 이해하기 위한 것이다. 그 과정에서 혹시 모를 오해를 방지하기 위해 경험과 기억, 삶의 관계를 다음과 같이 정리해서 말해 준다.

"과거의 경험이 현재에 영향을 미친다는 것은 누구나 인정하는 상식입니다. 그런데 여기 엄청난 함정이 도사리고 있습니다. 과거 경험에 대한 기억은 실제가 아니라, 뇌에서 구성되고 재구성된 기억이라는 것입니다. 이걸 모르면 경험과 기억과 생각을 동일시해서 그것에 사로잡히게 됩니다.

따라서 아들러는 프로이트의 결정론과 달리 '유연한 결정론'을 주장했습니다. 과거의 경험이 현재의 삶에 영향을 미치는 것은 부인할 수 없는 사실입니다. 하지만 유사한 사건을 경험한 사람들이라도 각 개인의 성격과 삶의 모습이 다르게 나타나는 것으로 보아 경험 그 자체보다는 그에 대한 생각 또는 해석이 더 중요하다는 것을 알 수 있습니다.

이렇듯 과거의 경험과 기억은 다양하게 해석할 수 있고, 변화시킬 수 있기 때문에 '유연한'이라는 말을 붙였습니다. 이를 '심리적 유연성'이라고 표현하기도 합니다. 그 반대는 '심리적 경직성'이 되겠지요?"

제 7 장

상담 단계 3_강점의 영향력 검토하기

아들러식 강점 기반 상담모델의 세 번째 단계에서는 인생과제 스트레스 경험 분석과 초기기억 경험 분석을 종합하여 현재의 생활양식을 해석한다. 특히 강점이 현재 삶에 미치는 긍정적 및 부정적 영향력을 파악하여 내담자가 이를 통찰할 수 있도록 한다.

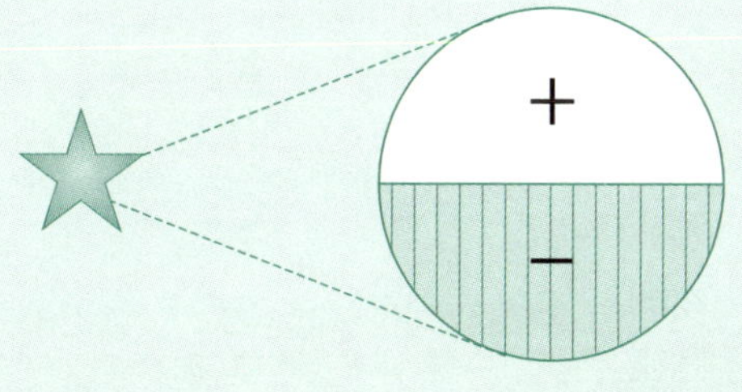

강점과 생활양식 해석

"아들러식 상담의 4단계는 관계형성, 생활양식 평가, 생활양식 해석, 생활양식 재정향입니다. 일반적인 생활양식 해석 방법은 초기기억과 가족구도 등을 통해서 생활양식을 평가하고, 이를 현재의 삶의 문제와 연결 지어 해석하는 것입니다.

이를 통해 내담자는 자신의 스트레스와 그 원인을 깊이 이해하고 다룰 수 있게 됩니다."

아들러 심리학에서 생활양식(life style)이란 삶의 전제가 되는 기본 가정이다. 생활양식은 옷 입는 스타일, 헤어스타일부터 생각하고 느끼고 말하고 행동하는 스타일까지 내적 외적 요소를 모두 포괄하고 있다.

생활양식을 평가할 때는 상식, 용기, 사회적 관심이 기준이 된다. 특히, '3 플러스 1' 자신, 타인, 세상에 대한 논리과 생존전략 이렇게 네 가지 사적논리가 핵심이다. 왜냐하면 인간은 생각하는 동물이기 때문이다.

제2장에서 제시한 이선정 씨의 사례를 보면, 초기기억을 분석한 내용과 인간관계 스트레스 경험을 분석한 내용이 핵심 신념, 즉 사적논리를 통해 명확하게 연결되는 것을 확인할 수 있다.

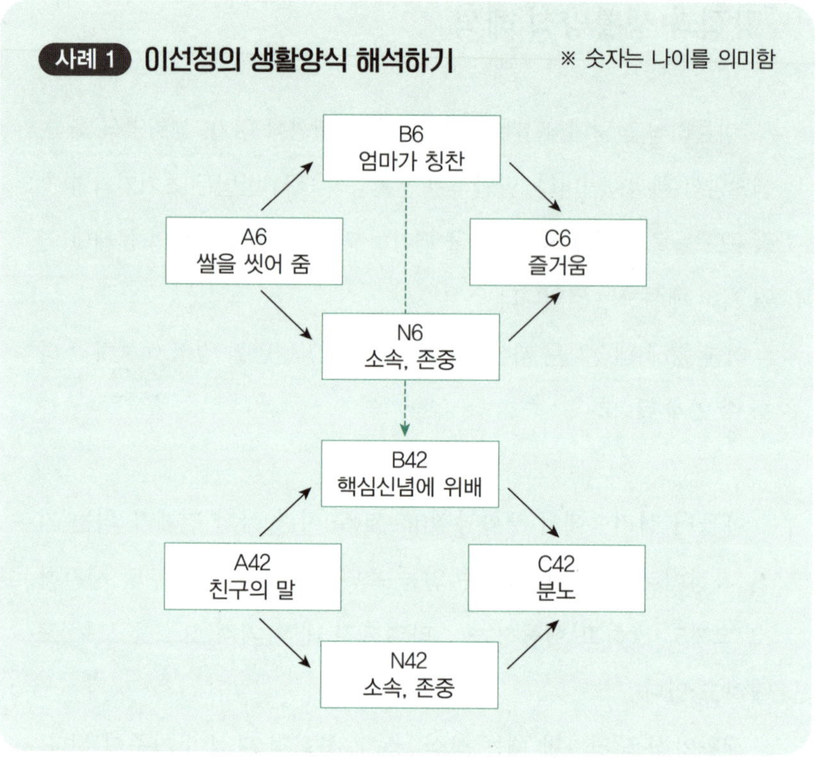

초기기억에서 추론한 선정 씨의 사적논리는 다음과 같다. '나는 별로 관심받지 못한다. 다른 사람은 자기 일로 바쁘다. 세상은 자기가 하기 나름이다. 따라서 나는 다른 사람이 원하는 것을 해 주어야 한다. 먼저 손을 내밀어야 한다.'

선정 씨의 인간관계 스트레스 경험 분석을 보면, 친구의 말(나를 너무 배려하는 게 불편하다.)이 선정 씨의 핵심신념(상대가 원하는 것을 해 주면 그 사람은 나를 사랑해 주어야 한다.)에 위배되는 분노를 느끼게 된 것이다.

다음 삐에로와 빠삐용의 사례에서도 그들의 사적논리가 인생과제 문제를 유발하는 주요한 원인임을 확인할 수 있다.

사례 2 삐에로의 생활양식 해석하기 ※ 숫자는 나이를 의미함

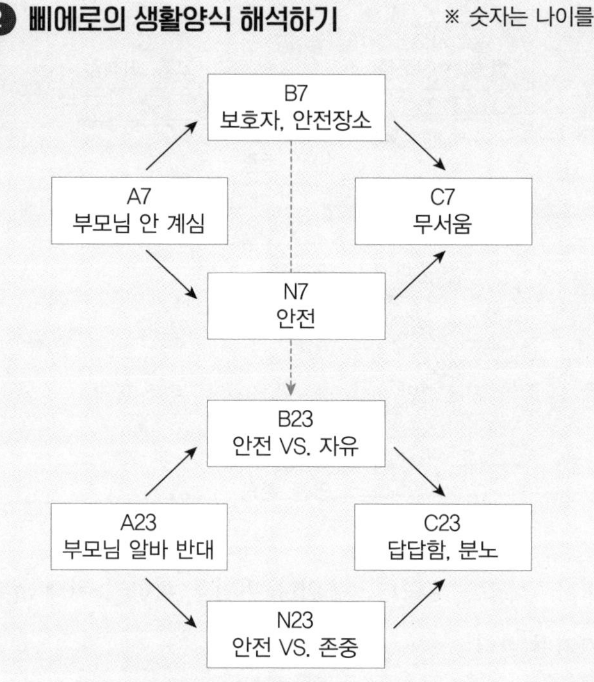

① 부모님/할머니 부재로 두려움과 불안을 경험했기 때문에 부모에 대한 의존이 심화된 것 같다.

② 현재 대학생이라는 발달단계에 따라 독립성/자율성이 부각되고 있다.

③ 그럼에도 부모에게 순응하는 패턴을 버릴 수 없기 때문에 내적 갈등이 일어나고 있는 듯하다.

사례 3 **빠삐용의 생활양식 해석하기** ※ 숫자는 나이를 의미함

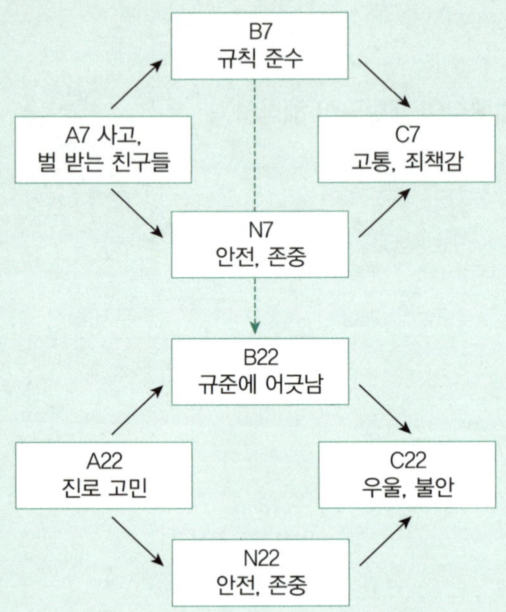

① 피가 남(고통, 공포), 고통이나 위험을 피하기 위해 규칙을 잘 지켜야 한다.

② 나로 인해 다른 사람이 혼날 수 있다. 다른 사람에게 피해를 주지 않기 위해서는 조심해야 한다.

③ 현재 진로가 불분명하고 취업이 늦어지는 상황은 일반적 규준에서 멀어지는 위기 상황이다.

강점의 역설 이해하기

"여러분, 초기기억 속에서 강점을 찾으니 기분 좋으셨죠? 그 강점이 곧 삶의 논리이고, 생존전략입니다. 그리고 삶의 목적과도 연관성이 높습니다.

이제 여러분들의 대표 강점이 삶에 어떻게 긍정적으로 영향을 미치고, 또 어떻게 부정적인 영향을 미치는지 살펴보겠습니다."

아들러식 강점 기반 상담모델에서는 내담자의 강점이 현재 삶에 어떻게 긍정적으로 영향을 미치고, 동시에 부정적으로 영향을 미치는지 검토함으로써 보다 쉽게 효과적으로 생활양식을 해석할 수 있다.

이 작업을 통해서 내담자는 현재 인생과제의 문제가 과거의 경험에서 비롯된 강점, 논리, 전략, 목적과 밀접하게 연관이 되어 있다는 것을 알게 된다. 그리고 이러한 강점과 논리가 현재 삶에 긍정적인 적응 및 성취를 가능하게 했으며, 동시에 문제나 갈등을 유발하는 원인이 될 수도 있다는 것을 통찰하게 된다.

긍정심리학의 창시자 중 한 사람인 셀리그만은 대표 강점을 찾아 일, 관계, 양육 등 삶의 각 영역에 적용하는 것이 성공과 행복의 지름길이라고 했다. 강점(strength)이란 그 사람의 성격, 즉 인지, 정서, 행동 패턴 중에서 강한 특징을 말한다. 그래서 강점은 삶의 논리이고 생존 전략이라고 할 수 있다. 또한 강점은 삶의 목적과도 연관성이 매우 높다.

예를 들어, '성실함'이라는 강점을 가지고 있는 사람은 약속을 잘 지켜야 한다는 생각, 즉 논리를 가지고 살아갈 것이다. 그리고 그 사람은 약속을 잘 지키기 위해 10분 전에 미리 약속 장소에 도착하는 행동 전략을 보일 수 있다. 이때 그러한 강점, 논리, 전략의 목적은 다른 사람과 잘 지내기 또는 다른 사람에게 인정받기와 관련되어 있을 확률이 높다.

단, 강점이 곧 장점은 아니다. 많은 사람들이 강점과 장점을 혼동하는 것 같다. 강점은 강한 점이다. 따라서 그 강한 점이 장점이 될 수도 있고 단점이 될 수도 있는 것이다.

아들러식 강점 기반 상담모델의 세 번째 단계에서는 초기기억 속에서 찾은 강점이 현재의 삶과 어떻게 연관되는지 살펴본다. 그중에서도 자신을 대표하는 대표 강점이 현재의 삶에 긍정적으로 영향을 미치고 있다는 것을 확인하게 되면, 이를 통해 자기수용과 자기격려가 가능해지기 때문에 결과적으로 자아존중감 또한 높아진다.

빛이 있으면 그림자가 있듯이 강점은 긍정적으로 영향을 미치기도 하고 동시에 부정적으로 영향을 미치기도 한다. 대표 강점의 긍정적 영향력을 확인한 후, 그 강점의 부정적 영향력을 물어보면 대부분 자신의 강점이 만들어 내는 스트레스와 갈등을 즉각적으로 파악하게 된다. 강점이 스트레스의 원인이 될 수 있다는 자각, 이것은 역설이고 반전이다. 하지만 아들러식 강점 기반 상담모델의 네 번째 단계에는 반전의 반전이 기다리고 있다. 바로 그 강점을 통해서 삶의 문제를 해결할 수도 있다는 것이다.

"일단 강점이 삶에 어떤 긍정적인 영향을 미치는지 또 어떤 부정적인 영향을 미치는지, 노벨상 수상 작가 한강의 초기기억 강점 찾기 '가상작업'을 통해 보여 드리도록 하겠습니다.

참, 대표 강점을 찾는 방법은 여러 가지 방법이 있는데 가장 기본적인 방법은 초기기억 강점 찾기를 했을 때 내담자가 수용하고 인정했던 강점들 중에서 내담자가 자기 자신에게 가장 강하다고 선택한 강점을 대표 강점으로 해서 이 작업을 진행하면 됩니다."

한강의 초기기억(1)

> 다음은 어릴 때부터 어른들에게 들은 이야기이다. 어머니가 나를 가진 지 얼마 안 되어 장티푸스에 걸리셨다. 여름에 옷을 여러 벌 껴입고 고생을 많이 했고, 약도 많이 먹었다. 그래서 어머니는 아무래도 제대로 된 아이가 나오긴 어려울 것 같다고 판단을 내리고 아이를 안 낳으려고 병원에 가셨다. 그런데 의사 선생님은 시기를 놓쳐서 어렵겠다고 했다. 그래서 운명이라 생각하고 낳기로 했다. 어머니는 이상한 아이가 나올까 봐 계속 노심초사 했다.

- 가장 인상적인 장면은 아이를 안 낳으려고 병원에 가셨다. 이상한 아이가 나올까 봐 계속 노심초사했다.
- 그때의 감정은 공포, 불안이다.
- 자료에 근거하여 → 강점 찾기

어머니는 아무래도 제대로 된 아이가 나오긴 어려울 것 같다고 판단을 내리고 아이를 안 낳으려고 병원에 가셨다. → 삶과 죽음에 대한 관심, 사고력, 철학적, 적극성, 판단력, 인과추론능력

그래서 운명이라 생각하고 낳기로 했다. → 순응, 수용력, 운명론적 사고, 자연의 이치, 용기, 모험심, 도전정신

어머니가 나를 가진 지 얼마 안 되어 장티푸스에 걸리셨다. → 건강민감성, 건강 관리능력

여름에 옷을 여러 벌 껴입고 고생을 많이 했고, 약도 많이 먹었다. → 상황판단능력, 자기관리, 대처능력, (그럼에도 태어났으니까) 삶에 대한 의지, 타인 이해 및 공감, 엄마에 대한 감사

의사 선생님은 시기를 놓쳐서 수술이 어렵겠다고 하셨다. → 시기, 타이밍 중시, (장티푸스, 병원, 의사 선생님) 치유력

아이를 안 낳으려고 병원에 가셨다. → 큰 사건에 대한 담담함, 의연함, 대담함

앞의 초기기억 강점 찾기는 한강 작가를 모시고 작업을 한 것이 아니라, 우리 학회에 한강 작가를 초대한 것처럼 가정해서 선생님들과 함께 강점 찾기 및 생활양식 평가를 진행한 가상작업이다. 그녀의 초기기억은 한강 작가가 강의한 영상자료에서 저자가 요약을 했다. 초기기억 회상 및 기록에서 가장 중요한 것은 인상적인 부분과 연관된 감정인데, 그 부분을 작가에게 직접 확인할 수는 없었다. 대신 그녀가 초기기억에 대해 진술한 다음 내용을 바탕으로 저자가 임의적으로 인상적인 부분과 감정을 선정했다.

"'너를 가지셨을 때 얼마나 너희 어머니가 고생을 하셨는지 아느냐?' 이런 얘기인데, 저는 그 얘기를 들으면서, 그 인생이라는 것이 저에게는 그냥 아주 쉽게 주어지지 않았다는 그런 느낌이 났고요.

또 하나는 '삶이라는 게 주어질 수도 있고 주어지지 않을 수도 있는 그런 굉장히 아슬아슬한 어떤 것이 아닐까? 그것에 대해서 뭔가 계속 생각하고 고민해야 되는 것이 아닐까?'라는 느낌을 계속 가지고 성장하게 되었습니다."

이 초기기억을 바탕으로 우리 학회 선생님들과 함께 추론한 한강 작가의 생활양식, 사적논리를 하나의 가설로서 정리하면 다음과 같다.

▶ 사적논리에 대한 가설

나는 태어나지 못했을 수도 있다. 나는 비바람 속의 촛불과 같은, 타인에게 의존하고 있는 나약한 존재이다.

타인은 나를 살릴 수도 있고 죽일 수도 있다.

인생이란 쉽게 주어지는 게 아니다.

따라서 나는 계속 고민해서 행동해야 하고, 나의 존재 가치를 스스로 증명해야 한다.

한강 작가의 초기기억에서 가장 핵심적인 논리는 '내가 태어나지 못했을 수도 있다.'라는 것이다. 그에 대한 부정적 해석은 환영받지 못하고, 별로 가치가 없는 존재라는 것이며, 그로 인한 감정은 슬픔, 소외감, 불안감일 수 있다. 물론 그에 대해 긍정적으로 해석하면 운이 좋고, 생명력이 강하다고 볼 수도 있을 것이다. 다만, 작가가 이

기억에 대해 설명한 내용을 보면, 어린 시절의 한강에게 어른들이 들려준 이야기는 부정적인 느낌이 더 강했을 것 같다는 생각이 든다. 그렇다고 해서 한강의 어린 시절이 온통 불행으로 가득했다는 것은 아니다. 다음 초기기억에는 긍정적인 내용들이 가득하다.

한강의 초기기억(2)

> 어느 날 엄마 아빠가 양동이에 물을 담아서 마당 청소를 하셨다.
>
> 엄마는 우리를 다 불러서 같이 청소를 하라고 하셨다. 아빠랑 엄마가 물을 서로 끼얹으면서 장난을 치셨다. 우리도 덩달아 신나서 같이 물을 끼얹으면서 놀았다.

- 가장 인상적인 장면은 서로 물을 끼얹으면서 장난을 치는 모습이다.
- 그때의 감정은 재미있는, 즐거움이다.
- 자료에 근거하여 → 강점 찾기

  우리를 다 불러서 같이 청소를 하라고 하셨다. → 순응적, 예의, 협력, 청소 및 정리 능력

  양동이에 물을 담아서 → 물에 대한 우호성, 청결, 협동, 도구활용 능력

  서로 물을 끼얹으면서 장난을 치는 모습 → 시각, 관찰력, 묘사력, 유머, 놀이, 즐거움 추구, 몰입/집중력

  우리도 덩달아 신나서 같이 물을 끼얹으면서 → 관찰력, 모방능력(모델링), 화목 추구, 협동 강조

아들러 심리학 측면에서 보면, 이 초기기억에는 타인과의 긍정적 상호작용이 두드러지게 나타나고 있어서 한강 작가의 생활양식은 사회적 관심이 매우 높을 것이라고 생각할 수 있다.

실제 한강 작가에게 그녀의 대표 강점이 무엇이라고 생각하는지 확인할 수 없었기 때문에 여러 선생님들과 함께 논의하여 사고력(삶과 죽음, 철학적 사고, 운명), 이해 및 공감 능력, 치유능력 등을 대표 강점 후보로 선정하고, 그 영향력을 다음과 같이 추론해 보았다.

		생각과 경험
사고력, 공감	+	어렸을 때부터 책 읽기, 사색하는 시간이 많았음, 그 강점을 살려 연세대 국문과에 진학함, 시와 소설을 발표함. 노벨 문학상을 수상함.
	−	주위 사람들로부터 왜 그리 심각하게 사느냐는 부정적 피드백을 받을 때가 있음, 타인이 자신을 이해하고 공감해 주지 못할 때 외로움을 느낌.

모든 작업이 끝난 후, 참가자들과 아들러 상담의 대표 기법인 애즈 이프(as if) 가정(내가 만약 한강 작가라면)에 따라 소감 나누기를 진행했다.

산딸나무: 오늘 처음 만난 분들인데, 어떻게 이렇게 나를 잘 알지? 이런 생각이 들었어요.

듀크: 엄마의 이야기를 했을 뿐인데, 나의 강점을 발견할 수 있었다는 것이 놀랍고, 엄마의 문제해결 능력이 나에게 내재화된 느낌입니다.

가이드: 어찌 보면 안 좋은 기억이지만 나를 나답게 만드는 강점이 들어 있었다는 거. 그게 내 삶과 작품에 녹아 들어 있다는 것을 확인할 수

있어서 놀라웠습니다.

나무: 초기기억의 의미를 찾는 뜻깊은 작업이었어요. 특히 초기기억에 대한 핵심 논리가 양가적으로 해석될 수 있다는 것이 놀라웠고, 운이 좋은 사람, 선택된 존재라는 말에서 전율을 느꼈습니다.

파란하늘: 열등감과 결핍이 내 삶을 만들어 간다는 아들러의 말을 제대로 알게 되었습니다.

듀크: 저는 제 입장에서 말씀드리겠습니다. 저는 본인이 없는 데서 뒷담화를 한 느낌이 들어 미안했고요. 이 이야기를 듣는다면 얼마만큼 동의할까? 궁금해졌습니다. 무엇보다 열등감과 결핍을 글로 표현해서 승화시킨 것이 대단하다는 생각이 들고, 깊은 사고능력, 공감 그리고 사회적 관심으로 글을 쓰지 않았나 하는 생각이 들었습니다.

그린손: 세상에 태어나지 못했을 수도 있었는데 태어나서 다행이다. 존재에 대한 위협을 이겨 내고 세상에 태어나 노벨상 수상의 쾌거를 이룬 한강 작가에게 박수를 보냅니다.

산딸나무: 진짜 한강 작가님을 모시고 싶네요. 신기해할 거 같아요.

기쁨퐁퐁: 한강 작가님 작품에 삶과 죽음에 대한 주제가 많은 거 같아요. 너무 멀리 있는 사람인데, 오늘 작업을 통해 한강 작가님을 조금 더 이해하게 된 것 같아요. 집단지성의 힘에 감탄하고, 오늘 같은 자리를 마련해 주셔서 감사드립니다.

제 8 장

상담 단계 4_강점으로 업그레이드하기

아들러식 강점 기반 상담모델의 네 번째 단계는 내담자가 자신의 대표 강점을 활용하여 인생과제의 문제를 해결할 수 있도록 생활양식을 업그레이드하는 것이다. 인지적 측면에서는 내담자의 사적논리 속에 담긴 기본적 오류를 수정한다. 정서적 측면에서는 낙담한 내담자를 격려함으로써 인생과제 문제를 해결할 수 있도록 용기를 불어넣는다. 행동적 측면에서는 내담자가 삶의 문제해결을 위해 다른 사람들과 협동하고 타인에게 기여하도록 촉진한다.

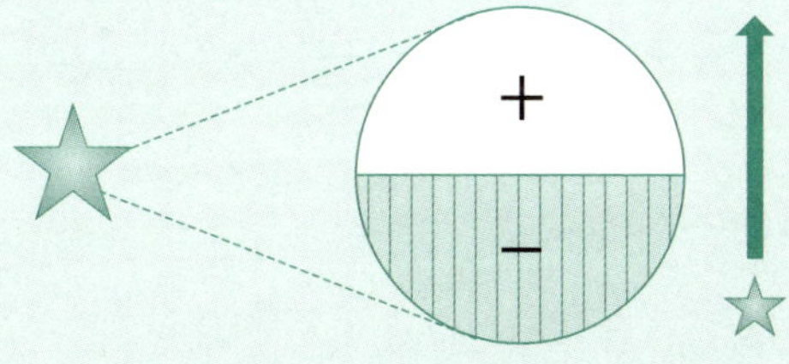

강점으로 업그레이드하기

"아들러식 강점 기반 상담모델에 따라 상담을 진행하는 과정은 반전에 반전을 거듭하는 인생 드라마 다시쓰기 작업입니다. 첫 번째 반전은 부정적인 초기기억 속에서 강점을 찾는 것이 첫 번째 반전입니다. 그런데 그 강점이 스트레스의 원인이 될 수 있다는 것도 반전이죠.

세 번째 반전은 바로 그 강점으로 인생과제의 문제 또는 스트레스를 해결할 수 있다는 것입니다."

아들러식 강점 기반 상담모델의 핵심은 자신의 대표강점을 활용하여 생활양식을 업그레이드함으로써 내담자의 문제해결을 돕는다는 것이다. 이는 해결중심치료 접근에서 문제나 그 원인을 파악하는 데 시간을 들이기보다는 문제해결을 위해 기존의 성공 경험을 떠올려 자신이 이미 가지고 있는 자원이나 강점 등을 활용하도록 강조하는 것과 유사하다. 업그레이드는 오래된 지도를 업그레이드하는 것, 차량의 내비게이션을 업그레이드하는 것, 컴퓨터의 CPU를 업그레이드하는 것에 비유할 수 있다.

이런 업그레이드가 필요한 이유는 고인물이 썩는다는 말처럼 기존에 사용하고 있는 지도, 내비게이션이 새로 난 길을 반영하지 못하기 때문에 효율성이 떨어지는 것처럼, 어린 시절에 나도 모르게 형성된 생각의 틀(도식, schema)에 집착해서 살아간다면, 끊임없이 변화하는 세상과 삶의 흐름에 제대로 대처하기 어려울 것이기 때문이다.

강점으로 업그레이드하기

날짜: 20___.___.___, 별명: ______________

1. 나의 대표강점 선발하기

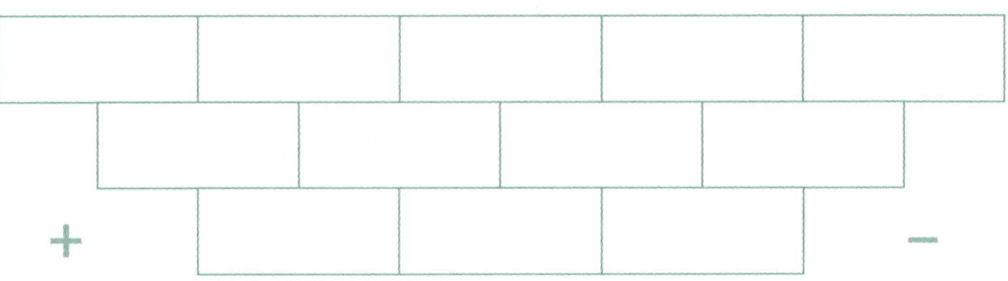

2. 스트레스 경험 분석

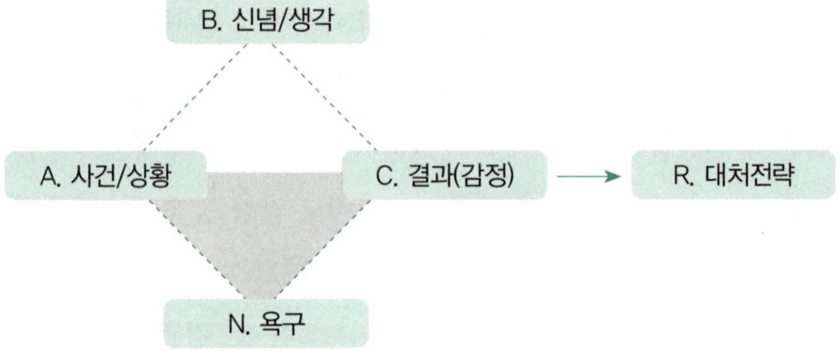

3. 대표 강점으로 문제를 해결하기 위한 피드백 듣기

4. 적용 가능한 방안을 선택하여 계획 세우기

강점으로 업그레이드 활동에서는 내담자의 대표 강점을 활용하여, 인생과제의 문제를 해결할 수 있는 구체적인 활동과 전략을 개발한다. 이를 위해 먼저 내담자의 대표 강점을 다시 한번 확인할 필요가 있다. 가장 쉬운 방법은 초기기억 강점 찾기 때 내담자가 수용하고 인정했던 강점들 중에서 두세 가지 대표 강점을 선정하도록 하는 것이다. 시간적 여유가 있다면 활동지에 제시한 역삼각형의 표에 다섯 가지 강점을 적은 후, 이를 함께 검토하면서 두세 가지로 압축시키는 방법이 있다.

초강인해 집단프로그램에서는 최초에 해결하고자 했던 인생과제 문제와 관련된 경험을 ABCN-R 모델로 이야기하고, 인생과제 문제 해결을 위해 강점을 활용할 수 있는 다양한 방안을 집단원들이 피드백 해 준다. 그럼 그 내용을 바탕으로 자신이 실천가능한 방안을 작성한다. 하지만 개인 상담에서는 다른 사람들의 다양한 피드백을 듣기가 어렵기 때문에 상담자와 내담자가 보다 긴밀하게 협동해서 작업을 진행해야 한다. 상담자와 내담자가 각자 몇 가지 강점 활용 방안을 말하고, 이를 바탕으로 가장 적합한 업그레이드 방안을 함께 찾는 것이다.

다음으로는 일, 관계, 사랑이라는 세 가지 인생과제의 문제를 중심으로, 내담자의 강점을 어떻게 활용하여 문제의 해결책을 발견했는지 몇 가지 예를 들어 살펴보고자 한다.

삐에로의 사례

삐에로의 첫 번째 초기기억

> 7세경, 유치원 버스에서 내리면 늘 집까지 혼자 걸어가곤 했다. 내가 현관문을 두드리면 언제나 부모님 중 한 분이 열어 주시곤 했는데 그날따라 아무리 문을 두드려도 아무도 나오시지 않았다. 나는 건너편에 할머니댁이 있다는 것이 기억나서 그곳으로 찾아갔지만 할머니도 집에 안 계시는 듯했다. 해가 져서 주변은 어두웠고, 무서운 마음에 눈물이 날 것 같았지만 울음을 참으며 밖에서 부모님이 올 때까지 기다렸다.

- 가장 인상적인 부분은 어두운 저녁 시간대에 밖에서 언제 올지 모르는 부모님을 기다렸던 것이다.
- 그때의 감정은 무서움이다.
- 자료에 근거하여 → 강점 찾기(5개 이상)

  늘 집까지 혼자 걸어감 → 자립심

  건너편에 할머니댁이 있다는 것을 기억함 → 기억력, 순발력

  할머니댁을 찾아감 → 상황판단 능력

  울음을 참음 → 감정조절 능력

  부모님을 기다림 → 인내심

✓ 초기기억 경험 분석

나는 누군가의 보호가 필요한 존재이다.
세상은 위협적인 곳이다. 따라서 나는 안전한 장소로 피하거나 보호해 줄 사람을 찾아야 한다.

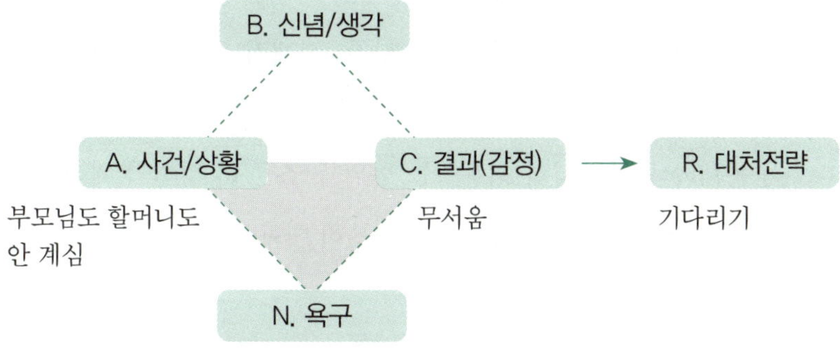

소속 및 애정 욕구, 안전 욕구
→ 구체적 바람(want)
부모님이나 할머니가 집에서 나를 맞아 주는 것

✓ 인간관계 스트레스 경험 분석

대학생으로서 사회적, 경제적으로 자유롭고 싶은 욕구를 억압하는 것은 옳지 않다.

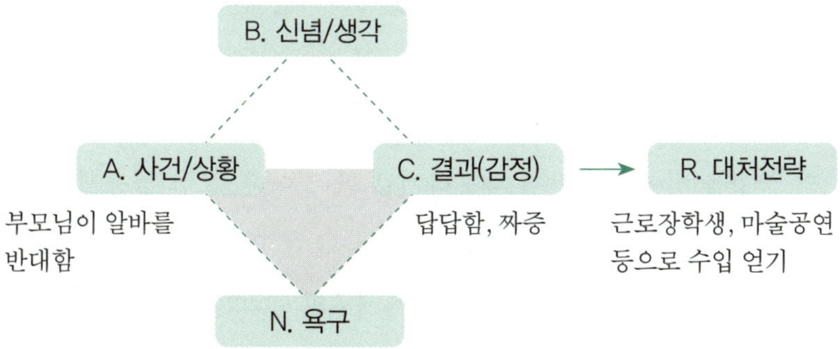

소속 및 애정 욕구, 존중 욕구(자유 욕구)

✪ 강점으로 업그레이드하기

- **적응력**: 지금은 근로장학생, 교내 프로그램 참가 등으로 부수입을 얻고 있음.
- **판단력**: 대학생 신분으로 아직 경제적 독립을 이루지 못했기 때문에 이런 상황에 잘 적응하기로 함. 경제적 독립을 위해 취업 준비에 힘쓰기
- **공동체의식**: 부모님이 허용하는 범위를 조금 더 넓히기 위해 공동체의식을 발휘하여 가족들과 충분히 대화하기

삐에로(21, 여, 대학생)의 인생과제 문제는 인간관계 문제로써 부모님이 대학생인 삐에로의 생활을 지나치게 통제하고 간섭하는 것 같아 답답함을 느낀다는 것이었다. 삐에로의 대표 강점은 공동체의식, 적응력, 판단력이다.

현재 삐에로가 주로 사용하는 전략은 근로장학생이나 마술동아리 공연 등 부모가 허용하는 범위 내에서 자신의 욕구를 충족시키는 방식으로, 이는 그녀의 강점이 잘 드러나는 전략이다. 이를 A학점이라고 한다면, 삐에로가 상담을 통해 새롭게 A⁺로 업그레이드한 것은 판단력과 적응력을 발휘하여 경제적으로 독립하지 못한 현재의 상황을 받아들이고 잘 적응하기로 한 것이다. 또한 공동체의식을 발휘하여 부모님이 허용하는 범위를 조금 더 넓히기 위해 부모님과 대화를 하는 것이다. 이렇게 삐에로의 전략은 A에서 A⁺로 업그레이드되고, 새로운 B를 추가하는 것으로 업그레이드되었다.

빠삐용의 사례

첫 번째 초기기억

> 5~6세경, 어린이집에서 공부를 하고 있는데, 옆 반 아이들이 쳐들어왔다. 나도 연필을 들고 나가서 장난을 치며 대응하다가, 연필 끝에 손바닥이 찔렸다. 피가 흥건히 났고, 선생님이 오셔서 처치를 해 주셨다. 옆 반 아이들은 혼이 났고, 어두웠던 것 같은 교실 책상에 엎드려 있었다.
>
> (피가 꽤 많이 났던 것 같은데, 운 기억은 선명하지 않다.)

- 가장 인상적인 부분은 옆 반 아이들이 책상에 엎드려 있는 장면이다.
- 그때의 감정은 당황스러움이다.
- 자료에 근거하여 → 강점 찾기(5개 이상)

  어린이집(실내) → 내향성

  공부/숙제를 하고 있음 → 정적 활동, 순응적, 공부를 좋아하고 잘함

  연필을 들고 나가 맞섬 → 진취적

  연필(뾰족한 쪽이 자신에게 오도록 잡음) → 타인을 배려함

  옆 반 아이들이 엎드려 있음 → 타인의 부정적인 상황을 선호하지 않음(착함)

  당황(옆 반만 혼나서) → 공동체감, 연대책임, 정의감, 착함

✓ 초기기억 경험 분석

나는 소심하고 약하다. 타인은 나를 괴롭힌다.
세상은 무서운 곳이다. 따라서 나는 규칙을 어기면 안 되고,
조심해야 한다.

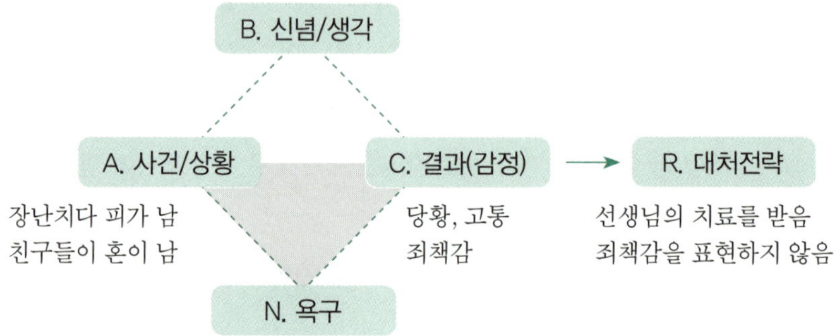

자아실현 욕구, 존중 욕구
→ 구체적 바람(want)
친구들과 재미있게 놀기(불안이나 죄책감 느끼지 않기)

✓ 인간관계 스트레스 경험 분석

남들보다 취업이 늦어지고 있다.
미래의 일이 나와 맞지 않으면 어떡하지?

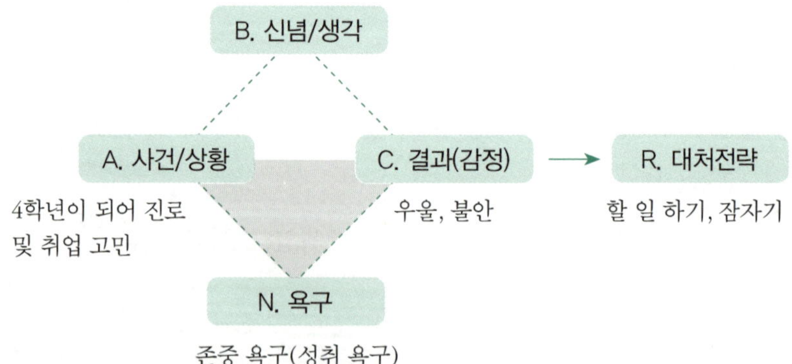

존중 욕구(성취 욕구)

✪ 강점으로 업그레이드하기

- **친절**: 스스로에게 친절하고 관대하게, 실패를 두려워하지 말기, 자신 존재를 인정하고 격려하기
- **통찰력**: 통찰력을 가지고 좋아하고 잘하는 것에 대해 정리해 보기
- **신중**: 신중함을 바탕으로 준비하고 계획해서 도전하기

빠삐용(23, 여, 대학생)의 인생과제 문제는 진로 문제이다. 그녀는 1년 재수를 해서 대학에 입학해 지금은 4학년인데, 아직 명확하게 진로를 정하지 못한 상태이다. 친구들 중에는 이미 직장에 들어간 친구도 있기 때문에, 취업이 늦어지는 것에 대해 우울한 마음이 들고, 막연히 직장에 들어갔는데 그 일이 자신과 맞지 않으면 어떻게 할까 불안한 마음이 든다고 했다. 빠삐용의 대표 강점은 친절(배려), 통찰력, 신중(겸손)이다.

현재 빠삐용의 스트레스 대처전략은 취업 준비를 하는 것과 잠자기 등이 있다. 빠삐용이 상담을 통해 새롭게 개발한 전략은 다음과 같다. 친절의 강점을 사용하여 스스로에게 친절하고 관대하게 대한다. 자신의 존재를 지금 그대로 인정하고 격려한다. 통찰력을 가지고 좋아하고 잘하는 것을 찾아서, 신중함을 바탕으로 잘 계획하고 준비해서 취업한다.

강점으로 생활양식 업그레이드하기를 진행한 후에는 실제 인생과제 문제에 적용할 수 있도록 격려하고, 그 결과를 검토하여 문제

해결을 돕는다.

어떤 경우는 강점으로 업그레이드하기만으로도 충분히 생활양식이 개선되는 효과가 나타나기도 한다. 이를 위해서는 강점으로 생활양식 업그레이드하기를 통해 새롭게 개발한 방식들을 상식, 용기, 사회적 관심의 요소로 명확하게 설명해 주는 것이 효과적이다.

또는 강점으로 업그레이드하기와 더불어 상식, 용기, 사회적 관심을 하나씩 더 자세하게 다루어 업그레이드할 필요가 있다. 왜냐하면 인간의 생활양식을 개선하는 작업은 쉽지 않은 일이기 때문이다. 그리고 성격의 핵심을 이루는 인지, 정서, 행동은 개별적으로 분리된 것이 아니라 하나의 전체로서 유기적으로 연결되어 있기 때문이다.

"아들러식 강점 기반 상담모델에서 아들러 상담자는 일단 낙담한 내담자를 격려하여 삶의 문제와 마주할 수 있도록 용기를 줍니다. 또한 내담자의 핵심 신념을 파악하여 이를 개선할 수 있도록 안내합니다. 그리고 사회적 관심을 갖고 인생과제 문제해결을 위해 스스로 노력하고 타인과 협동할 수 있도록 돕습니다. 이 과정에서 상담자는 내담자를 결코 포기하지 않고 격려하고 격려하고 또 격려해야 합니다."

상식으로 업그레이드하기

"아들러 심리학에서는 개인의 삶에서 깊이 자리 잡고 있는 자신만의 생각을 '사적논리(private logic)'라고 했습니다. 나만의 논리라는 뜻이죠. 문제는 어렸을 때 경험을 통해 무의식적으로 형성된 그 생각을 제대로 검토해 보지도 않고 믿고 살아간다는 것입니다.

따라서 상담 과정에서 내담자의 사적논리를 공적 논리, 즉 상식으로 업그레이드하는 것은 자신의 핵심 신념을 자각하는 것이고, 이를 현실적이고 합리적이고 유용한 방식으로 업그레이드하는 어렵고도 멋진 작업이 되겠습니다."

인간은 생각하는 동물이다. 즉, 생각하고 움직인다는 뜻이다. 그럼 어느 방향으로 움직일까? 인간은 생각해 보고 사는 방향으로 움직인다. 그래서 내가 좋아하는 것을 향해서 접근하거나 내가 싫어하는 것을 피하기 위해 회피한다. 그런데 이 과정은 생각 이전에 어떤 정보가 입력되어 있다는 것을 전제로 한다. 다시 말해, 과거 경험을 기억하고, 그 기억이 응축되어 형성된 생각에 따라 행동을 하게 된다. 이 과정을 한마디로 요약하면 경험, 기억, 생각에 따라서 행동하고, 그 행동에 의해서 성격과 삶이 진행된다는 것이다.

비합리적 신념

합리정서행동치료(REBT)의 창시자 엘리스는 생각하는 존재로서 인간은 합리적인 사고를 할 수도 있고, 동시에 비합리적인 사고도 할 수 있는 가능성을 가지고 태어났다고 했다. 인간은 전지전능한

신과 달리 지혜와 능력이 유한하기 때문이다. 따라서 엘리스는 내담자의 비합리적 신념을 파악하여, 이를 논박(disputing)하고 내담자의 생각을 보다 합리적인 생각으로 재구성함으로써 삶의 긍정적 변화가 가능하다고 주장하였다. 무엇보다 이 논리를 명확하게 이해해야 한다. 다음 항목을 단계별로 따라가면서 인정여부를 '○' 또는 '×'로 표시해 보기 바란다.

- 1단계 인간은 생각하는 동물이다. [ ]
- 2단계 인간은 전지전능하지 못하다. [ ]
- 3단계 따라서 나도 비합리적인 생각을 할 수 있다. [ ]

이 세 가지 항목에 모두 '○' 표시를 했다면, 엘리스가 삶에 문제를 유발하는 비합리적 신념으로 지목했던 것들이 자신의 삶에도 작용할 수 있다는 것을 인정한 것이다. 그가 제시한 열두 가지 비합리적 신념은 다음과 같다.

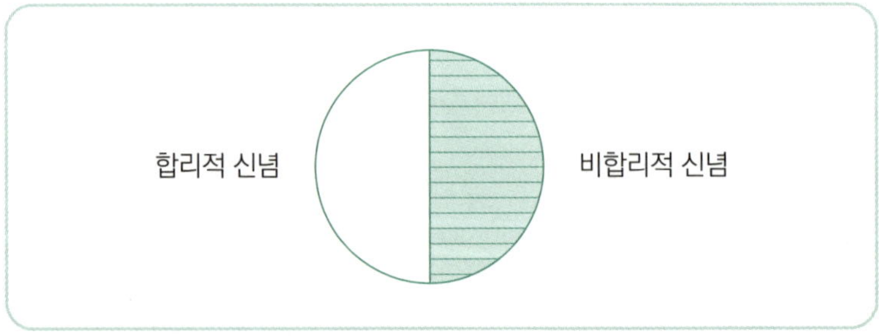

① 내가 알고 있는 모든 중요한 사람으로부터 사랑받고, 인정받고, 이해받아야만 가치 있는 사람이다.

② 우리는 다른 사람에게 의지하여야만 하고, 의지할 강한 누군가가 있어야만 한다.

③ 타인의 문제나 혼란스러움에 함께 괴로워하고 속상해해야 한다.

④ 어떤 사람들은 나쁘고 사악하며 따라서 비난받고 처벌받아야만 한다.

⑤ 완벽한 능력이 있고, 사교적이고, 성공해야만 가치 있는 사람이다.

⑥ 일이 뜻대로 진행되지 않는다면 이는 무시무시하고 끔찍한 일이다.

⑦ 인간의 문제에는 완벽한 해결책이 있고 만약 그 해결책을 발견할 수 없다면 이는 끔찍한 일이다.

⑧ 세상은 반드시 공평해야 하며 정의는 반드시 승리해야 한다.

⑨ 행복이란 외부사건들에 의해 결정되며 우리가 통제할 수 있는 것이 아니다.

⑩ 인생에서 어려움을 부딪치기보다는, 피해 가는 것이 편하다.

⑪ 위험하거나 두려운 일이 일어날 가능성을 늘 생각하고 있어야 한다.

⑫ 과거의 일들이 현재 행동을 결정한다.

그는 이러한 비합리적 신념들의 뿌리가 당위적 사고라고 주장했다. 엘리스는 당위성을 세 종류로 구분할 수 있다고 했는데, 이는 자신에 대한 당위성, 타인에 대한 당위성, 그리고 조건에 대한 당위성이다. 일반적으로 당위성은 '~해야만 한다(should, must).'라는 방식으로 기술된다. '나는 훌륭한 사람이어야 한다.' '나는 실수해서는 안 된다.' '나는 실패해서는 안 된다.' 등은 자신에 대한 당위성이다. '부모는 나를 사랑해야 한다.' '자식이니까 내 말을 들어야 한다.' '애인이니까 나에게만 관심을 가져야 한다.' 등은 타인에 대한 당위성이다. '나의 방은 깨끗해야 한다.' '나의 가정은 사랑으로 가득해야 한다.' '나의 사무실은 아늑해야 한다.' 등은 조건에 대한 당위성이다. 이러한 당위적 사고대로 일이 진행되지 않을 때, 사람들은 자신을 비난하거나 타인을 비난하면서 부정적인 행동을 할 수도 있다.

마이웨이(22, 여)의 두 번째 초기기억

> 6세경, 피아노학원에 갔다 오다가 집 앞 놀이터에서 언니 오빠들과 같이 놀았다. 밤이 되어 한 언니의 엄마가 언니를 데리러 오면서 나보고 저녁같이 먹을 거냐고 물어봐서 그 집에 따라가서 저녁을 먹었다. 다 먹고 집에 갔는데 어린이집 선생님, 학원 선생님, 부모님이 경찰까지 불러서 나를 찾고 있었다.

- 가장 인상적인 부분은 경찰과 어린이집 선생님, 학원 선생님, 부모님이 나를 찾고 있었다는 것이다.
- 그때의 감정은 일탈의 짜릿함이었다.

마이웨이(22, 여)의 세 번째 초기기억

> 7세경, 어린이집 학예회를 할 때 여자친구 2명과 같이 노래를 했다. 세 명 중 나 혼자 키가 커서 가운데에 서서 노래를 불렀다. 학예회가 끝나고 엄마, 아빠가 나밖에 안 보였고 내가 제일 잘했다고 칭찬해 주셨다.

• 가장 인상적인 부분은 무대에서 노래를 부른 것이다.
• 그때의 감정은 기분 좋은 긴장감이다.

마이웨이(23, 여)의 초기기억에는 다른 사람들이 자신에게 관심을 보여야 한다는 당위적 사고가 엿보인다. 또한 자신이 유능해야만 다른 사람들이 자신을 인정하고 사랑해 줄 것이라는 당위성도 담겨 있는 것 같다. 그리고 이 세상은 흥미 있는 일들이 벌어지는 무대인 것처럼 그려져 있다. 마이웨이의 사례는 함께 깊이 검토할 기회가 없었기 때문에 전체 퍼즐을 명확하게 제시하기는 힘들다. 다만 그녀가 보여 주었던 몇 가지 단서들을 가지고 대략적인 가설을 세워 보면 다음과 같다.

그녀의 초기기억들에 나타난 공통된 주제가 다른 사람들로부터 관심을 받는 것인데, 이는 타인이 자신에게 관심을 보여 주어야 한다는 당위적 사고가 기본적 오류로 자리 잡고 있다고 볼 수 있다. 따라서 어떤 사람과의 관계에서 그러한 관심을 받지 못한다고 지각하면, 그녀는 심각한 스트레스를 받을 가능성이 높다. 나아가 사랑받지 못하는 자신의 존재에 대한 열등감을 보상하기 위해 그녀는 자신만의 독특한 접근 또는 회피 전략을 개발해서 쓰고 있을 것이다.

그녀는 자신의 핵심적인 대처전략이 '혼자 잘 할 수 있다는 것을 증명해야 한다.'라고 했다. 그리고 현재 자신의 스트레스가 일 또는 직업과 관련하여 명확한 진로를 설정하지 못한 것이라고 했는데, 그녀에게 직업이 중요한 이유는 직업이 부모로부터의 자립을 의미하는 것이기 때문이라고 했다. 취직을 하는 것은 그녀가 자존감을 지키고, 자신을 사랑해 줄 누군가를 찾아 떠나겠다는 적극적 기질이 드러난 것이라고 조심스럽게 추측해 보았다.

물론 이 퍼즐이 성립하기 위해서는 그녀의 부모가 그녀보다 형제자매 중 다른 누군가를 더 사랑하는 것처럼 그녀가 인식하고 있을 때, 더 그럴듯한 모양을 갖추게 된다. 아들러가 이야기한 출생순위에 따라 가정을 하자면, 혹시 그녀는 첫째 아이고 그 아래로 남동생이 태어나, 부모님이 그 동생을 더 사랑한다고 생각하는 것은 아닐까? 이러한 가설을 마이웨이에게 제시했을 때 그녀는 놀라움을 감추지 못하고 "엄마는 항상 아들이 최고였죠."라고 말했다.

앞에서 살펴본 바와 같이 기본적 오류의 가장 핵심적인 형태가 당위적 사고, 즉 당위성이라는 것을 알아야 한다. 그래야 그 함정에 빠지지 않고, 보다 상식적인 사고와 행동을 할 수 있다. 불완전한 존재인 인간이 당위성을 강조하여 불가능한 목표를 설정하고 그것을 이루기 위해 살아간다면 이는 명백한 오류라고 할 수 있다. 이러한 당위성을 다루는 방법에 대해서는 뒤에 가서 이야기하기로 하고 또 다른 중요한 기본적 오류 유형에 대해 알아보기로 하자.

인지 왜곡

우울증 치료에 관심을 갖고 인지치료를 개발한 아론 벡은 인지의 수준을 자동적 사고, 중재적 신념, 핵심 신념으로 분류했다. 이는 삶의 달걀의 단면을 껍질, 흰자위, 노른자위로 구분하는 것이나 지구의 단면을 지각, 맨틀, 핵으로 구분하는 것에 비유할 수 있다. 그중에서도 가장 표층에서 작용하는 자동적 사고는 순간적으로 우리에게 떠오르는 생각이나 영상이다. 심리적 장애를 가진 사람들의 자동적 사고는 흔히 부정적이며 왜곡되어 있다. 이러한 부정적인 자동적 사고 또는 인지 왜곡이 문제를 발생시킨다. 인지 왜곡의 유형에는 임의적 추론, 선택적 추상, 과일반화, 확대와 축소, 개인화, 이분법적 사고, 명명 혹은 잘못된 명명, 긍정격하 등이 있다.

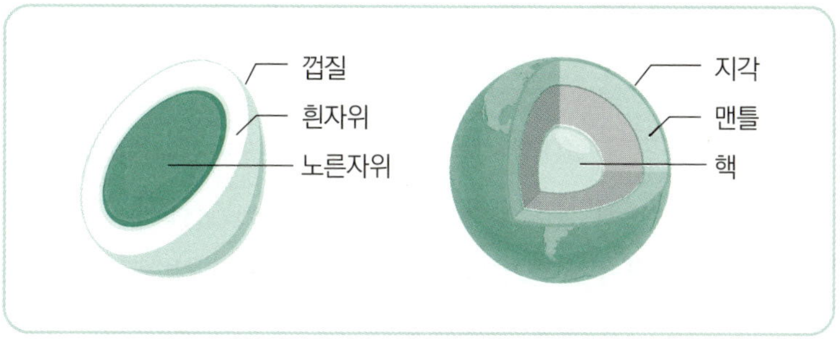

① 임의적 추론은 지지할 만한 적절한 증거 없이 결론에 도달하는 것이다.

② 선택적 추상은 사건의 부분적인 세부사항을 근거로 결론을 내리는 것이다.

③ 과일반화는 단 하나의 사건을 근거로 형성된 극단적인 신념을 유사하지도 않은 다른 사상이나 장면에 부적절하게 적용하는 것이다.

④ 확대와 축소는 어떤 경우나 상황을 실제 가치보다 더 크게 또는 더 작게 지각하는 것이다.

⑤ 개인화는 관련 지을 만한 근거가 없을 때조차 외적 사상들과 자기 자신을 관련짓는 경향이다.

⑥ 이분법적 사고는 흑백논리로 사고하고 해석하거나, 경험을 극단으로 범주화하는 것이다.

⑦ 명명 혹은 잘못된 명명은 과일반화의 극단적 형태로 매우 드문 단일 사건에 기초하여 완전히 부정적으로 상상하여 단정짓는 것이다.

⑧ 긍정 격하는 개인이 자신의 긍정적인 경험을 격하시켜 평가하는 것을 말한다.

이러한 인지왜곡 중에서 가장 심각하고 중요한 것이 이분법적 사고 또는 흑백논리이다. 생각하는 존재로서 인간은 기본적으로 이분법적 사고의 오류를 범하기 쉽다. 이는 피아제의 인지발달이론에서 전조작기에 인지적 개념 표상이 형성되는 과정을 살펴보면, 그 이유를 파악할 수 있다. 피아제가 제시한 인지발달의 4단계는 감각운동기, 전조작기, 구체적 조작기, 형식적 조작기이다. 핵심은 '조작'이다. 생각할 때 무엇을 조작한다는 것일까? 우리는 단어를 이리저리 조작해서 생각을 한다. 다시 말해, 조작의 대상은 개념표상이다. 그리고 그 개념표상은 항상 심상, 즉 이미지 표상과 한 세트를 이루고 있다. 이렇게 개념을 적극적으로 조작하는 3, 4단계 이전에 조작을 위한 준비 단계인 전조작 단계가 있다. 바로 그 단계에서 표상이 형성되는 것이다. 이는 어린아이가 말을 배우기 시작하는 단계이다. 인류의 차원에서 보면 인간이 처음으로 단어를 만들었던 시기에 해당한다. 잠시 상상을 해 보자. 우리 조상들은 어떻게 단어를 만들었을까?

유명한 성격심리학자인 켈리는 자신의 개인구성개념 이론에서 사람들이 사건을 해석하고 예언하는 인지적 구조로서 개인구성개념을 만들고 이를 바탕으로 행동한다고 했다. 개인구성개념은 이분법적 추론으로 이루어진다. 이분법적 추론이란 사물을 흑백의 범주로 보는 방법, 대상을 둘로 나누는 방법이다. 예를 들면, 낮과 밤, 남자와 여자, 선과 악 등 두 개의 대립되는 개념을 만드는 것이 단어를 만드는 가장 기본적인 방법인 것이다. 따라서 조금 과장되게 말하자면, 인간이 생각을 하는 즉시 우리는 이분법적 오류를 범하게 된다. 인간은 전체가 아닌 어느 일부분을 경험하고 이를 표상으로 만들어 생각을 하기 때문에 모르는 부분, 가려진 부분, 놓치는 부분이 생길 수밖에 없는 것이다.

생존을 위한 문제해결 과정에서 생각 실험, 일종의 시뮬레이션을 하기 위해 하나를 둘로 나누어 다양한 생각들을 하게 되었지만, 본질적으로 나누어질 수 없는 것을 나눔으로써 인간은 마치 선악과를 따 먹은 아담과 하와처럼 낙원에서 추방되는 운명에 처하게 된 것이다. 따라서 상담자는 내담자가 자신의 경험에서 어떤 부정적인 사고나 감정에 고정되어 있다면, 숨겨진 나머지 긍정적인 반쪽을 찾아서 내담자가 자신의 경험을 온전하게 통찰하고 통합하도록 안내한다.

마이너리티의 초기기억

> 6~7세경, 집에 굴러다니는 종교 팸플릿의 내용을 볼펜으로 고쳐서 조롱했다. 존재하지도 않는 신을 믿는다는 사람들에게 한심함과 경멸스러움을 느꼈다. 그것을 아버지에게 자랑스럽게 보여 줬다. 그런데 반응이 예상보다 시큰둥하고 좋지 않아 실망스러웠다.

- 가장 인상적인 부분은 팸플릿의 내용을 볼펜으로 고쳐서 조롱한 것이다. 지금 생각해 보니, 그 나이 때부터 과학적인 사고를 하기 시작했다는 것이 신기하다.
- 그때의 감정은 뭔가 대단한 일을 한 것 같은 흥분감이다.

마이너리티(25, 남)의 초기기억에는 종교와 신에 대한 경멸이 들어 있다. 물론 여기에는 신과 인간, 과학과 미신, 경멸과 존경 등 여러 가지 이분법적 사고가 나타난다. 그중에서도 '과학적으로 합리적으로 생각하라.'라는 마이너리티의 삶의 좌우명은 과학적이고 합리적이지 못하다고 생각되는 것에 대한 비판과 비난을 예고하고 있다. 한편, 자신이 과학적이고 합리적이라고 생각함으로써 어떤 열등감에 대한 보상으로 일종의 우월성을 느끼는 것 같다. 이는 마이너리티의 삶을 창조적이고 역동적으로 만드는 힘이면서, 동시에 자신과 타인을 힘들게 하는 요인이 될 것 같다.

기본적 오류

"인간이라면 피할 수 없는 가장 기본적인 생각의 오류를 기본적 오류라고 합니다. 내담자의 기본적 오류를 파악하고 평가하기 위한 공식으로 3-3-3 공식을 기억하십시오.

첫째, 세 가지 기본적 오류는 이분법적 오류, 과일반화, 당위성입니다. 둘째, 세 가지 당위성은 자신에 대한 당위성, 타인에 대한 당위성, 조건에 대한 당위성입니다. 셋째, 세 가지 평가 기준은 현실성, 합리성, 유용성입니다."

아들러의 계승자인 드레이커스는 아동기의 경험에서 비롯된 개인의 사적논리에는 기본적으로 오류가 깔려 있다고 보고, 이를 기본적 오류(basic mistakes)라고 불렀다. 아들러 심리학 상담 과정에서 가장 핵심은 내담자의 사적논리에 담긴 기본적 오류를 파악하여, 이를 재정향하는 것이다. 드레이커스와 모삭이 제시한 다섯 가지 기본적 오류는 과일반화, 잘못되었거나 불가능한 목표, 인생과 삶의 요구에 대한 잘못된 지각, 자신의 기본적 가치에 대한 부정, 잘못된 가치관이다. 각각에 대한 예시는 다음과 같다.

- 과일반화
  - '모든 사람들은 적대적이다.'
  - '인생은 항상 위험하다.'
- 잘못되었거나 불가능한 목표
  - '사랑을 받으려면 모든 사람을 즐겁게 해야 한다.'
- 인생과 삶의 요구에 대한 잘못된 지각
  - '인생은 결코 나에게 휴식을 주지 않는다.'
  - '나에게 삶은 너무 힘들다.'

• 자신의 기본적 가치에 대한 부정
  - '나는 근본적으로 멍청하다.'
  - '나는 사랑받을 만한 자격이 없다.'
• 잘못된 가치관
  - '누가 상처를 받든지 개의치 말고 나는 일등이 되어야 한다.'

저자는 엘리스의 비합리적 신념 열두 가지, 벡의 인지 왜곡 여덟 가지, 그리고 드레이커스와 모삭의 기본적 오류 다섯 가지를 검토하여 인간의 사고 과정에서 공통적이고 가장 핵심적인 기본적 오류 세 가지를 선정하였다.

첫 번째는 이분법적 사고이다. 앞서 이야기했듯이 인간은 이분법적 개념들을 조작하여 사고하기 때문에, 어떤 생각을 하는 순간 이분법적 오류를 범할 수밖에 없다. 예를 들어, '지금이 낮이다.'라고 하면, 지구 반대편에는 '지금이 밤이다.'라는 논리를 잊어버리게 된다. '저 친구는 내 편이다.'라고 말하는 순간, '나의 경쟁 상대이기도 하다.'라는 논리는 보이지 않게 된다. 이 원리를 제대로 이해한다면, 내가 어떤 생각을 하는 순간 동시에 그와 반대되는 생각이 있다는 것을 떠올릴 수 있을 것이다.

두 번째는 과일반화이다. 이는 자신의 경험과 기억과 생각을 고집하며 그 내용을 전체적으로 확장시켜 적용하는 경향을 말한다. 예를 들어, '그 사람은 좋은 사람이다.'라고 말하는 순간, 마치 그 사람은 안 좋은 부분이 없는 사람처럼 생각이 되는 것이다.

세 번째는 당위성이다. 이는 자신의 경험이나 생각을 당위적이고 강박적인 방식으로 자신이나 타인에게 주장하는 것이다. 세 가지 기본적 오류 중에서도 가장 파괴적인 것은 당위성인데, 이 당위적이고 강박적인 사고가 자신에게 향하면 엄청난 긴장으로 스트레스를 받게 만들고, 타인에게 향하면 그 사람과의 관계에서 심각한 갈등을 유발하는 경우가 많기 때문이다. 예를 들어, '다른 사람을 배려해야 한다.'라는 당위적 생각을 강박적으로 하게 되면 이는 자신에 대한 당위성이 되는데, 그 적용 대상을 가족이나 친구와 같이 가까운 사람에게도 강요하게 될 가능성이 높다. 이 당위성은 엘리스가 말한 것처럼 자신에 대한 당위성, 타인에 대한 당위성, 조건에 대한 당위성으로 나누어 파악할 수 있다.

오류 수정 공식

"방금 우리는 초기기억 속에 담겨있는 핵심 신념에서 기본적인 오류를 찾았습니다. 그럼 이제 기본적 오류를 상식에 맞게 수정해야 합니다. 그런데 저는 수정이란 말보다 업그레이드라는 표현을 더 좋아합니다.

왜냐하면 기존의 신념이 잘못된 것이 아니라, 현재의 상황에 맞지 않아서 문제가 된 경우가 많으므로 버전을 조금 업그레이드하면 문제가 해결될 수 있기 때문입니다.

그럼 가장 기본적인 오류 세 가지에 대해, 가장 기본적인 업그레이드 공식을 알려 드리겠습니다."

인생과제에서 문제를 유발하는 핵심 논리는 부정적 사적논리이다. 이러한 사적논리는 나만의 주관적 논리이기 때문에 다른 사람과의 관계에서는 오류를 불러일으킬 수 있다. 사적논리의 반대말은 공적논리이다. 공적논리는 곧 상식을 말한다. 상식(common sense, 常識)의 사전적 정의는 다음과 같다. 사람들이 보통 알고 있거나 알아야 하는 지식으로 일반적 견문과 함께 이해력, 판단력, 사리 분별 등이 포함된다. 국어사전에는 다음과 같은 예문이 수록되어 있다. 상식 밖의 행동이다. 상식에 맞다. 상식에 어긋나다.

상식의 핵심 요소는 객관성이다. 그럼 객관성의 기준은 무엇일까? 객관적이란 말은 주관적이란 말의 반대말이다. 객관적이란 사물이나 생각, 상황, 대상을 주관적인 자신의 생각에서 벗어나, 제3자의 관점으로 보는 것이다. 쉽게 말하면 많은 사람들이 감각적(sense) 차원에서 공통적으로(common) 보고, 듣고, 느낄 수 있는 내용이라는 것이다.

이렇게 사적논리와 상식, 주관성과 객관성의 정의를 살펴보면서 다음과 같은 통찰에 도달하는 사람도 있다. 그것은 앞에서 말했던 기본적 오류보다 더 근본적인 사고의 오류는 자신만의 사적 논리를 마치 모두가 인정하는 공적논리, 즉 상식이라고 생각하고 주장하는 것이다. 이 지점에 도달한 사람은 이제 차원이 다른 삶을 살아가게 될 것이다. 그는 자신의 생각으로부터 자유로워지고 따라서 생각에 지배당하는 것이 아니라, 생각을 사용하는 주인, 정말 객관적이고 합리적인 지식을 배운 교양인이 된다. 그래서 자신의 경험과 생각을 나전달법(I-message)으로 표현하고, 타인의 의견에 대해 "아, 그렇게 생각할 수도 있겠네요."라는 수용적이고 존중하는 태도로 대화를 진행할 것이다.

인지행동치료에서 사고의 오류를 평가하는 일반적인 기준은 현실성, 합리성, 유용성이다. 현실성이라는 것은 실제 일어날 가능성이 있는가, 즉 관찰 가능성을 말한다. 예를 들어, '이번 여름휴가를 화성에서 보내겠다.'라고 한다면 이는 현실성이 거의 없는 이상한 생각이다. 반면, '10년 후에는 화성에서 여름휴가를 보낼 수도 있다.'라고 한다면 현실적 가능성이 있는 생각이다.

합리성이라는 것은 논리성, 객관성을 말한다. 예를 들어, '공부를 열심히 하면 좋은 성적을 받을 수 있다.'라는 생각은 논리적으로 타당한 생각이라고 할 수 있다. 이와 달리 '나는 별로 공부를 안 했는데 좋은 성적을 받았다.'라고 주장한다면 합리적인 생각이라고 볼 수는 없을 것이다.

유용성은 어떤 생각이 나에게 얼마만큼 도움이 되는가를 따져 보는 것이다. 예를 들어, 시험에 떨어진 사람이 '나는 시험에 실패했다.'라고 한다면 그것은 합리적인 생각일 수 있다. 하지만 유용성 측면에서는 그 생각이 나에게 별로 도움이 되지 않는 생각일 수 있다. 이 세 가지 기준에 따라 기본적 오류인 이분법적 오류, 과일반화의 오류, 당위성의 오류를 수정하기 위해서 저자가 정리한 기본 공식은 다음과 같다.

▶ 기본적 오류 수정 공식

① 이분법적 오류 수정하기

- black/white, 2 → colorful, 0, 1, 3, 4, 5, 6, 7, 8, 9

② 과일반화의 오류 수정하기

- all, anyone, always → some, someone, sometimes

③ 당위성 수정하기

- should, must → want, can, may

먼저 이분법적 오류를 수정하기 위해서는 흑과 백, 선과 악 이렇게 두 개로 나누는 방식을 하나로 합치거나 또는 더 많은 숫자로 3, 4, 5, 6, 7, 8, 9 이런 형태로 더 자세히 나누는 것이 공식이다. 이 두 가지 방식을 흑백 TV와 컬러 TV 또는 흑백 사진과 컬러 사진으로 비유할 수도 있다.

과일반화의 오류를 수정하는 방법은 '모든'에 해당하는 단어를 '어떤' 또는 '일부'로 바꾸는 것이다. '누구나 또는 모두가 그렇다.'라는 생각을 '어떤 사람은 그렇다.'라는 방식으로 바꾸는 것이다.

당위적 오류는 '반드시 ~ 해야 한다.'라는 생각을 '나는 ~을 원한다.'로 바꾸거나, '~을 할 수 있다.'로 바꾸는 것이다.

앞에서 제시한 공식을 기계적으로 적용하기보다는 내담자의 사적논리 속에 포함된 기본적 오류를 찾고 수정하는 데 참고자료로 활용하기를 바란다. 왜냐하면 상식으로 업그레이드하기 작업에서는 내담자의 인생과제 문제를 유발하는 사적논리의 포인트를 명확하게 찾아 개선할수록 효과가 크기 때문에 기계적으로 공식을 적용하기보다는, 내담자의 고유한 생각과 그 의미를 잘 검토하여 내담자에게 가장 적절한 문구를 찾아야 한다.

다음으로는 내담자의 초기기억 속에서 사적논리를 추론하는 방법을 안내하고, 실제 사례를 통해서 사적논리에 포함된 오류를 상식으로 업그레이드하는 작업을 살펴보고자 한다.

사적논리 추론하기

"상식으로 업그레이드하기 작업의 핵심은 초기기억 속에서 내담자의 사적논리를 추론한 다음, 인생과제의 문제를 유발하는 오류를 찾아 수정하는 것입니다.

초기기억 속에서 사적논리를 추론하는 것은 마치 탐정이 작은 단서를 바탕으로 사건의 전모를 밝히는 것에 비유할 수 있습니다. 그리고 사적논리의 오류를 수정하는 것은 각각의 바이러스에 맞는 항바이러스제를 써서 감염을 치료하거나, 컴퓨터 프로그램의 버그를 찾아서 오류를 수정하는 것에 비유할 수 있습니다."

생활양식 평가의 핵심은 초기기억 속에서 자신, 타인 및 세상, 그리고 전략에 대한 사적논리를 추론하는 것이다. 이 과정은 마치 탐정이 작은 단서를 바탕으로 사건의 전말을 구성해서 범인을 찾아내는 것에 비유할 수 있다. 이는 아들러식 상담 과정에서 가장 어렵고 중요한 과정이라고 할 수 있다.

일단 초기기억을 떠올려 활동지에 자신, 타인, 세상 그리고 전략에 대해 객관식 문항에 답하면서 핵심 논리를 적도록 한다. 그리고 상담자와 함께 각각의 항목을 검토하면서 사적논리를 추론해 낸다. 이때 주의해야 할 점은 현재의 시점이 아닌, 5~6세 어린아이의 마음으로 돌아가서, 당시의 상황에서 그 아이의 생각을 찾아야 한다는 것이다.

초기기억을 바탕으로 내담자의 사적논리를 추론했다면, 그다음 단계는 사적논리의 오류를 찾는 것이다. 앞서 제시한 3-3-3 공식에 따라 오류를 찾아보고, 이를 상식에 맞게 업그레이드한다.

사적논리 추론하기

날짜: 20___.___.___, 이름: ____________________

1. 나는 ~ 하다.

   예: 나는 별로 가치 없는/별 볼일 없는 존재이다.

2. 다른 사람들은 ~ 하다.

   예: 나의 마음을 잘 알지 못한다.

3. 세상은 ~ 하다.

   예: 세상은 위험한 곳이다.

4. 따라서 나는 ~ 해야 한다.

   예: 따라서 나는 다른 사람이 원하는 것을 해 주어야 한다.

그린손(61세, 여, 상담사)의 사례

첫 번째 초기기억

> 6~7세경, 집 앞에 있는 텃밭에 이것저것 많이 심어져 있었고 딸기도 있었다. 다섯 살 위의 삼촌과 엄마랑 나랑 같이 있었다. 딸기 때문에 엄마랑 삼촌이 말다툼을 했다. 아마도 나 때문이었던 것 같다. 그 뒤로 엄마가 딸기를 다 뽑아 땅에 팽개쳐 버려서 맛있는 딸기를 먹을 수 없었다.

- 가장 인상적인 부분은 "아무도 딸기를 못 먹게 다 뽑아 버릴 거야."라고 하면서 엄마가 딸기를 뿌리째 뽑아 내팽개쳐 버리는 모습이다.
- 그때의 감정은 속상함, 서운함, 슬픔이다. 다시는 딸기를 못 먹겠구나.
- 자료에 근거하여 → 강점 찾기(5개 이상)

  '아무도 딸기를 못 먹게 다 뽑아 버릴 거야.' → 공평함, 판단력, 에너지, 음식

  엄마가 딸기를 뿌리째 뽑아 내팽개쳐 버리는 모습 → 시각, 청각, 결단력/실행력, 의지, 논리적

  다시는 딸기를 못 먹겠구나. → 딸기/과일, 감정인식, 추론능력

  다섯 살 위의 삼촌과 엄마랑 나랑 같이 있었다. → 대가족 공동체의식, 서열 중시

  다섯 살 위의 삼촌과 딸기를 두고 경쟁함 → 자기 존중, 자기주장/자기표현

  텃밭에 이것저것 많이 심어져 있었고 → 자연친화적, 텃밭 가꾸기, 다양성

아마도 나 때문이었던 것 같다. → 상황판단, 눈치, 자아중심성

✓ 초기기억 경험 분석

나는 무력한 존재이다. 다른 사람은 내 마음을 잘 모른다.
자기 마음대로 한다. 세상은 힘 있는 사람이 주도한다.
따라서 나는 힘을 길러야 한다. 아는 것이 힘이다.
배워야 한다. 그래야 내가 하고 싶은 것을 할 수 있다.
가만히 있으면 안 된다. 자기주장을 내세워야 한다.

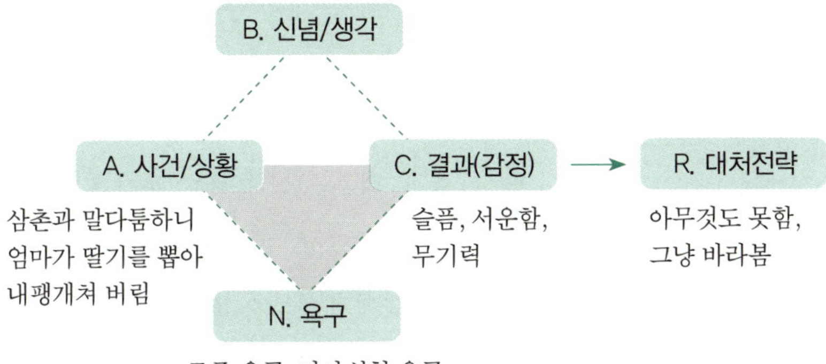

존중 욕구, 자아실현 욕구
→ 구체적 바람(want)
엄마가 내 생각을 물어봤으면 좋았을 것 같다.

✓ 인간관계 스트레스 경험 분석

① 너가 나에게 거리감을 가지고 있구나.
② 너는 내 말을 잘 듣지도 않으면서 나에게 무슨 불만이 그렇게 많니?

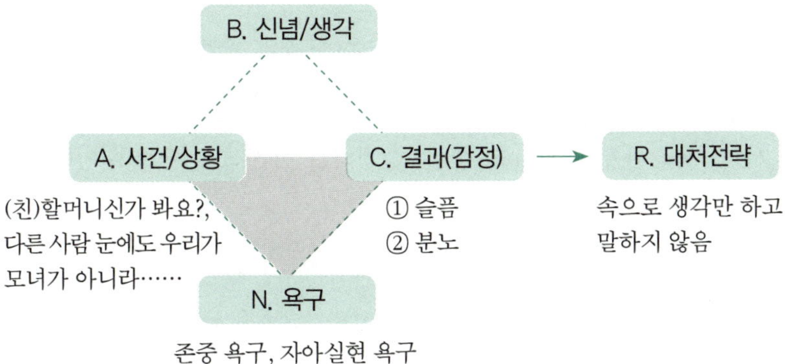

존중 욕구, 자아실현 욕구

✪ 상식으로 업그레이드하기

- 나는 내 생각을 주장할 수도 있고, 안 할 수도 있다.
- 나는 내 생각을 주장할 때도 있고, 안 할 때도 있다.
- 너는 내 말대로 할 수도 있고, 안 할 수도 있다.
- 너는 내 말대로 할 때도 있고, 안 할 때도 있다.

그린손(61세, 여, 상담사)의 인생과제 문제는 딸에게 서운하거나 화가 날 때가 있다는 것이다. 구체적인 사건으로는 손자의 유치원에 방문했을 때, 유치원 선생님이 "○○이 (친)할머니신가 봐요?"라고 했는데 그 말을 듣고 딸이 "엄마, 다른 사람 눈에도 우리가 모녀가 아니라 시어머니와 며느리로 보이는가 봐!"라고 말을 한 것이다. 그 말을 듣고 그린손은 딸에 대한 서운함과 분노가 올라왔다고 한다.

놀랍게도 모녀의 대화는 그린손의 초기기억과 대응을 이루고 있었다. 상담 장면에서는 초기기억에 대한 경험을 분석하고 사적논리를 구체적으로 탐색한 후, 기본 공식에 따라 내담자의 핵심 논리에 담겨 있는 독소 조항을 해독했다. 특히 내담자를 가장 분노하게 만드는 요소가 '엄마가 말을 하면 들어야지.'라는 타인에 대한 당위성이기 때문에, 그 부분에 초점을 맞추어 상식으로 업그레이드하기를 진행했다. 이 작업이 끝나고 그린손은 딸과의 관계가 틀어지는 이유를 명확하게 이해하고, 자신의 생각과 대처방식을 업그레이드해서 딸과의 관계를 개선해 갈 수 있겠다는 자신감을 갖게 되었다고 한다.

"초기기억 속에서 무기력을 경험했는데, 딸과의 관계에서도 어떻게 할지 모르는 무력감을 느꼈던 것 같아요. 오늘 작업을 통해 나의 사적논리를 찾고, 업그레이드할 수 있어서 마음이 좀 편해졌어요! 앞으로 딸과 잘 지낼 수 있을 것 같아요."

용기로 업그레이드하기

"아들러 상담에서 생활양식은 상식, 용기, 사회적 관심 3요소를 업그레이드하는 것입니다. 이때 용기로 생활양식을 업그레이드한다는 것은 용기를 불어넣는 '격려치료'를 말합니다.

격려치료는 크게 자기격려와 타인격려로 나눌 수 있는데요. 타인격려는 즉 상담자가 내담자를 격려하는 것이고, 자기격려는 내담자가 자기 스스로를 격려할 수 있도록 알려 주는 것입니다."

아들러식 상담에서 문제의 원인은 상식, 용기, 사회적 관심의 결여 때문이고, 그 해결 방법은 상식, 용기, 사회적 관심을 함양하는 것이다. 인간은 생각하는 동물이기 때문에 이 과정에서 가장 핵심이 되는 것은 인지, 즉 사적논리를 공적 논리인 상식에 맞게 업그레이드하는 것이다. 그런데 한 사람의 생각을 바꾸는 것은 정말 어려운 일이다. 일단 자신의 핵심 신념이나 가치를 본인 스스로 자각하지 못하는 경우가 많다. 그리고 인간은 전지전능하지 못하기 때문에 확증편향의 오류, 사후판단편향의 오류 등 인지과정에서 수많은 오류를 범할 수밖에 없다. 게다가 인간은 자신의 생각이 틀릴 수도 있다는 것을 좀처럼 인정하지 않는다. 따라서 실제 상담 장면에서는 정서적 부분을 먼저 다루고 인지적 측면을 다루는 것이 더 효과적일 때가 많다.

자기격려와 타인격려

용기로 생활양식을 업그레이드한다는 것은 용기를 불어넣는 '격려치료'를 말한다. 아들러 심리학에서는 낙담해서 자기가 하고 싶은 일이나 해야 할 일을 제대로 못하고 있는 사람에게 가장 먼저 필요한 것은 격려라고 본다. 이런 측면에서 드레이커스는 '식물에게 물과 태양이 필요하듯, 인간에게는 격려가 필요하다.'라는 말로 격려의 중요성을 강조했다.

격려(encouragement)란, 용기와 희망, 새로운 정신을 갖게 함으로써 다른 사람에게 생기를 불어넣는 행동이다. 영어 단어를 보면 격려의 기본적인 의미를 짐작할 수 있다. 용기(courage)를 주는 것이

격려(en+courage)이고, 용기가 없어진 것이 낙담(dis-courage)이다. 그리고 용기의 반대 방향에는 두려움(fear)이 있다.

격려의 중요한 포인트는 두 가지이다. 첫째, 격려는 존재를 있는 그대로 수용하고 존중하는 것이다. 존재에 대한 피드백이라도 비교와 평가의 의미에서 한다면 격려라고 볼 수 없다. 예를 들어, '예쁘다.' '잘생겼다.'라는 말은 격려가 아니라 칭찬이다. 예쁘지 않으면 존중받을 수 없다는 의미를 함께 담고 있기 때문에 불안과 긴장을 유발한다.

둘째, 격려는 행동의 결과가 아닌 어떤 일에 참여하고, 노력을 기울이는 과정 그 자체를 응원하는 것이다. 구체적인 격려 방법은 다음에 소개하는 격려 기술 열 가지를 참고하기 바란다.

▶ 격려 기술 열 가지

① 의미와 감정을 경험하기, 함께하기
② 이해를 전달하기 위해 깊이 생각하고 반응하기
③ 다른 사람들이 전달한 메시지와 의미에 대해서 열성적이기, 긍정성을 기대하기
④ 강점, 자산 그리고 자원에 초점을 맞추기
⑤ 지각적 대안을 개발하거나 대안적 의미를 찾기
⑥ 올바른 견해를 가지고 자기 자신과 상황을 보기, 유머감각을 갖기
⑦ 노력과 기여에 초점을 맞추기
⑧ 낙담시키는 가상적 신념을 확인하고 없애기
⑨ 다른 사람의 목표를 위한 헌신과 실천을 독려하기, 그 사람의 목표와 조직의 목표를 일치시키도록 돕기
⑩ 상호 피드백을 독려하기

『격려 리더십』 중에서

격려의 종류는 크게 자기격려와 타인격려로 나눌 수 있다. 자기격려는 자기 스스로를 격려하는 방법이다. 타인격려는 타인을 격려하는 것과 타인으로부터 격려를 받는 것을 말한다. 상담 장면에서는 일차적으로 상담자가 내담자를 격려하고, 또 격려해 주어야 한다. 그리고 내담자가 자기 스스로를 격려할 수 있도록 한다. 더불어 타인을 격려하는 방법에 대해서도 알려 준다.

강점으로 격려하기

"여러분들은 이미 격려치료를 경험했습니다. 바로 초기기억 속에서 강점 찾는 작업 자체가 격려치료기법입니다. 왜냐하면 강점이 곧 생존 전략이었고, 그 전략에 따라 지금까지 살아왔다는 것 자체가 감동이죠? 그래서 '애썼다. 수고했다.'라고 자기격려 및 타인격려를 할 수 있는 것입니다."

아들러식 강점 기반 상담모델에서는 강점으로 격려하기, 불완전할 용기로 격려하기, 존재 자체를 격려하기 등 3종류의 격려치료기법을 사용한다. 그 첫 번째는 강점으로 격려하기이다. 초기기억 속에 숨어 있는 강점을 발견하는 것은 놀라움과 즐거움을 선사한다. 더불어 자신의 강점이 현재의 삶에 작용하고 있음을 알고, 지금까지 열심히 살아온 자기 자신을 격려하게 된다.

하늘소리의 초기기억(1)

5~6세경, 늦은 저녁 시간에 버스를 타고 엄마, 아버지, 쌍둥이 언니랑 함께 충북 영동에 큰언니랑 큰형부가 계시는 시골 학교 관사에 갔다. 관사까지는 도로에서 나룻배를 타고 강을 건너 가야 했다. 도착해서 관사 앞 디딤돌 위에 언니의 구두(빨강?)와 내 구두(검은?)가 나란히 놓여 있었다. 우리가 쌍둥이다 보니 때로는 비슷하게 때로는 다르게 해 주셨다.

- 가장 인상적인 부분은 물 위에 떠 있는 나룻배 위에 앉아서 관사를 선망하듯 바라보는 나
- 그때의 감정은 선망, 기대감, 호기심
- 자료에 근거하여 → 강점 찾기(5개 이상)

늦은 저녁 시간에 버스를 타고 관사에 갔다. → 시간 중시, 여행, 도전정신

관사까지는 도로에서 나룻배를 타고 강을 건너 가야 했다. → 묘사력, 정확성 추구, 길 찾기

디딤돌 위에 언니의 구두(빨강?)와 내 구두(검은?)가 나란히 놓여 → 정리정돈, 공평과 개성, 수용, 관계구분

물 위에 떠 있는 나룻배 위에 앉아서 관사를 선망하듯 바라보는 나 → 성장지향, 시각, 공간지각, 메타인지/통찰

하늘소리의 초기기억(2)

나이는 선명하지 않지만 6세경(초등 1학년), 마루에서 큰(동그라미) 밥상에서 언니들(6째, 7째)이랑 공부(숙제)를 하고 있다. (집안일을 도

> 맡아 하는 식모 같은) 6째 말띠 언니가 엄마한테 매우 혼나고 있다. 그 날도 언니들은 엄마가 안 계시면, 집안일을 분배해서 시키며 우리 쌍둥이들을 혼냈다.

- 가장 인상적인 부분은 말띠 언니가 쌍둥이들을 원망하며 쳐다보는 눈초리(엄마만 가 봐라. 너희들을 응징하리라. 꼼짝 마.)
- 그때의 감정은 무서움, 두려움, 숨고 싶은 마음
- 자료에 근거하여 → 강점 찾기(5개 이상)

언니들(6째, 말띠, 7째, 원숭이띠)이랑 공부(숙제)를 → 숫자/나이, 위계/서열, 학구열

(집안일을 도맡아 하는 식모 같은) 6째 말띠 언니가 엄마한테 매우 혼나고 → 긍휼히 여김, 타인이해

엄마가 안 계시면, 집안일을 분배해서 시키며 → 평등/공정, 분배, 협동심

쌍둥이들을 원망하며 쳐다보는 말띠 언니의 눈초리 → 사회적/시선/표정 민감성, 통찰력

다음은 초강인해 집단에 참여한 하늘소리가 강점 찾기 및 강점으로 업그레이드하기 등을 하고 난 뒤 소감을 적은 글이다.

✪ 하늘소리(56세, 여, 교육공무원)의 자기격려

그동안 살면서 엄청 힘들고 어려운 상황이 많았는데, 고난을 겪을 때마다 외면하지 않고 견디며 이겨 내고 극복하고 도전하며 살아왔던 것이 바로 나의 강점이고 생존전략이라는 것을 알게 되었습니다.

'아, 그러했겠다. 그럴 수밖에 없었겠구나!'라고 저를 더 깊이 이해하게 되어 매우 기쁘고 경이롭습니다. 마지막으로 그동안 버거웠던 삶을 헤쳐 나가느라 애쓴 자신에게 무한한 격려를 보냅니다. '하늘소리, 정말 애썼다. 수고했어.' 그리고 그 와중에도 성장하고, 의미 있는 삶을 살기 위해 도전하는 제 자신에게 감사의 마음이 올라옵니다. 이런 감동을 느낄 수 있도록 이끌어 주시고, 용기를 내어 도전할 수 있도록 격려해 주신 가이드님께 감사드립니다.

사실 최고의 타인격려 방법 중 하나는 감사하기이다. 힘든 일을 겪을 때, 각별한 위로의 말보다 그저 함께 곁에 있는 것만으로도 격려가 될 수 있다. 그런 측면에서 학창시절을 함께했던 친구, 함께 일을 하는 동료, 인생길의 동반자인 가족은 그의 존재만으로도 격려가 될 수 있다. 다음은 감사를 전함으로써 상대를 격려하는 예시이다.

"○○야, 공부를 열심히 해 줘서 참 고마워!(?)"
"○○야, 엄마, 아빠한테 와 줘서 고마워!"
"○○씨, 나와 함께해 줘서 고마워요!"

자기격려와 타인격려

날짜: 20___.___.___, 별명: ____________________

1. 자기격려하기

1) 새롭게 발견한 강점/자원으로 자기격려하기

2) '불완전할 용기'를 적용하여 자기격려하기

2. 타인격려하기

1) 그의 강점으로 나에게 도움을 준 사람

2) 함께 있어/존재 자체로 힘이 되는 사람

불완전할 용기

"격려는 칭찬과 달리 어떤 좋은 성과가 없어도 할 수 있습니다. 아들러가 제시한 최고의 격려는 불완전할 용기를 일깨우는 것입니다. 왜냐하면 우리 인간은 누구나 불완전한 존재이기 때문입니다."

아들러식 강점 기반 상담모델에서 주로 사용하는 두 번째 격려 기법은 '불완전할 용기'로 격려하기이다. 자기격려는 나 자신을 있는 그대로 수용하고 존중하고 사랑하는 것이다. 그런데 많은 사람들이 자신이 못하는 것, 실수한 것만 크게 생각하고 살아가는 것 같다. 그래서 자기격려를 위해 무엇보다 필요한 것이 '불완전할 용기'이다. 왜냐하면 인간은 불완전한 존재이기 때문이다.

아들러는 인간이 불완전한 존재이기 때문에 열등감을 느낄 수밖에 없다고 했다. 그것이 거부할 수 없는 인간의 운명이라면 어떻게 해야 할까? 물론 석가모니, 예수와 같은 성인들은 이러한 인간조건에서 벗어나 구원이나 해탈에 이르는 길을 체험하고 그 길을 가르쳤다. 아들러는 보다 쉬운 인간적인 해법을 제시했다. 그것이 바로 불완전할 용기이다. 인간은 불완전한 존재이다. 즉, 지혜와 능력에 한계가 있다. 따라서 그 불완전함을, 또는 거기에서 느끼는 열등감을 감추거나, 회피하려는 어떠한 시도도 결국은 실패로 돌아가기 마련이다. 우리가 할 수 있는 일은 그러한 인간조건을 인정하고, 석가모니나 예수의 가르침을 따라 완전한 자유를 되찾거나, 또는 그러한 삶 가운데 살아가면서 자신만의 의미를 발견하고 창조하는 것이다.

다음은 한국아들러상담학회에서 '불완전할 용기 운동'을 펼치고 있는 노안영 교수가 만든 격려 문구이다. 다른 사람에게 격려를 받는 것은 좋은 일이다. 하지만 그건 내가 결정할 수 있는 일이 아니다. 그러나 자기격려는 누구나, 언제 어디서나 할 수 있다. 격려가 필요할 때, 주먹을 꽉 쥐고 다음 내용을 소리 내서 자기격려를 해 보자.

▶ 자기 격려와 타인 격려

I am good enough as I am.
나는 있는 그대로 참 훌륭해.
(나는 인간이고 불완전해. 그래서 나는 실수하거나 실패할 수 있어. 그럼에도 불구하고, 나는 있는 그대로 참 훌륭해.)

You are good enough as you are.
당신은 있는 그대로 참 훌륭해.
(당신은 인간이고 불완전해. 그래서 당신은 실수하거나 실패할 수 있어. 그럼에도 불구하고, 당신은 있는 그대로 참 훌륭해.)

『칭찬하지 마라 격려하라』 중에서

존재 자체를 격려하기

"이 세상의 중심은? 나!

이 세상에서 제일 소중한 사람은? 나! 그 근거는?

여러 가지 종교적 · 철학적 · 심리학적 근거가 있지만, 그중에서도 필자가 가장 좋아하는 것은 '자체 증명론'입니다. 지금-여기 무언가 존재한다는 것은 그 자체만으로도 존재가치가 있다는 것입니다. 존재가치가 없다면 여기 존재할 수 없겠죠? 따라서 우리가 그 의미와 가치를 잘 모르지라도, 무언가 존재한다는 것은 그 자신의 존재가치를 스스로 증명하고 있는 것입니다."

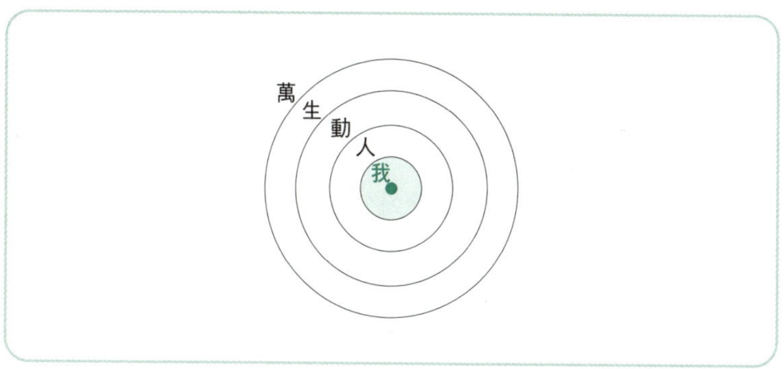

아들러식 강점 기반 상담모델에서 강점으로 격려하기, 불완전할 용기로 격려하기와 함께 가장 많이 사용하는 격려치료기법이 '존재 자체를 격려하기'이다. 지금 눈앞에 보이는 어떤 사물이나 사람의 가치를 떠올려 보자. 그 존재의 가치나 존재의 의미를 모를지라도, 지금-여기 눈앞에 존재하고 있다는 것은 엄연한 현실이다. 따라서 내가 잘 모르더라도, 지금-여기 존재하는 것은 분명 존재의 이유, 존재의 가치가 있는 것이다.

저자는 팔을 벌려 원을 크게 그리면서 '이 세상'을 표현하도록 하고 두 손을 모아서 가슴 정중앙 부위에 놓고 '나'를 떠올려서, 이 세상의 중심이 자신이고 이 세상에서 가장 소중한 사람이 나라는 것을 몸으로 표현하고 직접 느낄 수 있도록 안내한다.

이렇게 자기 자신을 몸짓으로 격려하는 방법과 더불어 내가 정말 가치 있는 존재, 소중한 존재라는 것을 의미 있는 다른 사람으로부터 직접 피드백을 받는 작업을 진행한다. 초기기억을 역할극으로 재구성해서 초기기억 속에서 결핍되었던 욕구나 미해결된 감정을 내담자가 원하는 방식으로 그 대상으로부터 치유받는 경험을 연출하는 것이다.

다음은 초강인해 집단상담에서 진행했던 치유 사례를 역할극 대본으로 요약한 것이다. 개인상담에서도 이와 같은 방식으로 대본을 구성하여 역할극을 진행할 수 있다.

나무의 초기기억 강점 찾기

> 6~7세경 초등학교 1학년 때, 몸이 약한 나를 엄마가 학교에 데려다 주셨다. 나를 업고 가며, 엄마가 문제를 내면 나는 대답을 했다. 엄마가 교실 문 앞에 내려 주며, "오늘 받아쓰기와 수학 시험에서 100점을 못 맞으면 엄마가 데리러 안 올거야."라고 말씀하시고 가셨다. 교실에서 나는 시험을 기다리며 100점을 못 맞을까 봐 불안했다. 수학은 100점을 맞고, 받아쓰기는 한 문제를 틀렸다. 나는 엄마가 데리러 오지 않을 거라 생각을 하고, 교실이 아니라 교문 앞에 나가서 기다렸다.

- 가장 인상적인 부분은 한참을 기다려도 엄마가 오지 않아서, 내가 100점을 못 맞아서 엄마가 오늘은 정말 안 오시나 보다라고 생각을 한 것이다.
- 그때의 감정은 불안감이다.
- 자료에 근거하여 → 강점 찾기(5개 이상)

100점을 못 맞으면 엄마가 데리러 안 올 거야 → 청각, 학구열, 성취욕구

나를 엄마가 학교에 데려다 주셨다. → (2차)돌봄

몸이 약한 나 → 자기관리

문제를 내면 나는 대답을 했다. → 질문능력, 설명능력, 문제해결

엄마가 데리러 오지 않을 거라 → 엄마의 말을 믿음, 약속, 추론능력

교문 앞에 나가서 기다렸다. → 인내심, 기다림, 해결능력, 적극성

재구성 역할극: 내 안의 엄마와 화해하기

1. 엄마와 예상되는 대화를 구성하기

해설 6~7세경, 나무의 엄마는 나무를 교실 문 앞에 내려 주며, "오늘 받아쓰기와 수학 시험에서 100점을 못 맞으면 엄마가 데리러 안 올 거야."라고 했다. 그런데 나무는 100점을 못 맞을까 봐 불안해서 한 문제를 틀리고 말았다. 다음은 어른이 된 나무가 엄마와 가상의 대화를 통해 화해하는 장면이다.

나무: 엄마, 그때 모두 100점을 못 맞으면 데리려 안 올 거라는, 그런 말 왜 했어?

엄마: 그래야 네가 잘 할 줄 알고 그랬지.

나무: 엄마가 그렇게 말해서 그날 내가 얼마나 불안하고 초조했는지 알아? 그때 왜 그런 거야?

엄마: (어이없는 표정으로) 다 너 잘되라 그랬지. 별소리를 다하네. 참.

나무: 엄마가 그날 그렇게 이야기해서 나 100점을 못 맞은 거거든.

엄마: (어이없어 하며) 참 나. 기껏 저 잘되라고 비싼 학원 보내 가며 공부

시켜 놨더니 키운 공도 모르고, 이제 와서 엉뚱한 소리만 하고 있네. 내가 그렇게 안 했으면 네가 이만큼 됐을 거 같아!

나무: (원망스러운 표정으로) 엄마가 그렇게 안 했으면 나는 더 잘했을 거거든! 그날도 100점을 맞았을 텐데 엄마가 그렇게 말해서 100점을 못 맞은 거야!

엄마: (괘씸한 표정으로) 뭐 나 때문이라고? 저 잘되라고 한 걸 가지고 참 나.

2. 내가 원하는 대화로 재구성하기

나무: (서운한 표정으로) 엄마가 그렇게 말하고 가서 100점 못 맞으면 엄마가 데리러 안 올 까봐 불안해서 그날 받아쓰기를 하는데 선생님 목소리가 잘 안 들렸어.

엄마: 그랬어? 나는 너 잘되라고 한 건데, 그건 미처 몰랐네.

나무: 엄마가 나를 믿고 지지해 줬으면 난 더 잘했을 거야.

엄마: 그래. 그랬구나. 엄마가 미처 몰랐어.

나무: (원망스러운 말투로) 엄마는 내가 잘할 때만 엄마 딸이야? 엄마는 내가 동네 자랑거리로만 필요해?

엄마: 아니야. 네가 엄마한테 얼마나 소중하고 장한 딸인데 무슨 그런 말을 해? 엄마가 네 마음을 미처 몰라줬구나. 엄마가 미안하다! 우리 딸.

나무: 엄마가 이제라도 내 마음을 알아줘서 정말 다행이야!

엄마: (꼭 안아 주며) 우리 딸 엄마가 미안해.

나무: (흐느끼며) 나도 엄마 마음 몰라 줘서 미안해.

"이 기억은 추운 기억, 없어지지 않는 고착된 기억이었는데 지난번 강점을 찾은 뒤로는 그게 좀 완화된 느낌이었어요. 그리고 그날 엄마가 데리러 온 부분이 떠올랐어요.

그런데 오늘 이렇게 내가 원하는 방식으로 재구성 대화를 해 보니, 엄마 마음을 알 거 같아요. 아까 엄마랑 포옹할 때 눈물이 나고 가슴이 찡했어요. 엄마의 말과 행동 바탕에는 찐사랑이 있는데, 어쩌면 그걸 알면서도 아들만 챙기는 게 서운해서 외면했다는 걸 알았어요. 조금 더 진지하게 이야기를 하면 진짜 화해가 이루어질 수도 있겠다는 마음이 들어요."

듀크의 초기기억 강점 찾기

> 5세경 엄마가 아빠를 위해 밥상을 차려 방에 들어왔다. 아빠는 밥을 먹다가 화가 나서 상을 엎었다. 그리고 지프차를 타고 가 버렸다. 엄마는 나를 데리고 둑방으로 나갔다.
>
> 물이 흐르는 곳에 멍하니 앉아 있었다. 엄마가 나를 바라보며 "너만 없었더라면……."이라고 말했다. 엄마의 눈은 슬퍼 보였다. 나는 엄마를 보면서 속으로 "내가 어떻게 해야 하지" 조마조마한 마음이 들었다.

- 가장 인상적인 부분은"너만 없었더라면……."이라는 말이다.
- 그때의 감정은 슬픔, 거절감(엄마가 나를 밀어낸 거잖아요. 내가 짐 같은 존재라는 거잖아요.)
- 자료에 근거하여 → 강점 찾기(5개 이상)

  엄마가 아빠를 위해 밥상을 차려 방에 들어왔다. → 음식 중요, 대접, 역할, 책임

  엄마는 나를 데리고 둑방으로 나갔다. → 책임감, 보살핌/돌봄, 유순한

  물이 흐르는 곳에 멍하니 앉아 있었다. → 자연친화력, 관찰, 관조, 집중력, 영성

엄마의 눈은 슬퍼 보였다. → 타인 인상/표정 민감성, 공감, 배려, 섬김

'내가 어떻게 해야 하지?' 조마조마한 마음이 들었다. → 책임감, 효심, 대처능력

"너만 없었더라면……."이라고 말한 것 → 청각, 인상/표정 민감성, 공감, 책임감

재구성 역할극: 너 때문에 내가 살았어

해설 아빠는 부대에서 지프차를 몰고 집에 오셨다. 나와 엄마는 아빠가 와서 좋았고, 엄마는 밥상을 차려 방에 들고 들어왔다. 아빠가 밥을 먹다가 갑자기 상을 엎고 화를 내더니 지프차를 타고 가 버렸다. 엄마는 속상해하며 나를 데리고 한강 둑방에 가서 앉아 있었다. 한참 동안 강을 쳐다보더니 나를 보고 "너만 없었더라면……."이라고 말하며 슬픈 표정으로 나를 본다. 나는 슬픈 엄마를 바라보며 안절부절못하고 서 있다.

듀크: 사실 그때 나는 엄마가 나를 떠날까 봐 무섭기도 하고 두렵기도 해서 많이 슬펐어. 근데 엄마가 너무 슬퍼 보여서 나까지 슬퍼하면 안 될 것 같아서 그냥 아무렇지도 않은 것처럼 가만히 있었던 거야.

엄마: 너도 슬펐는데 엄마 때문에 슬퍼하지 못했던 거니?

듀크: 엄마가 너무 슬퍼 보여서 나도 굉장히 슬펐는데 나까지 그러면 엄마가 더 힘들어질까 봐. 엄마한테 짐이 되지 않기 위해서.

엄마: 엄마한테 짐이 되지 않기 위해서 아무렇지 않은 듯 괜찮은 척 그렇게 했었던 거야?

듀크: 어. 엄마가 "너만 없었더라면……."이라고 말을 해서.

내가 엄마한테 짐이 되나 하고 생각을 했고 그래서 혹시나 엄마가 나를 떠나지는 않을까 그게 너무 걱정이 많이 됐고 무서웠어. 그래서 '나는 엄마를 슬프게 하는 일은 하지 말아야지.'라고 생각했고 '앞으로 엄마를 많이 도와야겠다.' 그렇게 생각했던 거 같아. 그리고 힘든 일 있으면 혼자서 해결해야 된다고 생각했어.

엄마: 그랬구나. 그런데 듀크야. 네가 엄마를 힘들게 한 건 아니야. 그때는 엄마가 많이 힘들었어. 동생이 죽고, 엄마는 죄책감에 마음이 무거웠고, 아빠도 힘들어서 서로를 힘들게 했어. 그런데 네가 내 옆에 있어서 엄마는 힘이 되었고, 살 힘이 생겼던 거야. 그러니 이제 그 마음에서 자유로워지렴. 너는 나의 생명만큼 소중한 존재야. 너 때문에 내가 살았어!

"저는 그날 이후 엄마에게 착한 딸이 되기로 작정하고, 힘든 일이 있어도 누구에게 알리지 않고 무엇이든 스스로 해결하며 살았던 것 같아요. 그래서 주위 친구나 교회 사람들조차 유복한 집 딸로 알고 있었고, 행복한 가정생활을 하는 줄 알았어요. 그런데 중년이 되면서 별 이유도 없이 눈물이 하염없이 나왔고, 이대로 사는 것이 맞는지 회의가 들 때가 많았어요.

이번 집단에 참여하면서 초기기억을 꺼내 놨는데 갑자기 강점을 찾아서 놀랐고, 어두운 기억 속에서 밝은 부분을 찾을 수 있어서 놀랐어요. 그런데 여러분들이 찾아 준 강점이 다 제 모습이라서 놀라웠어요. 그래 이게 나지! 이게 있어서 여기까지 왔구나! 그중에서도 가장 놀란 것은 엄마의 책임감! 끝까지 나를 데리고 다녔다는 거!

오늘 엄마와 재구성 대화를 통해 이야기를 해 보니 '너만 없었더라면……'이란 엄마의 말속에 나를 짐처럼 느끼는 부담감도 있겠지만,

그보다 더 크고 중요한 것은 '너 때문에 살았다.'라는 의미라는 것을 알게 되었어요. 엄마가 '너는 정말 소중한 사람이다.'라고 말해 준 것이 진심으로 느껴졌어요. 이제 정말 그 기억으로부터 자유로워질 수 있을 것 같아요."

인싸의 초기기억 강점 찾기

5~6세경, 설을 맞아 떡방앗간에 엄마와 남동생이랑 같이 갔다. 가래떡이 나오는 걸 신기해하며 구경하고 있었다. 떡이 나올 때 엄마는 남동생에게 떡을 주고 나는 안 챙겨 주었다. 엄마에게 나는 왜 안 주냐고 했더니, 엄마가 떡을 주면서 "너도 부러우면 고추 하나 달고 나오지 그랬냐?"라고 말했다. 나는 먹던 가래떡을 고추처럼 대고, "나도 이제 남자다."라고 말했다. 엄마와 주변에 있던 아줌마들이 웃었다.

- 가장 인상적인 부분은 "나도 이제 남자다."라고 말한 부분이다.
- 그때의 감정은 즐거운, (남자가 된 것 같은) 의기양양한, 그리고 슬픈 마음(세상은 나를 환영하지 않는구나!)
- 자료에 근거하여 → 강점 찾기(5개 이상)

설을 맞아, 떡방앗간에 → 계절 감각, 의식/이벤트 중시, 전통 중시

엄마와 남동생이랑 같이 → 공동체의식, 협동, 가족애

가래떡이 나오는 걸 신기해하며 구경하고 → 호기심, 관찰력, 떡을 좋아함

나는 왜 안 주냐고 → 평등 추구, 자존감, 자기주장

가래떡을 고추처럼 대고, "나도 이제 남자다."라고 → 응용력, 표현력, 위트/유머, 씩씩함

재구성 역할극

1. 너도 하나 달고 나오지 그랬냐?

엄마: 아이구 뜨끈뜨끈하게 떡이 맛있겠네. (가래떡을 떼며) 우리 아들, 얼른 이 떡 먹어 봐.

인싸: (부러운 듯이) 엄마 나도?

엄마: (퉁명스럽게) 좀 더 기다리면 너도 줄라고 했는데, 너도 하나 달고 나오지 그랬냐?

인싸: 엄마는 맨날 그래!

엄마: (웃으며) 아들이 최고제!!

인씨: (가래떡을 앞에 대고 으쓱하며) 그럼 이제부터 나도 남자다~~.

엄마: (주위 사람들도 웃고, 엄마도 같이 웃으며) 아이고 저것을 어째!

2. 너는 엄마 아빠한테 너무나 소중한 딸이야!

인싸: (의기양양하게) 이제부터 나도 남자다~~.

엄마: 엄마가 아들, 아들 해서 우리 인싸가 속상했나 보구나?

인싸: 그랬어. 아들, 아들만 하는 엄마한테도 화나고, 내 편 안 들어 주는 아빠한테도 화나고, 내가 무슨 투명인간이나 존재감 없는 회색인간이 된 것 같았어.

엄마: 아니야! 우리 인싸는 이렇게 멋진 보석같은 소중한 사람인데, 엄마 아빠가 그걸 몰라주었네. 미안해. 우리 인싸는 엄마 아빠한테 너무나 소중한 딸이야!

3. 우리 인싸는 아들보다 더 귀한 딸이야!

인싸: 아들이 아니라는 이유로 그동안 차별당하는 것 같아 슬펐어.

엄마: 그랬구나! 엄마 아빠가 미안해. 우리 인싸는 아들보다 더 귀한 딸이

야! 연년생이라 풍족하지는 못해도, 하고 싶은 것이 있으면 말해. 엄마 아빠가 최선을 다해 지원해 줄게.

인싸: 진짜?

엄마: 진짜지! 그리고 엄마는 우리 인싸가 자기 색깔을 찾아서 자기만의 색깔을 가진 멋진 사람으로 살아가길 바란단다.

아까 가래떡으로 남자가 되어 동네 아줌마들 웃기는 걸 보면 우리 딸은 웃긴 말도 잘하고, 센스도 좋은 것 같아. 살다 보면 힘든 일도 있겠지만, 인생 가볍고 즐겁게 너답게 살아라.

"어린 시절부터 차별받고 살았다고 생각해서 너무 외로웠는데, 엄마랑 이렇게 마음속으로 화해를 하고 나니 너무 좋아요.

엄마가 '너는 빛나는 보석이다. 너는 정말 유머가 있고, 센스가 있어. 너의 색깔을 찾아 멋진 인생을 살아라.'라고 했을 때, 엄마의 진심을 느꼈어요."

사회적 관심으로 업그레이드하기

"우리는 사회적 존재이기 때문에 자기만의 생각대로 혼자서 뭔가 하려고 하기보다는, 사회적 관심을 갖고 공동체에 기여하며 다른 사람들과 함께 협동해서 인생과제 문제를 해결하는 것이 좋은 방법입니다."

사회적 관심이란 자신이 공동체의 일원이라는 생각, 감정 및 그로 인한 행동을 포괄하는 개념이다. 이와 유사한 용어로는 공동체감, 공동체의식, 우리의식, 하나의식 등이 있다. 사회적 관심을 인지, 정서, 행동이란 세 가지 측면에서 좀 더 구체적으로 살펴보면 다음과 같다. 먼저 공동체의식은 인지적 측면이 강하다. 이는 자신을 특정 집단의 일원으로 생각하는 것이다. 예를 들면, 자신이 가족 공동체, 학교 공동체, 지역사회 공동체에 속해 있다. 이런 의식이 공동체의식이다.

사회적 관심의 정서적 측면은 소속감이다. 내가 어느 한 공동체에 속해 있다 하더라도 거기에 속해 있다는 느낌, 즉 소속감을 느끼지 못한다면 진정한 의미의 사회적 관심이라고 할 수 없다. 그래서 학교에서 집단 따돌림이 큰 문제가 되는 것이다.

사회적 관심의 행동적 측면은 친사회적 행동이다. 사회적 관심을 가진 사람은 협동과 기여의 행동을 한다. 협동은 다른 사람과 함께하는 것이고, 서로 상호작용을 주고받는 것이다. 기여는 받을 것을 전제하지 않고 내가 열심히 노력해서 상대방에게 도움을 주는 것이다.

이중섭 〈춤추는 가족〉

아들러 심리학에서 사회적 관심은 정신 건강의 지표라고 한다. 정신적으로 건강한 사람은 사회적 관심과 더불어 활동 수준이 높은 것이 특징이다. 이는 사회적 관심이 생각만이 아니라, 행동으로 표현될 때 진정한 가치가 있다는 의미이다.

초기기억에서 사회적 관심의 정도가 어떻게 나타나는지 두 개의 대조적인 초기기억을 살펴보기로 한다.

골목대장의 첫 번째 초기기억

> 3~4세경, 집 근처에 있던 공원에 산책을 갔다. 마침 공원 앞에서 풍선을 나눠 주고 있어서 줄을 서서 풍선을 받았다. 한 손에는 풍선을 쥐고 다른 손으로는 엄마, 아빠, 오빠와 손을 잡고 걸었다. 그러다 엄마와 아빠가 내 손을 잡고 공중으로 띄워 줬다. 하늘을 나는 것처럼 재미있었다.

- 가장 인상적인 부분은 엄마와 아빠가 내 손을 잡고 공중으로 띄워 줬던 것이다.
- 그때의 감정은 날아갈 듯 신나고 재미있었다.
- 자료에 근거하여 → 강점 찾기(5개 이상)

  공원에 산책을 갔다. → 활동성, 여가를 즐김, 자연친화적

  줄을 서서 풍선을 받았다. → 질서의식, 원하는 것을 얻음

  함께 손을 잡고 걸었다. → 가족과의 유대감, 공동체의식

  엄마와 아빠가 내 손을 잡고 공중으로 띄워 준 → 협동

앞의 초기기억에 확인할 수 있는 것처럼, 사회적 관심이 높은 사

람의 초기기억에는 가족이나 친구들이 등장하고, 그들과 함께 어떤 활동을 하면서 즐거움을 느끼는 내용이 많다. 반면, 사회적 관심이 낮은 유형의 초기기억에서는 주인공의 활동성, 즉 다른 사람들과의 상호작용이 없거나 낮게 나타난다. 다음 초기기억이 그 예이다.

요리사의 첫 번째 초기기억

> 6세경, 나는 집을 나서면 바로 왼편에 위치한 굳게 닫혀 있는 풀이 무성한 공터에 이유를 알 수는 없지만 아주 무서운 양이 산다고 믿었다. 부모님께서 양은 없다고 말씀해 주셔도, 그곳엔 양이 있으니 절대 가까이 가면 안 된다고 생각했다. 그래서 나는 현관을 나설 때마다 옆을 보지 않으려 했는데, 종종 꿈에서까지 양이 나타나 나를 괴롭혔다.

- 가장 인상적인 부분은 풀이 무성한 곳에 있는 날카로운 이빨을 가진 양의 모습이다.
- 그때의 감정은 무서움이다.
- 자료에 근거하여 → 강점 찾기(5개 이상)
  무서운 양을 상상해서 만들어 냄 → 상상력이 풍부
  양이 있다고 믿음 → 순수함
  양, 풀숲이 무성한 공터 → 자연친화적, 공간지각능력
  부모님이 없다 해도 있다고 믿음 → 자기주장

사회적 관심의 표현인 협동과 기여는 일반적으로 서로 혼용해서 쓰는 경우가 많다. 예를 들어, '나는 우리 반 교실을 청소하는 데 협동했다.'라는 말은 '나는 우리 반 교실을 청소하는 데 기여했다.'라고 바꿔 써도 문제가 없다. 하지만 이 둘을 구분해서 사용하자면, 협동은 주고받는 것이 전제되어 있는 반면, 기여는 받는 것을 전혀 기대하지 않고 주는 것이다. 예를 들어, 결혼식에 축의금을 내는 것은 협동이며, 불우이웃돕기 성금을 내는 것은 기여이다. 이러한 내용을 다음과 같이 벤다이어그램으로 표시하면 좀 더 쉽게 이해할 수 있다. 가운데 겹치는 부분이 협동과 기여를 혼용해서 쓸 수 있는 경우이다.

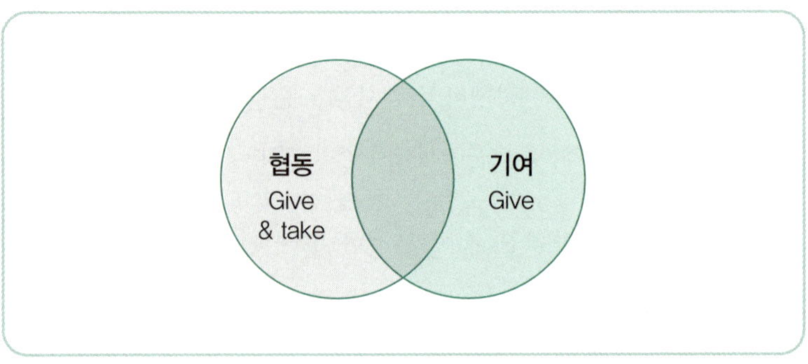

앞의 사례에서 요리사(25, 남)의 초기기억은 핵심 감정이 공포인데, 그로 인해 활동성이 결여된 모습이다. 또한 가족들과 적극적으로 상호작용하기보다 자기 자신의 생각에 몰두해 있는 것으로 보인다. 요리사의 현재 인생과제 문제는 진로와 관련하여 자신이 원하는 직업을 부모님의 반대로 추진하지 못하고 있는 것이다.

이를 해결하기 위한 협동과 기여의 방안은 부모님의 마음과 생각을 존중하면서, 자신이 의견을 잘 전달할 수 있도록 대화전략을 배우고, 기법을 연습하는 것이었다.

정상인(26, 남)의 첫 번째 초기기억

> 5세경, 무렵 함평 나비축제에 갔다. 아버지와 어머니는 사람이 많으니 옆에 잘 붙어 있으라고 했다. 그러나 나는 주저하지 않고 혼자 돌아다니다 길을 잃어버렸다. 그래도 나는 울지 않고 다시 왔던 길을 되돌아갔다.

- 가장 인상적인 부분은 울지 않고 다시 왔던 길을 되돌아갔던 것이다.
- 그때의 감정은 혼란, 당황이다.
- 자료에 근거하여 → 강점 찾기(5개 이상)

  주저하지 않고 혼자 돌아다니다 → 용기, 도전능력, 주체성

  울지 않고 다시 왔던 길을 되돌아갔던 → 길 찾기, 공간감각, 감정조절, 자립심, 위기대처능력

정상인은 현재 진로 및 학업이란 인생과제에서 수업, 과제, 시험으로 부담이 큰데, 전과를 위한 공부, 영어 공부 등을 병행하면서 심신이 지쳐 있는 상태였다. 이러한 문제에는 그의 강점인 낙관성, 추진력, 창의성 강점이 모두 작용하고 있는 것 같았다. 그의 사적논리는 '나는 혼자이다. 다른 사람들은 나에게 별로 관심이 없다. 이 세상은 내가 하기에 달렸다. 따라서 나 혼자서 잘 해내야 한다.'인데, 여기에는 흑백논리, 과일반화, 자신에 대한 당위성 등의 기본적 오류가 내포되어 있다. 특히 '나 혼자 해내야 한다.'라는 생각과 그로 인한 생활방식이 정상인을 점점 더 힘들게 만드는 핵심요인인 것 같았다. 다음은 정상인의 스트레스 경험을 요약한 것이다.

혼자서 이겨 내야 한다.
시간적 여유가 없다. 잘할 수 있을까?

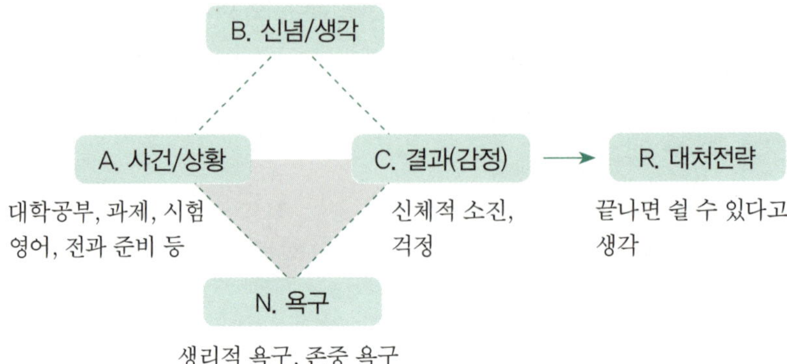

협동과 기여 활동에서 주변 사람이나 전문가에게 도움 요청하기라는 피드백이 있었고, 정상인은 친구나 선배에게 학업이나 시간관리 등에 대한 자문을 요청해서 현재 생활양식을 업그레이드하기로 했다.

다음은 사회적 관심 높이기 활동을 할 때 참고할 수 있는 자료이다. 이 자료는 김천수의 박사 학위 논문에서 발췌한 것으로, 사회적 관심 행동인 협동과 기여를 인생과제별로 분류하여 제시하고 있다. 참가자들은 이 문항들을 보면서 자신의 인생과제 문제해결을 위해 필요한 사회적 관심 행동이 무엇인지에 대한 힌트를 발견할 수 있을 것이다.

협동과 기여를 바탕으로 한, 사회적 관심 행동 체크 리스트

다음은 살면서 누구나 달성해야 할 과제인 일(직업, 진로, 학업 등), 사회관계(친구, 동료, 이웃 등), 사랑(이성 친구, 연인, 부부)과 관련된 문항입니다. 각 문항들을 잘 읽고, 평소 자신의 행동을 점검해 보고, 현재 진행되고 있는 인생과제 문제를 해결할 수 있는 단서를 찾아보기 바랍니다.

① 나는 나와 삶의 방식이 다른 친구/동료들과도 기꺼이 함께하는 것을 즐긴다.
② 나는 힘든 일이 생기면, 다른 사람들(친구/동료/이웃)과 상의하여 해결하는 편이다.
③ 나는 일/학업에서 동료의 불만이나 요구에 대해 상대방과 협의하여 해결책을 찾는다.
④ 나는 다른 사람들과 함께 일/공부하는 것을 좋아한다.
⑤ 나는 친구/동료 간에 갈등이나 의견 충돌이 있을 때 중재하는 역할을 한다.
⑥ 나는 일/학업을 열심히 함으로써 사회에 이바지하려고 한다.
⑦ 나는 직업/전공을 선택할 때 돈을 벌기 위한 목적보다 사회에 대한 공헌도를 염두에 두고 선택한다.
⑧ 나는 다른 사람들을 위해 자원봉사를 한다.
⑨ 나는 사회의 발전을 위해 일/학업에서 꾸준히 연구하고 노력한다.
⑩ 나는 모임이나 집단을 위해 어떤 역할/직책을 맡아 봉사하는 것을 좋아한다.
⑪ 나는 각종 행사가 있을 때, 이를 이성(연인/부부) 관계 파트너와 같이 의논하여 대처한다.
⑫ 나는 이성(연인/부부) 관계에서 상대가 원하는 것을 할 수 있도록 돕는다.
⑬ 나는 자녀에 관한 사항은 배우자와 의논하여 결정한다.
⑭ 나는 이성(연인/부부) 관계에서 문제가 발생하면 시간이 걸리더라도 상대방과 대화를 통해 해결하려고 노력한다.
⑮ 나는 이성(연인/부부) 관계에서 취미나 운동 등을 함께하는 것을 좋아한다.
⑯ 나는 이성(연인/부부) 관계를 개선하기 위해 독서, 교육, 상담 등에 참여한다.

⑰ 나는 이성(연인/부부) 관계에서 상대를 즐겁게 해 줄 수 있는 이벤트나 선물을 준비한다.
⑱ 나는 이성(연인/부부) 관계를 좋게 유지하기 위해 신체(외모/체력)를 가꾸는 데 힘쓴다.

아들러식 강점 기반 상담모델에서는 사회적 관심을 함양하여 인생과제 문제해결을 돕기 위해 '협동과 기여 방안'을 함께 찾는다. 먼저 초기기억 속에 나타난 사회적 관심의 요소를 확인하고, 새롭게 적용할 협동과 기여 방안을 함께 찾아본다. 이때 협동과 기여 활동에서 해법으로 자주 등장하는 것이 '요청하기 및 질문하기'이다. 문제를 해결하기 위해 혼자만의 생각이나, 방법을 고집하지 않고 다른 사람에게 요청하고 질문하는 것은 전형적인 협동의 방법으로써, 대부분의 인생과제를 해결하는 데 있어 효과적인 방법이기 때문이다.

듀크의 초기기억 강점 찾기

5세경, 나는 빨간 자개장 사이 틈에 겁에 질려 웅크리고 앉아 있다. 아빠에게 맞아 눈에 핏줄이 터져 있었다. 할머니는 어린 것이 얼마나 잘못했다고 이렇게 때렸냐고 아빠를 나무랐다. 지금도 그때 왜 맞았을까 궁금하다.

그 일과 연결된 기억이다. 할머니집 툇마루에 앉아 멀리 보이는 해가 지는 신작로를 보며, 엄마는 나를 언제 데리러 오는지 생각하며 기다리고 있다. 엄마가 첫째 동생을 낳고, 나를 보살필 수가 없어서 할머니댁에 맡긴 거 같다.

- 가장 인상적인 부분은 겁에 질려 웅크리고 앉아 있는 나
- 그때의 감정은 두려움, 공포이다. 온몸이 떨리고, 아빠를 쳐다볼 수 없을 만큼 무서운
- 자료에 근거하여 → 강점 찾기(5개 이상)

  겁에 질려 웅크리고 앉아 있는 나 → 자기방어/보호, 위험민감성과 회피능력, 위기대처능력

  할머니는 어린 것이 얼마나 잘못했다고 이렇게 때렸냐고 → 인과추론능력/중시, 할머니에게 사랑받은 경험, 돌봄, 편 들어 주기, 격려와 지지, 노인공경, 연장자와 교류능력, 올바른 판단력

  나를 보살필 수가 없어서 할머니댁에 맡긴 거 같다. → 긍정적 엄마상, 상대 이해, 호의적, 모성애

  나를 언제 데리러 오는지 생각하며 기다리고 있다. → 기다림, 인내, 사려깊은, 성숙한 아이/어른 아이, 여유, 어려운 상황에서도 희망을 가짐, 엄마에 대한 사랑과 그리움, 소망, 양육

✪ 초기기억에 내포된 사회적 관심 요소 및 사회적 관심으로 업그레이드하기

- 할머니가 어린 것이 ~ → 할머니의 돌봄!

  맡겨졌다 → 공동육아, 협동육아
- 자기지향성 과제 해결을 위해, 할머니와 어머니의 돌봄을 보고 배웠으니 자기 자신을 더 잘 돌보기, 어린이집 원장으로서 돌봄 능력을 발휘하여 사회에 기여하기

그린손의 초기기억 강점 찾기

> 8세경 모기가 기승을 부리는 어느 여름 날의 저녁에, 대나무로 짠 평상에 둘러앉아서 평소와 다름없이 식구들이 저녁 식사를 하였다. 그날따라 약주를 드시고 들어오신 할아버지가 고래고래 고함을 지르셨다. 그리고, 무엇이 화가 나셨는지 상을 엎어 버리고, 우물가 옆에 있는 검은 돼지한테 음식들을 가져다줘 버렸다. 우리들은 저녁도 못 먹고 무서워서 전부 방으로 피신했다. 할아버지가 약주 드시는 날은 조마조마한 날이었다.

- 가장 인상적인 부분은 상을 엎어 버리고, 돼지한테 음식들을 가져다줘 버린 것이다.
- 그때의 감정은 무서움 그리고 (이제 밥 다 먹었구나) 상실감/슬픔
- 자료에 근거하여 → 강점 찾기(5개 이상)

  그날따라 약주를 드시고 상을 엎어 버리고 → 술 많이 먹는 것/사람을 안 좋아함

  고래고래 고함을 지르셨다. → 큰소리에 대한 민감성

  어느 여름 날의 저녁에 → 시간/계절감각

  식구들이 저녁 식사를 하였다. → 대가족 공동체의식

  무엇이 화가 나셨는지 상을 엎어 버리고, → 상상력, 관찰력, 감정민감성

  우물가 옆에 있는 검정 돼지한테 → 공간지각능력

  음식들을 가져다줘 버렸다. → 음식/밥 중시

  무서워서 전부 방으로 피신했다. → 위험 회피능력, 보호처/피난처를 찾는 능력, 보호자 역할

  약주 드시는 날은 조마조마한 날이었다. → 자기인식, 예측능력

✪ 초기기억에 내포된 사회적 관심 요소 및 사회적 관심으로 업그레이드하기

- 둘러앉아서 식구들이 저녁 식사 → 대가족 공동체, 책임감과 협동심
  무서워서 전부 방으로 피신했다. → 위기대처능력 및 협동
  할아버지가 고래고래 고함을 → 공동체의 질서/위계 중시, 자기표현
- 인간관계 문제해결을 위해 딸과 대화하기, 대가족의 어른으로서 어른답게 행동하기, 대가족의 일원으로서 함께하는 시간을 만들어 관계를 개선하기

하늘소리의 초기기억 강점 찾기

> 6~7세경, 우리 가족은 해가 넘어간 늦은 저녁 때까지 밭일을 하다가 집에 돌아왔다. 우리들은 씻으려고 우물에 둘러서 있는데, 보건소 언니가 "저거 봐, 저거 봐, 우물 안에 뭐가 있어."라는 말에 나는 우물로 다가가 아래를 쳐다보다가 우물에 빠져 버렸다.
>
> 그때 하늘에서 신이 내려오듯이 아버지가 우물 안 양옆의 돌을 두 발로 딛으며 내려와 나를 건져 올려 주셨다.

- 가장 인상적인 부분은 하늘에서 내려와 나를 건져 주신 아버지
- 그때의 감정은 살았다는 안도감, 반가움, 구해 주신 아버지(감사함), 죽지 않고 살았음에 대한 기쁨
- 자료에 근거하여 → 강점 찾기(5개 이상)
  가족은 해가 넘어간 늦은 저녁 때까지 밭일을 하다가 → 협동심, 가족애, 공동체의식, 일에 전념
  우물로 다가가 아래를 쳐다보다가 → 호기심, 능동적, 도전정신

아버지가 나를 건져 올려 주셨다. → 시각적, 묘사력, 문제해결, 위기 대처능력, 순발력, 타인을 돕기

✪ 초기기억에 내포된 사회적 관심 요소 및 사회적 관심으로 업그레이드하기

- 가족이 밭일을 하다가 → 공동체의식, 협동심

  언니의 말, 다가가 아래를 쳐다보다 → 타인 말을 신뢰, 협동

  나를 건져 올려 주셨다. → 돌봄, 기여
- 인간관계 문제해결을 위해 자신을 도와줄 수 있는 사람 찾기, 나를 도와준 사람들에게 감사의 마음 표현하기

낮달의 초기기억 강점 찾기

> 7세경(초1), 학교에서 수업 중 옷에 소변을 보는 일이 있었고 젖은 채로 학교에 있을 수 없어 혼자 집으로 향했다. 집으로 가는 길 중간에 있는 언덕에 앉아 수업이 끝날 때까지 기다렸다. 친구들이 알아차릴까 봐 학교로 돌아가지 못했고 엄마가 알게 될까 봐 집에도 가지 못했다. 친구들이 집으로 가자 학교로 가서 가방을 가지고 아무 일도 없었던 것처럼 집으로 돌아갔다.

- 가장 인상적인 부분은 언덕 위에서 학교를 바라보며 앉아 있는 장면이다.
- 그때의 감정은 혼자 어떻게 해야 할지 몰라 외롭고, 누군가에게 들킬까 봐 창피함.
- 자료에 근거하여 → 강점 찾기(5개 이상)

  학교에서 → 학구열, 교육 중시

혼자 집에 가는 중간에 있는 언덕에 앉아서 하교할 때까지 기다렸다. → 상황판단능력, 위기대처능력, 기다림, 인내심

언덕 위에서 학교를 바라보며 → 시각, 관찰력, 조망능력

친구들이 알아차릴까 봐 걱정돼서 → 사회적 민감성

엄마가 알까 봐 집에도 못 갔다. → 마음 읽기능력, 배려

아무 일도 없었던 듯이 집으로 돌아갔다. → 태연함, 대담성

✪ 초기기억에 내포된 사회적 관심 요소 및 사회적 관심으로 업그레이드하기

- 엄마가 알까 봐 집에도 못 갔다. → 타인 배려, 학생, 자녀의 역할에 충실하기

  학교를 바라보고 있는 장면 → 사회적 상황 관심

  가방을 가지고 돌아감 → 학생, 자녀 역할 충실
- 인생과제 문제해결을 위해 혼자 노력하는 것과 더불어 주위에 도움을 요청하기, 내 마음대로 배려하기보다 물어보고 배려하기

사회적 관심으로 업그레이드하기 활동은 초기기억을 떠올려서 협동과 기여의 요소를 찾고, 새로운 방식을 찾아 삶의 문제에 적용하는 것이 효과적이다. 물론 초기기억 작업을 생략하고 자신의 스트레스 경험을 떠올려, 그 문제를 협동과 기여를 통해 해결할 수 있는 방안을 구체적으로 찾아볼 수도 있다.

협동과 기여 활동지

날짜: 20___.___.___, 별명: ________________

1. 스트레스 경험 분석(A–B–C–N–R)

2. 인생과제 문제 해결을 위한 질문 또는 포인트

3. 협동과 기여를 통한 문제 해결 방안 피드백 듣기

4. 구체적 행동 계획 세우기

제3부
사례 및 적용

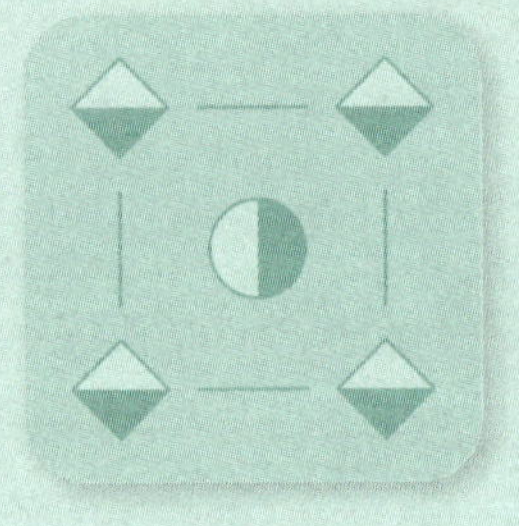

제 9 장

ESTR 모델의 적용_사례 1

이 책은 아들러 상담자는 물론 아들러식 상담을 통합적으로 상담에 적용하려는 상담자들에게 단순하면서도 효과적인 모델을 제시한다. 이 모델의 핵심은 내담자의 강점을 찾아 인생과제 문제해결을 돕는다는 것이다.

이 장에서는 아들러식 강점 기반 상담모델의 4단계 과정을 적용하여 공개 상담으로 시연한 사례를 제시하였다.

이 사례에서는 아들과의 관계에서 위축되는 문제와 '편하게 이야기하고 싶다.'는 바람을 확인하였다. 그리고 위축감과 연관된 초기기억을 탐색하고 강점을 찾았다. 이후 초기기억과 아들과의 관계 패턴을 연결 지어 해석하고, 책임감, 공동체 의식 등 내담자의 강점을 활용하여 문제를 해결할 수 있는 다양한 방법을 함께 검토하였다.

사례 개요

"아들러 심리학의 매력은 열등감과 우월성 추구, 목적론 등 고유의 개념들을 통해 자신과 타인을 더 잘 이해하고, 상식, 용기, 사회적 관심에 따라 삶을 더 나은 방향으로 개선할 수 있도록 도와준다는 것입니다.

이렇게 아들러 심리학을 이해하는 것도 좋지만, 실제 자기 자신의 삶에 적용해 보는 것이 더 좋다고 생각합니다. 오늘은 자원자를 한 분 모시고, 자신의 사례 또는 자신이 상담하고 있는 사례를 바탕으로 아들러식 강점 기반 상담모델, ESTR 모델에 따라 실제 상담하는 장면을 시연하도록 하겠습니다."

다음은 한국아들러상담학회 윈터스쿨에서 저자 중 한 명이 아들러식 강점 기반 상담모델의 4단계 과정을 적용하여 공개 시연한 사례를 요약한 것이다. 이를 통해 상담자라면 자신이 상담하는 내담자의 사례를 대입해 보면서 상담을 진행할 수 있고, 자기이해와 삶의 개선을 바라는 독자라면 자신의 경험을 기록하면서 아들러식 상담 과정을 따라갈 수 있을 것이다.

중간에 잘 모르는 부분이나 궁금한 부분이 생기면 다시 이전 장으로 돌아가 그에 대한 설명과 다양한 예시를 읽어 보는 것이 도움이 될 것이다.

☑ 내담자 기본정보

이름 확장이(별명, 53세, 여, 상담교사)

- 아들 앞에서 위축되는 문제를 해결하고 싶은 바람(want)을 의미함

가족관계 남편(55세, 공무원)과의 사이에서 1녀(28세, 회사원), 1남(27세, 취준생)을 둠

출생순위 2남 2녀 중 첫째

상담 단계에 따른 적용의 실제

이 책은 아들러 상담자는 물론 아들러식 상담을 통합적으로 적용하려는 상담자들에게 단순하면서도 효과적인 모델을 제시한다. 이 모델의 핵심은 내담자의 강점을 찾아 인생과제 문제해결을 돕는다는 것이다. 아들러식 강점 기반 상담모델의 구체적 상담 과정은 다음과 같다.

1단계, 내담자가 해결하고 싶은 문제 영역을 확인하여 스트레스 경험을 분석하고, 그 이면에 자리 잡은 바람(want)을 파악하여 상담의 목표를 구체화한다.

2단계, 인생과제 스트레스 경험과 연관된 초기기억을 떠올리도록 한 후, 강점 찾기 활동을 통해 내담자를 격려한다.

3단계, 인생과제 스트레스 경험과 초기기억을 종합하여 현재의 생활양식을 해석한다. 특히 강점이 현재 삶에 미치는 긍정적 및 부정적 영향력을 파악하여 내담자가 이를 통찰할 수 있도록 한다.

4단계, 내담자가 자신의 대표강점을 활용하여 인생과제의 문제를 해결할 수 있도록 상식, 용기, 사회적 관심으로 생활양식을 업그레이드한다.

상담 1단계: 인생과제 문제와 바람

상담자 1: 아들 앞에서 쭈구리가 되는 마음을 '확장이'로 바꾸고 싶다고 하셨는데, 구체적으로 어떤 경험이 있으신지 스트레스 경험을 말씀해 주시겠어요?

내담자 1: 저는 평소에 약간 확장된 삶을 살고 있다고 자부를 하다가도 저희 아들 옆에만 가면 제가 쭈구리가 돼요.

우리 아들이 몇 년 전에 교통사고를 당해서 수술을 했고, 그 이후에도 또 사고가 나서 힘들었어요.

예전에는 되게 긍정적인 아이였는데 작년부터는 이야기를 하는데, 부정적인 생각을 굉장히 강하게 하고 있고, 그러다 보니 저랑 대화가 잘 안 되더라고요. 그래서 아들 눈치를 보다 보니까 저도 모르게 쭈그러드는 거 같아요.

상담자 2: 아들이 교통사고 난 이후에 아들 눈치를 보다 보니 마음이 쭈그러들게 되시는군요? 구체적으로는 어떤 일이 있었나요?

내담자 2: 어떤 일이 있었냐면, 어제 눈이 엄청 많이 왔잖아요? 그런데 그 눈보라 속에 아들이 서울을 가겠다는 거예요. KTX를 타고 가면 좋을 텐데, 차로 가는 게 편하다고 차로 간다고 해서 불안 불안하잖아요.

그래서 '혹시 눈길에 사고라도 나면 어쩌냐?', '차가 가다가 멈추면 어쩌려고 그러냐?' 이런 얘기들을 했더니, '엄마 그만 좀 해!' 그러는 거예요!

상담자 3: 아들이 눈보라 속에 차를 몰고 서울로 간다고 하니 혹시 사고라도 나지 않을까, 그런 불안한 마음이 드셨다는 거죠? 그럼, 선생님이 아까 쭈그러드는 마음이라고 하셨는데 그 쭈그러드는 마음이 불안한 마음인가요?

내담자 3: 네. 쭈그러드는 마음이 불안하고 동일하지는 않아요. 쭈그러진다는 것은 아들 옆에 가면 나도 모르게 위축이 되는 느낌, 그 위축이라는 것은 아들과 말을 하다가 내가 상처받지 않을까? 그래서 그만하자. 이런 마음. 저는 그게 싫은 거예요. 아들 친구들은 지금 다 직장 다니고 결혼도 하고 이렇게 계속 올라가고 있는데, 자기는 멈추고 있고, 그래서 저는 미안한 마음이 들고 그래요.

상담자 4: 선생님께서 방금 위축된다고 하셨는데, 이게 내가 상처받지 않을까, 이런 거예요? 아니면 아들이 상처를 받지 않을까, 이런 거예요?

내담자 4: 제가 상처받는.

상담자 5: 내가 상처를 받는다면, 어떤 상처를 받죠?

내담자 5: '엄마, 그만 해.' 이런 말들이 저한테 상처가 돼요.

상담자 6: 아들이 '엄마, 그만해.' 그러면?

내담자 6: 그러면 예전에는 그거에 대해 따졌어요. 그런데 지금은 그냥 '그래, 그만하자.' 그러고 자리를 피하죠. 서로 상처받고, 서로 안 좋은 기억을 주고 싶지 않아서.

그래서 '아들 인생은 아들 인생이고, 내 인생은 내 인생이다.' 이렇게 생각하면서 역할을 분리해 보려고 하니까 조금 더 편해진 것 같긴 해요.

✓ 확장이의 스트레스 경험 분석

A. 사건/상황	C. 결과(감정) →	R. 대처전략
교통사고 이후 아들이 부정적인 말을 함, 거기에 대해 말하면, "엄마 그만해."라고 함	쭈그러드는, 위축되는	역할 분리 '그만하자.'

▶ 조금 더 시간을 갖고 내담자의 스트레스 경험을 탐색한다면 다음과 같이 진행할 수 있다.

✓ 확장이의 스트레스 경험 분석(예상 작업)

- 내담자가 아들에게 미안한 마음이 든다고 했는데, 이 부분을 탐색하여 스트레스를 유발하는 생각을 명료화할 수 있다.
- 내담자의 스트레스 상황에서 작용하는 욕구를 확인하여, 내담자가 자신의 경험을 더 깊이 이해하고, 구체적인 바람을 인식할 수 있도록 돕는다.

• 내담자의 스트레스 대처전략을 살펴보고, 그 전략의 효과를 검토하도록 한다.

상담자 7: 좀 더 선생님 이야기를 들어 드리면 좋은데, 오늘은 시간 관계상 약간 빨리 진행을 해 보겠습니다.

자, 손등이 보이게 손을 펴서 프라블럼(problem), 이 스트레스 기억이 문제인데, 문제가 있다는 것은 지금 내가 원하는 상태가 아니라는 거잖아요? 손을 딱 뒤집어 보면 원트(want), 바람이죠! 아들과의 관계에서 내가 원하는 상태, 바람을 구체적으로 말씀해 주시겠어요?

내담자 7: 제가 원하는 상태는 아들과 서로 그냥 자연스럽게 대화하는 거. 예전에는 아들과 사이가 좋았거든요.

상담자 8: 얼마만큼 사이가 좋았나요?

내담자 8: 아들한테 애인이 생기거나, 장가를 가면 내가 질투하지 않을까? 이런 생각이 들 정도로 사이가 좋았어요.

상담자 9: 아, 예전처럼 그렇게 아들과 사이좋게 지내고 싶으신 거죠?

내담자 9: 그 정도까지 기대하는 건 무리겠죠? 그냥 사고 나기 전처럼 편하게 이야기할 수 있는 정도면 될 거 같아요.

✓ 확장이의 스트레스 경험 속에 숨은 바람 파악하기

A. 사건/상황	C. 결과(감정) →	R. 대처전략
교통사고 이후 아들이 부정적인 말을 함, 거기에 대해 말하면, "엄마 그만해."라고 함	쭈그러드는, 위축되는	역할 분리 '그만하자.'

N. 욕구

소속 및 애정 욕구, 존중 욕구
→ 구체적 바람(want)
사고 나기 전처럼, 아들과 편하게 이야기하기

상담 2단계: 초기기억 강점 찾기

상담자 10: 확장이님이 예전처럼 아들과 편하게 이야기하면 좋겠다고 이야기 할 때, 얼굴이 환하게 확장되는 것 같았습니다. 이렇게 문제와 바람을 명료화한 것 같아요.

우리 아들러식 상담에서는 인생과제 문제와 초기기억을 연결 지어 작업을 합니다. 그래서 내가 상처를 받아서 위축된, 쭈그러든 느낌과 연관된 초기기억을 떠올려 보시겠어요?

내담자 10: 고등학교 막 올라가서 선생님이 글쓰기 대회를 나가라고 그런 거예요. 그래서 버스를 타고 갔는데, 주제가 다 한문으로 되어 있어 가지고 그냥 와 버렸거든요. 너무 창피하더라고요. 한문을 못 읽겠으니까.

상담자 11: 그때는 창피해서 약간 쭈그러드는 느낌이 드셨겠네요?

내담자 11: 네. 그 기억이 지금도 되게 부끄러운 기억이거든요.

상담자 12: 이 기억을 다룰 수도 있는데, 아들러식 상담에서는 초기기억을 다루는 것이 더 효과적이고 쉬운 방법이기 때문에, 제가 그 느낌과 연관된 초기기억을 회상하도록 안내를 해 드리겠습니다.

먼저 느낌을 신체감각적인 느낌으로 표현을 해 보시겠어요? 예를 들면, 가슴이 조이는 느낌, 또는 온몸이 작아지는 느낌, 이렇게.

내담자 12: 몸이 좀 작아지는 느낌, 심장이 조금 빨라지고 약간 열이 올라오는 느낌.

▶ 초기기억 회상 유도 방법을 적용하여, 스트레스 감정과 연관된 초기기억을 떠올리도록 안내하였다.

상담자 13: ……(중략)…… 초등학교 1학년 무렵 학교나 집에서 있었던 일 중에 이렇게 마음이 쭈그러들고 위축되고 좀 창피하고 그런 경험을 했던 장면이 있는지 탐색해 봅니다. 몸의 느낌을 확인하고 본인 스스로에게 물어보세요. 이런 느낌하고 연관된 기억이 있을까요? 그런 기억이 떠오르면 사진처럼 '찰깍' 찍어서 책상 위에 내려놓습니다.

이제 학교 다니기 전 유치원이나 어린이집에 다니던, 또는 그보다 어린 시절의 기억을 떠올려 보십시오. 그런 기억을 찾았으면 고개를 두 번 끄덕이세요. (내담자가 고개를 약간 끄덕이는 것을 보고) 네, 찾으셨군요!

숨을 마시면서 '지금' 내쉬면서 '여기' 지금-여기 의식과 에너지를 지금 이 순간으로 되돌립니다. 천천히 눈을 뜨십시오.

이제 그 기억을 사진을 보고 설명하듯이 네 문장에서 여섯 문장 정도로 말씀해 주시겠어요?

내담자 13: 몇 살 때인지 정확히는 기억이 안 나는데요. 유치원 가기 전 기억인 것 같아요. 파란 대문 집 앞에서 소꿉놀이를 하고 있었어요. 모래놀이를 하고 있는데 누군가가 제 장난감들을 빼앗아 갔어요. 그때 제가 되게 쭈그러드는 느낌이 무서웠던 것 같아요. 내 걸 가지고 가니까.

상담자 14: 내 걸 가지고 가는데, 뭐가 무서웠어요?

내담자 14: 그걸 잃어버렸다고 엄마에게 야단맞을까 봐.

상담자 15: 아, 그러셨군요! 일반적으로는 여기서 이해, 공감, 격려, 지지 작업을 했을 텐데, 우리 아들러식 강점 기반 상담모델에서는 갑자기 강점 찾기를 합니다. 이 기억 속에 어떤 강점이 숨어 있는지 궁금하지 않으세요?

내담자 15: 네. 이런 기억 속에서 강점을 찾는다는 게 상상이 잘 안 되네요.

▶ 개인상담 시연이지만 상담의 효과를 극대화하기 위해 내담자에게 동의를 구한 후, 수강생들 중 일부를 도우미로 초대하여 강점 찾기 활동을 진행하였다.

확장이의 초기기억 강점 찾기

> 유치원 가기 전, 파란 대문 집 앞에서 모래로 소꿉놀이를 했다. 누군가 내 장난감들을 빼앗아 갔다. 내 것을 가져가서 무서웠다. 엄마에게 잃어버렸다고 야단을 맞을 거 같았다. 내 것을 가져가는데 아무 말도 못하고 울었다.

- 가장 인상적인 부분은 나의 것을 가져가 버린 것이다. 내 것을 가져가는데 왜 말을 못 했을까?
- 그때의 감정은 야단맞을까 봐 무서웠다.
- 자료에 근거하여 → 강점 찾기

  파란 대문, 집 앞에서 → 시각 강점, 공간지각능력

  모래로 소꿉놀이 → 놀이능력, 도구활용능력, 역할 중시

  혼날까 봐 → 상황판단, 추론 능력

  무섭다, 울었다 → 감정 자각, 감정 표현

상담자 16: 역시 강점 찾기의 달인들이시네요! 감사합니다. 제가 한 가지를 더 말씀드리자면, 누군가 내 것을 가지고 갔는데, 부모님이 잃어버렸다고 해서 야단맞을까 봐 두려웠다고 한 걸 보면 선생님은 나의 것에 대한 애착, 소유욕, 돌봄, 사랑이 굉장히 강하실 것 같아요.

우리 선생님들께서 많은 강점을 찾아 주셨는데, 그중에서도 정말

나다운 강점, 나를 대표하는 강점을 두세 가지 말씀해 주시고 전반적인 느낌이나 생각을 말씀해 주시면 좋겠습니다.

내담자 16: 대박인 것 같아요. 평소에 다른 사람들이 저의 장점으로 말씀해 주셨던 부분들이 대부분 다 나왔어요. 특히 제가 제 거를 되게 챙기는 스타일이거든요. 학교나 교회에서도 우리 반 친구들은 제가 딱 책임지고 하니까 다른 반 친구들이 부러워해요. 이게 초기기억과 연관된다는 게 놀라워요.

▶ 초기기억을 바탕으로 생활양식을 평가한다면, 다음과 같이 가설을 세우고 내담자와 함께 검토할 수 있다.

✓ 확장이의 생활양식 평가하기(예상 작업)

(나는 나약한 존재이다.) 다른 사람은 내 것을 빼앗아 간다.
내 사정을 모르고 나를 혼낸다. (세상은 어떤 일이 생길지 모르는 곳이다.) 따라서 나는 내 것을 지켜야 한다.
내 주장을 말해야 한다.

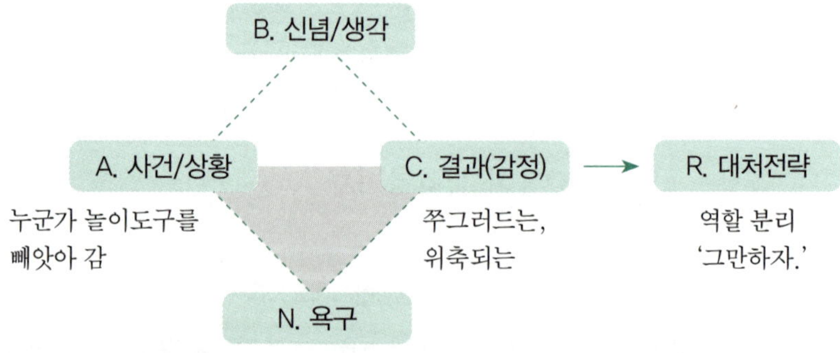

존중 욕구
→ 구체적 바람(want)
엄마가 그 상황과 내 마음을 이해하고, 괜찮다고 말해 주는 것(?)

	생활양식 평가	내용 요약
상식	사적논리의 경직성 ①-②-③-❹-⑤	이분법적, 당위적 사고
용기	부정적 감정 몰입도 ①-②-❸-④-⑤	야단맞는 것에 대한 불안과 공포
사회적 관심	협동과 기여 정도 ①-❷-③-④-⑤	혼자서 문제해결 시도 문제 상황 회피하기

상담 3단계: 강점의 영향력 검토하기/생활양식 해석

상담자 17: 방금 우리 확장이님이 나의 것에 대한 애착, 돌봄, 책임감이 강하다고 하셨는데, 이야기를 들어 보니 자기 것만 챙기는 것이 아니라, '우리의식'으로 확장이 되어 있는 것 같아요. 그래서 나의 것, 나의 가족, 나의 친구, 우리 학교, 우리 교회에서 책임을 다하려고 하시는 거죠?

이 강점이 현재 삶에 긍정적으로 작용하고 있고, 동시에 부정적으로 작용하는 측면도 있을 것 같습니다. 먼저 어느 쪽을 검토해 볼까요?

내담자 17: 스트레스 받는 부분이요. 왜냐하면 그런 책임감 때문에 힘들어질 때가 많아요. 예를 들면, 학교나 교회에서 우리 반 애들한테 늘 신경 쓰고 연락하고 이렇게 책임져야 한다는 생각이 강해요. 한 아이라도 안 오면, 내가 뭔가를 잘못해서 그런 거 같아서 스트레스를 받아요.

상담자 18: 그렇겠네요. 모든 것을 내 책임으로 생각하기 때문에 내가 잘못했나, 부족했나 이런 생각 때문에 스트레스를 받을 것 같습니다.

그럼 그 어두운 부분의 이면에 있는 밝은 부분, 즉 긍정적인 성과와 성취를 간단하게 두세 가지만 말씀해 주십시오.

내담자 18: 학교에서는 교장선생님이나 교감선생님이 항상 저를 믿고 지지해 주시고, 우리 반 아이들도 하나로 뭉쳐서 무슨 일이든 잘 해내요. 학교나 교회에서 항상 인정받고 있는 거 같아요.

상담자 19: 네. 인정받고 계시군요. 인정받는다는 거는 주관적인 것인데, '커먼 센스(common sense)'보다 상식적이고 객관적인 성공이나 성취 요소를 말씀해 주시면 좋겠습니다. 예를 들면, 학위 취득이나, 대통령 표창, 또는 자녀를 잘 키우고 있는 거.

내담자 19: 음. 그럼 박사학위 취득한 거하고, 상으로는 여성가족부 장관상을 받았어요. 그리고 아이들 둘을 키워 낸 것도 제 삶의 성과물인 거 같아요.

상담자 20: 네. 훌륭하십니다. 그런데 빛이 있으면 그림자가 있기 마련이죠? 확장이님은 강한 책임감 때문에 엄청난 성과와 인정을 받고 있고, 동시에 그로 인해 상당한 스트레스를 받으실 수밖에 없는 것 같아요.

그러면 이제 선생님이 처음에 이야기하셨던 아들과의 관계에서 쭈그러드는 것과 나의 이 강점이 어떻게 좀 연결이 되시나요?

내담자 20: 아들과 제가 너무 겹쳐 있었던 것 같아요. 아들이 곧 나다. 아들이 잘못된 건, 곧 내가 잘못된 것이다. 아들이 사고 난 것도 내 책임이라는 생각을 했던 거 같아요.

아들도 마음이 힘든 상태인데, 지금 이대로 있으면 안 될 거 같아서 자꾸 제 생각을 강요하고 잔소리를 하게 되고, 아들이 뭐라고 하면 저는 상처받지 않으려고 뒤로 물러서고 이랬던 것 같아요.

✓ 확장이 강점의 영향력 검토하기

		생각과 경험
공동체 의식, 애착, 돌봄, 책임감, 적극성	+	학교나 교회에서 인정 받음 박사 학위 취득 여성 가족부장관상 수상
	−	내 사람들이 잘못되면 스트레스를 받음 내 잘못이라고 생각함

▶ 인생과제 문제와 초기기억을 연결 지어 생활양식을 해석한다면 상담자가 세운 가설을 바탕으로 다음과 같이 작업을 진행할 수 있다.

✓ 확장이의 초기기억과 스트레스와의 관계(예상 작업)

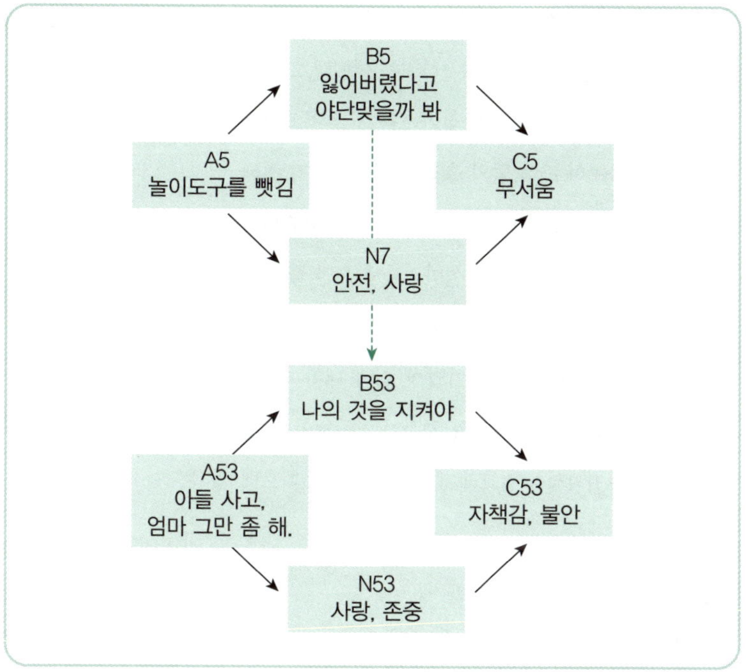

① 아들이 사고가 난 것도 내가 아들을 잘 돌보지 못한 것 때문이다.

② 아들의 부정적인 말과 행동은 자기 자신을 돌보지 못하는 것이다. 아들의 말과 행동에 대해 나에게 책임이 있다. 내가 그 생각을 바꿔 줘야 한다.

③ 내 것을 지켜야 한다. 그러지 못하면 비난을 피할 수 없다.

상담 4단계: 강점으로 업그레이드하기

상담자 21: 방금 우리는 선생님의 초기기억에서 찾은 대표 강점이 현재 삶에 긍정적 및 부정적으로 연관이 되어 있다는 것을 확인했습니다. 이제 바로 그 강점으로 인생과제 문제를 해결할 수 있는 방법을 찾아보겠습니다.

그런데 제가 아들러 상담 전문가라고 하더라도 1시간 안에 인생과제 문제를 바로 해결하기는 어렵겠죠? 그래서 오늘은 문제해결의 실마리를 한두 가지 찾아보는 것을 목표로 하겠습니다. 시간의 제약을 극복하고, 상담의 효과를 최대화하기 위해, 이것도 역시 우리 도우미 선생님들의 피드백을 듣고 진행하겠습니다.

내담자 21: 네. 해결의 실마리를 찾으면 좋겠어요.

상담자 22: 도우미 선생님들, 도와주실 거죠? 아들러 상담의 대표 기법인 '애즈 이프(as if) 기법'에 따라 내가 마치 확장이님이 된 것처럼 생각하면서, 확장이님의 강점인 공동체의식, 돌봄, 책임감 등을 바탕으로 초기기억을 업그레이드하는 방안을 피드백 해 주시기 바랍니다.

✪ 도우미 선생님들의 피드백

- **낮달:** 어린 확장이는 장난감을 잃어버렸다고 엄마에게 야단맞을까 봐 무서워하고 있는데, 그건 내가 잃어버린 것이 아니라 누군가 가져가 버린 것이기 때문에, '네 탓이 아니야. 장난감을 가져가 버린 그 아이가 잘못한 거지. 네 잘못이 아니야.'라고 말해 주고 싶어요.

  그리고 아들이 다친 것도 사실 내 탓이 아니니까, 너무 내 탓이라고 여기고 위축되지 않았으면 좋겠다는 마음이 들었습니다.

• **무심**: 제가 어린 확장이라면 장난감 가지고 간 친구를 쫓아가서 날라차기를 하든지, 머리를 쥐어뜯든지 무슨 수를 써서라도 그걸 다시 빼앗아 올 거 같아요. 내 거니까!

아들과의 관계에서는 아들의 감정을 잘 읽어 주면서 격려하고, 보다 긍정적으로 생각하고 행동할 수 있도록 하면 좋겠습니다. 확장이님은 사랑이 많고 적극성이 있으시니까 충분히 잘 해내시리라 믿습니다.

• **바람**: 확장이는 누군가 내 물건을 가지고 갈 때 아무것도 못 했다고 했는데, 자신의 감정을 울음으로 표현한 것도 뭔가를 한 것이고, 엄마에게 혼날 것 같은 두려움에 압도되지 않고 잘 견딘 것 같아요.

그리고 지금 아들도 그만하면 잘 견디고 있는 거겠죠? 선생님도 아들이 사고 나서 힘든 상황이고, 아들이 '그만해.'라고 하는 것도 충격일 수 있는데 잘 견디고 있다고, 차차 좋아질 거라고 말씀드리고 싶습니다.

• **불꽃**: 제가 확장이를 치유하는 세션을 한다고 한다면, 제가 확장이 엄마 역할을 해서 울고 있는 확장이에게 왜 그런지 물어보고, 그랬냐고 괜찮다고 말해 주고 싶어요. 또 확장이가 원한다면 엄마가 되어 확장이랑 같이 놀아 주고 싶어요.

그리고 용기라는 측면에서는 선생님께 아들을 불쌍하게 보지 않을 용기를 가지시기를 부탁드립니다. 아들은 죽음을 딛고 일어선 승리자고, 운명을 이겨 낸 사람입니다.

상담자 23: 우리 도우미 선생님들이 아주 멋진 방안을 이야기해 주셨네요. 아마 우리 확장이님 마음이 엄청나게 확장되셨을 거 같습니다.

'네 탓이 아니야.' 이런 피드백을 듣고 약간 눈물을 보이시는 것 같았어요. 그래서 그 부분이 선생님을 힘들게 하는 핵심 요소인 것 같구요. 또 '잘 견디고 계시잖아요? 지금 아드님도 그만하면 잘 견디고 있는 거겠죠?' 거기서도 고개를 끄덕끄덕하셨습니다. 피드백 들으며 어떠셨어요?

내담자 22: 아까 네 탓이 아니다! 그 말 듣는 순간 갑자기 어떤 체증이 이렇게 확 내려가는 그런 느낌이 들었고요. 아들이 다쳐서 계속 마음이 쓰였는데, 좀 다른 측면으로 보면 승리자구나! 이렇게 생각하니 아들을 좀 더 지켜봐 주고 격려해 줄 수 있을 것 같아요.

상담자 24: 상식, 격려의 측면에서 확장이 되었네요. 사회적 관심이라는 측면에서 한 가지를 추가를 해 보자면, 선생님은 공동체의식과 돌봄, 적극성이라는 강점을 가지고 계시니까 대화를 통해 문제해결을 시도해 보면 좋겠습니다.

초기기억 속에서는 장난감을 잃어버려서 엄마한테 혼날까 봐 이렇게 두려워하고 있었잖아요. 그래서 먼저 엄마한테 말하는 겁니다. '엄마, 누가 내 장난감 가져가 버렸어.' 그 정도는 할 수 있지 않을까요?

그리고 아들과의 관계에서도 아들에게 '아들아, 사실 엄마가 이런 마음이 들어.' 이렇게 아이 메시지(I-message)로 진솔한 대화를 시작하실 수도 있을 것 같습니다.

자, 그러면 마지막으로 전체적인 요약과 소감을 좀 부탁드려도 될까요?

내담자 23: 처음 상담 시연에 자원을 할까 말까 망설였는데, 이렇게 용기를 내서 하니까 저한테 많은 도움이 된 거 같아요. 두려움 때문에 그냥 머뭇거리다 안 했으면, 이런 걸 얻지 못했을 텐데 용기 내기를 잘

했다. 우리 아들에게도 용기를 줄 수 있는 엄마가 되어야겠다는 생각이 들구요.

지금 아들과의 관계 문제가 어렸을 때 저의 초기기억과 연결되는 지점이 놀라웠고, 여러분들의 피드백을 받아서 제 강점으로 그 문제를 해결할 수 있겠다는 자신감이 생겼습니다.

특히 책임감이 강해서 스트레스를 많이 받았는데, 이제부터는 그 책임감을 조금 분산시키고, 다른 사람들에게 도움도 요청해 봐야겠다는 생각이 들었습니다. 감사합니다.

상담자 25: 용기 내서 이 자리에 나와 주신 확장이님께 다시 한번 감사의 박수 부탁드립니다. 우리 확장이님 덕분에 생생한 상담 시연을 통해 아들러식 강점 기반 상담모델의 과정과 효과를 충분히 보여 드린 것 같습니다.

그 과정에서 우리 학회 도우미 선생님들이 도와주셔서 더 멋진 작업이 되었습니다. 감사드리구요. 또 이번 윈터스쿨을 준비하고 진행해 주신 선생님들, 오늘 대면으로 참석하신 여러분들과 온라인으로 참여해 주신 모든 분들께 감사드립니다.

▶ 추후 생활양식 재정향을 위해, 강점으로 업그레이드하기, 상식으로 업그레이드하기, 용기로 업그레이드하기, 사회적 관심으로 업그레이드하기 작업 등을 보다 구체적으로 진행할 수 있다.

확장이의 강점으로 업그레이드하기 방안

(1)

(2)

(3)

확장이의 기본적 오류 수정

(1)

(2)

(3)

확장이의 자기격려 및 타인격려

(1)

(2)

(3)

(4)

확장이의 협동과 기여 방안

(1)

(2)

(3)

(4)

제10장

ESTR 모델의 적용_사례 2

이 장에서는 아들러식 강점 기반 상담모델의 4단계 과정을 적용하여 진행한 8회기의 단기 상담 사례를 제시하였다.

이 사례에서는 불안 및 공황 증상으로 힘들어하는 청소년 내담자와 '불안을 이해하고 잘 다루기'라는 목표를 설정하여 상담을 진행하였다. 최근에 불안을 느꼈던 스트레스 기억을 명료화하고, 그와 연관된 초기기억을 찾아 강점 찾기를 진행하였다. 이후 그 둘 사이의 연관성을 파악하여 해석하고, 청각 및 시각 민감성 등의 강점을 활용하여 문제를 해결할 수 있는 다양한 방법을 함께 검토하였다.

사례 개요

"아들러식 강점 기반 상담모델(ESTR 모델)은 단회기 상담에 적용할 수도 있고, 단기 상담에 적용할 수도 있고, 장기 상담에 적용할 수도 있습니다. 단회기 상담은 1회기 상담으로 60분, 90분, 120분 정도로 진행됩니다. 단회기 상담에 ESTR 모델을 적용하기 위해서는 전반부에 문제 또는 바람을 빠르게 확인한 후 초기기억 강점 찾기를 하고, 후반부에는 내담자와 함께 하나의 포인트를 선정해서 해석 및 재정향 작업을 진행하는 방식이 좋습니다.

단기 상담은 보통 5회기, 8회기, 10회기, 12회기, 20회기 정도 상담의 횟수를 정하고 그 기간 안에 문제해결을 목표로 하는 상담을 말합니다. 단기 상담은 한 가지 인생과제의 문제를 해결하는 데 초점을 맞추어 진행합니다. 상대적으로 오랜 시간이 필요한 장기 상담의 경우는 내담자의 생활양식, 즉 성격과 삶의 전반적인 변화를 목표로 합니다."

다음은 저자 중 한 명이 고등학생 내담자를 상담한 사례를 재구성한 것이다. 실제 상담은 아들러식 상담을 중심으로 인지행동치료, 게슈탈트치료, 현실치료, 수용전념치료, 긍정심리치료 등을 통합적으로 진행하였지만, 여기에서는 ESTR 모델에 따라 8회기 상담으로 재구성하여 제시하였다. 이를 통해 독자들은 아들러식 강점 기반 상담모델(ESTR 모델)의 생생한 상담 과정을 확인할 수 있을 것이다.

내담자 기본정보

이름 이기성(가명, 17세, 남, 고1)

인적 사항 1남 1녀 중 첫째

- 부(54, 화물차 운전자): 다혈질
- 모(49, 주부): 순종적인, 인내하는
- 동생(여, 중2): 오빠랑 별로 친하지 않은, 공부에 관심 없음

내방 경위 [교육청 지원] 학교에서 상담센터로 의뢰됨

- 위(Wee) 센터 상담 경험 있음
- 불안, 강박, 공황 증상으로 정신과 약 복용 중

호소 문제 [의뢰사유] 불안과 강박이 심하고, 공황 증상이 나타날 때가 있음

가족 관계/발달사 어렸을 때, 엄마와 아빠가 경제적인 문제로 싸우는 것을 자주 목격함. 아빠는 기성이가 말을 안 들으면 혼내고, 손찌검을 하기도 했음. 아빠를 무서워함.

상담 회기에 따른 적용의 실제

일반적으로 상담을 할 때 8회기 내지 10회기로 상담을 진행하는 경우가 많다. 내담자와 관계를 형성하고, 내담자의 문제를 이해하고 해결하는 데에는 최소 8회기 내지 10회기 정도가 필요한 것으로 보인다. 실제 청소년상담복지센터 등 기관에서 무료로 상담을

해 주는 경우, 기관의 지침에 따라 개인에게 기본적으로 8회기 내지 10회기의 상담을 제공하는 경우가 많다.

따라서 다음에서는 8회기 상담 내용을 ESTR 모델에 따라 재구성하여 제시하고자 한다. 8회기 상담의 주요한 내용은 다음과 같다.

회기	주요 내용
1회기	인사나누기, 상담구조화, 인생과제 문제와 바람
2회기	초기기억 회상 및 강점 찾기
3회기	생활양식 해석하기
4회기	강점으로 문제해결하기
5회기	상식으로 재정향하기
6회기	사회적 관심으로 재정향하기
7회기	자기 격려하기
8회기	총정리 및 종결

상담 1회기: 인생과제 문제와 바람 파악하기

일반적으로 상담 첫 회기에는 상담자가 먼저 소개를 하고, 내담자에게 자기 소개를 요청한다. 그다음에 상담자는 상담이란 무엇이며, 어떻게 진행되는지 구조화하는 작업을 실시한다. 언제까지 몇 번 만날 것인지, 시간, 장소, 비용 또는 상담을 진행하는 방식 등을 안내하는데, 이는 마치 여행 가이드가 여행의 일정과 코스, 준비물 등을 안내하는 것과 유사하다.

이를 통해 상담자와 내담자가 준비를 한 후, 본격적인 상담으로 들어간다. 다음은 내담자의 호소문제를 시작으로 구체적인 스트레스 경험을 탐색하고, 이를 내담자의 욕구 및 바람으로 연결하여 상담의 목표를 설정하는 과정을 축어록 형식으로 재구성한 것이다.

상담자 1: 기성이가 상담 의뢰된 내용을 보니까 평상시에 불안이 좀 심하고 공황을 느낄 때도 있어서 지금 정신과에도 다니고 있다고 했는데 약을 먹고 있다는 거지? 그래서 이제 상담도 함께 받아 보는 게 좋겠다고 해서 담임선생님이 의뢰를 해서 여기 오게 되었네? 최근에도 이렇게 불안과 공황을 느꼈던 경험이 있을까? 그러면 구체적으로 언제 어떤 일이 있었는지 선생님에게 말해 줄 수 있어?

내담자 1: 지난주 목요일에요. 선생님이 자고 있는 애들을 깨우려고 교탁을 '탕탕탕' 내리치고 자는 애들 등을 막 때렸어요.

상담자 2: 그런 일이 있었구나. 그러면 그때 선생님이 교탁을 '탕탕탕' 내리치고 애들 등을 때릴 때, 기성이는 기분이 어땠어?

내담자 2: 저는 그때 온몸이 막 떨리고 마비되는 듯하고 숨 쉬기도 힘들었어요.

상담자 3: 그랬구나. 그중에서도 우리 기성이를 가장 무섭게 한 건 어떤 거였어?

내담자 3: 선생님이 교탁을 '탕탕탕' 내리칠 때요.

상담자 4: 그래, 기성이는 이 '탕탕탕' 소리에 아주 극심한 공포심을 느꼈던 것 같아.

내담자 4: 네. 그런 것 같아요.

상담자 5: 그때 너는 신체적으로 어떤 느낌이 있었어?

내담자 5: 귀에서 '띠~' 하는 소리 같은 게 들리고요. 정전된 것 같이 깜깜해져서 앞도 잘 안 보이고, 숨 쉬기도 힘들었어요.

상담자 6: 그래, 정말 너무 무서웠겠다. 그러면 그때 어떤 생각이 너를 그렇게 무섭게 만들었을까?

내담자 6: 음, 다 때리려고 그러나? 나도 맞을 것 같다. 내가 피해를 당할 수 있다는 생각이 들었어요.

상담자 7: 아, 선생님이 막 애들을 때리는 거 보면서, 나도 맞을 것 같다는 생각을 했다는 거지?

내담자 7: 네.

상담자 8: 기성이 이야기를 들어 보니까, 기성이는 큰 소리에 놀라고, 그 다음에 선생님이 아이들 때리는 모습을 보면서 엄청난 공포심을 느끼고, 그로 인해 공황 상태까지 간 것 같아. 그것은 우리 기성이한테 안전하고 싶은 욕구가 있는데, 그 안전하고 싶은 욕구가 깨지니까 이렇게 무서움을 느꼈던 것 같아.

내담자 8: 네. 맞아요.

상담자 9: 그래, 그러면 우리 기성이는 이런 불안과 공포, 공황 증상을 어떻게 하고 싶어?

내담자 9: 불안을 안 느꼈으면 좋겠어요.

상담자 10: 그래. 불안을 안 느끼면 좋겠다고 생각하는구나? 그런데 위험한 상황인데 불안을 못 느낀다면 어떨까?

내담자 10: 그건 좀 안 좋을 거 같아요.

상담자 11: 한번 따라 해 볼래? '인간은 누구나, 자주, 그것도 아주 자주, 불안을 경험한다.'

내담자 11: 인간은 누구나, 자주, 그것도 아주 자주, 불안을 경험한다.

상담자 12: 어때? 맞는 말 같아?

내담자 12: 네.

상담자 13: 그럼. 불안을 안 느끼는 것을 목표로 하면 불가능한 목표에 도전하는 것이 되겠네? 불안을 안 느끼는 것을 보다 긍정형으로 표현해 볼 수 있을까?

내담자 13: 음, 편안해지기?

상담자 14: 그래, 우리 기성이는 좀 더 편안한 마음으로 살고 싶은 거구나? 좋아. 그러면 이렇게 큰 소리가 나는 안 좋은 상황에서도 마음이 편안했던 경험이 있을까?

내담자 14: 글쎄요?

상담자 15: 그럼, 다르게 물어볼게. 학교에서나 집에서 어떤 상황이나, 어떤 일을 할 때 마음이 편안하지?

내담자 15: 엄마랑 함께 있을 때. 엄마가 토닥토닥 해 줄 때.

상담자 16: 그래, 좋아. 엄마랑 있으면 좀 편안한가 보네? 엄마가 어깨나 엉덩이를 토닥토닥 해 줄 때 편안한 마음이 든다는 거지? 여기 상담 의뢰서 보니까 카드게임을 취미로 한다고 했는데, 카드게임 할 때는 어때?

내담자 16: 카드게임 할 때도 마음이 편해요. 잡생각도 안 나고, 재미있어요.

상담자 17: 그렇구나. 그러면 이제 기성이는 이렇게 편안한 상황이 있는데 이런 편안한 상황처럼 내 마음이 평상시에도 편안했으면 좋겠다는 거지? 그러면 이렇게 힘든 상황에서 좀 편안하게 대응하는 그런 사람을 본 적이 있을까? 막 시끄럽고 싸우는 상황에서도 좀 편안함을 유지할 수 있는 그런 사람. 예를 들면, 내가 다니는 교회 목사님, 아니면 친구 누구처럼, 이렇게 모델로 삼을 만한 사람 있을까?

내담자 17: 초등학교 때 같은 반 친구였던 P.

상담자 18: 아, 그 친구는 막 소란스럽고 이런 상황에서 나는 무서워하는데, 그 친구는 어떤 모습을 보였어?

내담자 18: 좀 평정심을 잘 유지하는 것 같았어요.

상담자 19: 아, 그 친구는 소란스러운 상황에서도 평정심을 유지하고 침착하게 뭔가 일을 처리하고 그랬구나? 기성이도 친구 P처럼, 소란스러운 상황 속에서도 편안한 마음으로 살아가고 싶다는 거지?

그러면 이제 다음 시간부터는 기성이가 그런 좀 큰 소리가 나고 시끄러운 상황 속에서도 좀 더 편안한 마음으로 침착하게 대응하고 살아갈 수 있도록 선생님이랑 같이 이야기해 보자.

내담자 19: 네.

상담자 20: 그래. 오늘은 기성이가 어떤 일로 상담을 왔는지 구체적인 스트레스 상황을 이야기해 보고, 또 기성이가 원하는 것을 살펴봤는데, 오늘 상담을 하면서 어떤 기분이 들었어?

내담자 20: 제 마음을 좀 알아주신 것 같아서 위로가 됐어요.

상담자 21: 좋아. 그럼, 다음 시간에 보자.

앞의 축어록에서 중요한 포인트는 다음과 같다. 먼저, 내담자의 구체적인 스트레스 경험을 ABCN 모델에 따라 분석한다. 구체적인 상황을 먼저 탐색하고 그때의 감정을 이야기한 후 '그때 어떤 생각 때문에 그런 감정이 들었을까?' 이렇게 질문을 해서 사건과 감정을 연결하는 생각을 자각할 수 있도록 안내해야 한다.

- A(사건): 지난주 목요일, 선생님이 자고 있는 아이들을 깨우려고
  교탁을 '탕탕탕' 내리치고, 자는 애들 등을 때렸다.
- C(결과): 감각 _ 귀에서 '띠~~' 소리 같은 게 들리고,
  앞도 흐려지듯 잘 안 보이고(마치 정전된 것처럼)
  감정 _ 무서움
- B(신념): 다 때리려고 그러나? 나도 맞을 수 있다.

이렇게 내담자의 경험을 분석하여 명료화한 후, 내담자에게 충분한 이해와 공감, 격려와 지지를 전달하는 것이 중요하다. 그리고 스트레스 경험의 뿌리가 되는 내담자의 욕구를 읽어 주고, 바람을 탐색한 후, 이를 상담의 목표로 연결시킨다. 이는 아들러 상담에서 강조하는 사회적 평등, 상호존중을 바탕으로 상담자와 내담자 간 협동을 통해 상담 목표에 합의하는 과정이다. 이렇게 상담의 목표를 설정하게 되면, 내담자는 동기가 강화되어 상담에 대한 자발성과 적극성이 증가하게 된다.

상담 2회기: 인생과제 문제와 바람 파악하기

"기성아, 지난 시간에 우리는 상담 목표를 '소란스러운 상황에서도 편안한 마음으로 침착하게 대응하기' 이렇게 잡았는데, 오늘은 강점 찾기를 해 볼 거야.

그리고 우리의 목표를 이루는 데 너의 강점을 어떻게 활용할 수 있는지 생각해 보자."

ESTR 모델의 2단계는 초기기억 속에 숨은 강점을 찾는 것이다. 이는 초기기억을 회상하여 기록하는 단계와 강점을 찾는 단계로 구분할 수 있다. 특히 단기 상담에서 초기기억 강점 찾기를 할 때는 최초 기억을 회상하여 강점 찾기를 하거나 내담자에게 스트레스 경험과 연관된 초기기억을 떠올리도록 하여 강점 찾기를 진행하는 방식이 있다. 물론 앞의 두 가지 방식을 모두 진행하면 더 효과적이다. 다음은 기성이의 최초 기억과 스트레스 경험과 연관된 초기기억에 대한 강점 찾기를 요약한 것이다.

최초 기억 강점 찾기

> 4세 때, 처음 살던 집에서 엄마 아빠와 함께 가지볶음 반찬에 밥을 먹었다. 작은 TV로 〈뽀로로〉를 보며 장난감을 가지고 딴짓을 하고 있었다. 벽에는 2세 때 찍은 사진이 걸려 있고, 지금은 버린 옷장이 있었다.

- 가장 인상적인 부분은 즐겁게 밥을 먹는 장면이다.
- 그때의 감정은 엄청 기분이 좋았다. 그때는 집 안에 들어가면 포근한 느낌이 들었던 것 같다.
- 자료에 근거하여 → 강점 찾기

  가지볶음 반찬에 밥을 먹었다. → 음식 중시(음식을 좋아하고, 잘할 수 있음)

  TV로 〈뽀로로〉를 보며 → 영상매체 친화력, 영상매체 활용능력

  장난감을 가지고 → 놀이능력

  집에서, 벽에는, 옷장이 → 공간지각능력, 관찰력

스트레스 경험과 연관된 초기기억에 대한 강점 찾기

> 8세경, 아침에 책을 보며 밥을 먹고 있었다. 아빠가 큰 소리로 "책 다 갖다 버려."라고 했다. 그리고 책을 찢어서 버렸다. 엄마는 놀란 동생을 진정시키고 있었다. 아빠가 손을 들고 서 있으라고 해서 손 들고 있는데, 내 앞에서 장난감을 발로 밟아 깨서 쓰레기통에 버렸다. 손에 책을 들고 8시간 동안 서 있었다. 조금이라도 움직이면 맞았다. 8시간 후, 책을 몰래 붙이고, 장난감을 최대한 살리고 나머지는 버렸다.

- 가장 인상적인 부분은 아빠가 큰 소리로 "책 다 갖다 버려."라고 하고, 책을 찢어서 버린 것이다.
- 그때의 감정은 무섭고, 슬펐다.
- 자료에 근거하여 → 강점 찾기

  책을 보며 밥을 먹고 있었다. → 멀티 가능, 독서능력, 어휘력/표현력, 음식 중시

  엄마는 놀란 동생을 진정시키고 있었다. → (2차) 돌봄, 대처능력

  손에 책을 들고 8시간 동안 손을 들고 서 있었다. 조금이라도 움직이면 맞았다. → 순응, 규칙 준수, 인내력, 지구력

  8시간 후, 책을 몰래 붙이고, 장난감을 최대한 살리고 나머지는 버렸다. → 상황판단, 문제해결, 손재주, 절약, 취사선택

기성이의 사례에서 최초 기억에는 내담자의 바람(want)이 드러나 있었다. 그리고 스트레스 경험과 연관된 초기기억은 현재 내담자의 상황과 대응을 이루고 있었다. 그에 대한 구체적인 해석은 다음 회기에 진행하기로 하고, 내담자의 소감을 확인한다.

> 내담자: 이런 안 좋은 기억 속에서도 강점을 찾을 수 있다는 게 신기했어요. 강점을 많이 찾아 주시니, 조금 우쭐한 느낌?
>
> 상담자: 그래, 안 좋은 기억 속에서도 많은 강점을 찾을 수 있었지. 다음 시간에는 내가 불안과 공포를 자주 강하게 느끼는 이유를 찾아보고, 그 불안을 잘 다루기 위해 너의 강점을 어떻게 활용할 수 있는지 알아보자.

상담 3회기: 생활양식 해석하기

고급 상담 기법으로써 주의 깊게 사용해야 할 것이 직면과 해석이다. 직면은 문제나 불일치를 마주하도록 피드백 해 주는 것이다. 해석은 문제의 원인을 해석해 주는 것과 사건의 의미를 다르게 해석해 주는 것이다. 이 두 가지 기법은 적절한 타이밍에 내담자의 준비도를 점검하여 제시해야 효과적이다.

ESTR 모델의 3단계는 초기기억와 인생과제 스트레스를 연결 지어 해석하는 것이다. 이때 주의해야 할 점은 과거와 현재를 결정론적 관점에서 해석하기보다는 아들러가 제시한 것처럼 '유연한 결정론'의 입장에서 해석해야 한다는 점이다. 즉, 과거의 경험 때문에 현재의 이런 삶을 사는 게 아니라, 기억과 생각을 매개로 해서 이러한 삶을 살아가고 있다는 것을 자각하도록 안내하는 것이 중요하다. 다음은 기성이와의 상담에서 두 가지 방식으로 해석한 내용을 요약한 것이다.

상담자 1: 기성아, 오늘은 네가 스트레스 받았던 사건이 너의 어렸을 때 초기기억하고 어떻게 연관되는지 선생님이랑 한번 같이 살펴보자. 어때?

내담자 1: 네.

상담자 2: 그러면 먼저 너의 스트레스 상황에서 가장 큰 게 선생님이 교탁을 '탕탕탕' 친, 그 큰 소리지? 그리고 그때 또 어떤 것이 너를 무섭게 만들었지?

내담자 2: 친구들을 때린 거.

상담자 3: 그렇지. 선생님이 탕탕탕 책상을 치고 친구 등 때린 거. 그때 어떤 생각이 들었어?

내담자 3: 나도 저렇게 맞으면 어떡하지?

상담자 4: 선생님이 나도 때릴 것 같다. 나도 맞을 수 있다. 그런 생각 때문에 공포심을 느꼈지?

그런데 그게 강한 것은 그만큼 네가 안전하고 싶은 욕구가 강하다는 거야.

내담자 4: 네.

상담자 5: 저번에 이것과 유사한 상황을 떠올려 봤을 때, 아빠가 큰소리 치고 네 책을 찢었던 기억이 생각났잖아?

내담자 5: 책을 찢고 갖다 버렸어요.

상담자 6: 그리고 그때 네가 느꼈던 것은?

내담자 6: 무서움과 슬픔.

상담자 7: 그래. 그러면 여기에도 역시 똑같이 안전하고 싶은 욕구가 있었던 것 같아.

내담자 7: 네.

상담자 8: 그때 어떤 생각이 나를 무섭게 했지?

내담자 8: 나도 맞을 수 있다.

상담자 9: 그래. 이 기억이 가지고 있는 의미는 내가 잘못하면 맞을 수 있다는 거 같네?

내담자 9: 네.

상담자 10: 그러면 이 두 개가 이렇게 잘 연결이 되는 것 같아, 어때?

내담자 10: 맞아요.

상담자 11: 그래서 내가 이렇게 두려움을 느끼는 것은 무엇 때문이야?

내담자 11: 맞을 수 있다는 생각 때문이요.

상담자 12: 그러네. 이 과거의 기억이 딱 내 마음속에 자리 잡고 있기 때문에, 큰 소리가 나거나 위협을 느끼면 나는 공포를 느끼게 되는 거지. 내가 또 나도 맞을 수 있으니까.

내담자 12: 네.

상담자 13: 우리 기성이가 불안과 공포를 자주 느끼고 때로는 그것이 공황으로까지 나타나는 것은 과거의 경험과 기억 때문인데, 특히 나도 맞을 수 있다는 이 생각 때문에 더 그랬던 것 같아. 그리고 나의 불안과 공포를 유발하는 자극은 큰 소리 자극 그리고 어떤 폭력적인 행동이라고 볼 수 있을 것 같아. 이렇게 이야기를 해 보니까 어때?

내담자 13: 왜 제가 더 무서워했고 공황 장애가 일어났는지 조금은 이해가 됐어요.

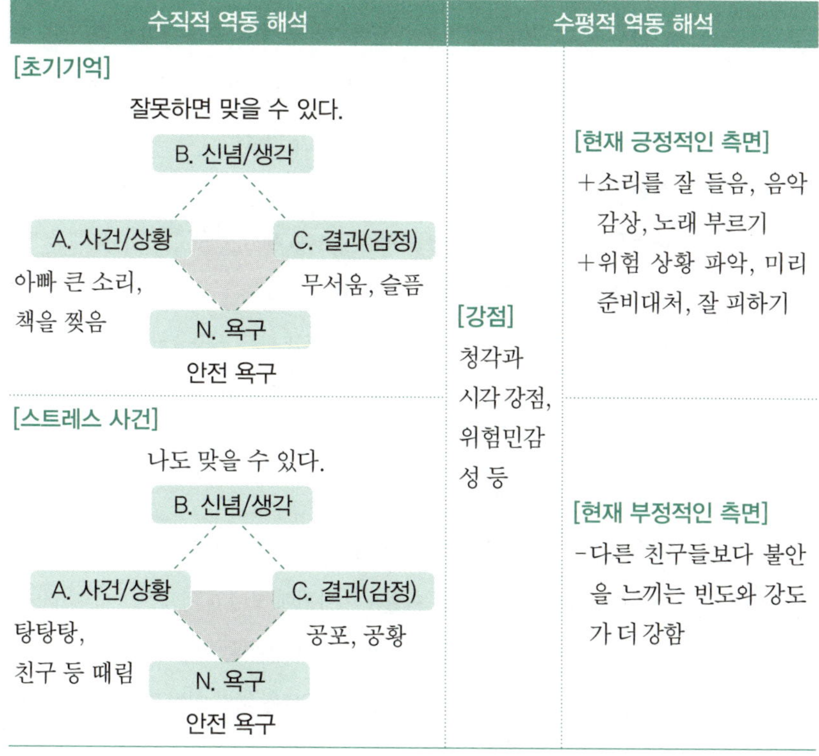

상담자 14: 좋아. 그러면 우리가 지난번에 초기기억에서 찾았던 강점을 가지고 이야기를 해 보자. 너는 시각과 청각 자극에 민감한 강점이 있고, 또 위험민감성도 높다고 했지? 이게 네가 인정한 대표강점인데 이 강점이 현재 너의 삶에 긍정적인 부분이 있다면 뭐가 있을까?

내담자 14: 다른 사람이 말하는 소리를 잘 알아듣고, 잘 기억해요.

상담자 15: 소리를 잘 들으니까 너는 음악 듣기라든지 노래 부르기 이런 것들을 좋아하겠구나?

내담자 15: 맞아요. 음악 듣는 거, 노래하는 거 좋아해요.

상담자 16: 청각과 시각이 예민하고, 위험민감성이 높기 때문에 위험한 상황을 잘 캐치해서 미리 대처할 준비를 하고, 또 잘 피하고 그럴 거 같은데?

내담자 16: 네. 맞아요.

상담자 17: 그런데 이런 너의 강점들이 너를 좀 힘들게 하기도 하지?

내담자 17: 네. 청각과 시각이 민감하고 또 위험에도 예민하다 보니까 다른 친구들보다 불안을 더 느끼는 것 같아요.

상담자 18: 그리고?

내담자 18: 위험한 상황을 잘 파악하는데, 제가 아무것도 할 수 없을 때, 그 상황을 피할 수 없을 때 더 불안해져요.

상담자 19: 그렇겠네. 네 강점 때문에 네가 다른 친구들보다 불안을 느끼는 빈도와 강도가 더 높은 것 같다. 이게 심각한 경우에는 또 공황까지 가잖아?

내담자 19: 네. 그래요.

상담자 20: 이렇게 정리해 보니 너의 강점 때문에 좋은 점도 있고 안 좋은 점도 있는 것 같네? 이렇게 이야기해 보니까 어때?

내담자 20: 저의 성격이 좀 명확해지는 것 같아요. 저를 좀 알겠어요.

상담자 21: 좋아. 그러면 이제 다음 시간에는 너의 이런 강점을 활용해서 어떻게 불안을 잘 다루고, 좀 더 편안하게 침착하게 대처할 수 있는지 그 부분을 선생님이랑 같이 찾아보자.

내담자 21: 네. 감사합니다.

상담 4회기: 강점으로 문제해결하기

상담자: 기성아, 지난번 공황 발작이 일어났을 때, 너는 아무것도 할 수가 없었다고 했잖아? 그때 상황을 좀 더 자세히 말해 줄래?

내담자: 그때 선생님이 아이들 등을 때리는 것을 보다가 숨이 잘 안 쉬어져서 심호흡을 하려고 했는데 잘 안 됐어요.

인생과제 문제해결에 실패한 내담자는 일반적으로 자기가 어떠한 대처도 하지 못했다는 부정적인 생각에 빠져 낙담하는 경우가 많다. ABCN 모델을 ABCN-R로 확장시켜, 대처방식(R)을 확인하는 것은 내담자의 이런 부정적인 사고를 긍정적으로 전환시킬 수 있는 유용한 전략이다.

기성이에게는 '아무것도 못 한 게 아니라, 심호흡을 시도했지만 효과가 크지 않았다.'라고 재해석해 주고, 인지행동치료에서 불안을 다루는 기본적인 기법인 심호흡 연습과 이완훈련을 실시했다.

ESTR 모델의 4단계는 강점을 활용하여 내담자가 문제를 해결할 수 있도록 돕는 것이다. 강점을 활용하여 내담자의 문제를 해결하기 위한 방법을 찾을 때는 내담자가 기존에 사용하고 있던 방식을 개선하거나 상담자가 내담자에게 적합한 방법을 제안할 수 있다. 특히 문제를 다루는 방법을 개발하고 연습할 때 내담자의 강점을 활용하도록 하는 것이 중요하다.

"기성이는 상황판단과 문제해결 능력, 인내력이 강점이잖아? 오늘 알려 준 호흡법과 이완법을 잘 연습해서 스트레스 상황에 적용해 보자."

상담 5회기: 상식으로 재정향하기

상담자: 기성아, 스트레스 상황과 초기기억을 연결시켜 살펴봤을 때, 나를 가장 힘들게 만들었던 생각이 뭐였지?

내담자: 나도 맞을 수 있다. 나도 피해를 입을 수 있다는 생각이요.

아들러식 상담 4단계의 마지막 단계는 '생활양식 재정향하기'이다. ESTR 모델에서 'R'은 재정향(reorientation)의 머리 글자이다. 필자는 재정향이라는 말과 더불어 '업그레이드하기'라는 용어를 사용하는 것을 선호한다. 왜냐하면 문제해결을 위해 기존에 사용하던 방법을 버리고, 완전히 새로운 방식을 적용하는 것은 쉽지 않기 때문이다.

재정향 과정에서 단순한 문제는 내담자의 강점을 활용하여 해결할 수도 있다. 하지만 일반적으로는 아들러가 강조했던 상식, 용기, 사회적 관심의 세 가지 요소에 대해 각각의 업그레이드를 실시하는 것이 더 효과적이다.

기성이의 사례에서는 기성이를 공포와 공황에 이르게 했던 핵심 신념을 찾고 이를 상식에 맞게, 즉 현실적이고 합리적이고 유용한 방식으로 업그레이드를 실시했다.

상담자: 기성이는 큰 소리를 듣거나, 폭력적인 장면을 보면 '나도 맞을 수 있다. 피해를 당할 수 있다.'라는 생각 때문에 힘들어하는구나. 그런데 큰 소리가 나면 항상 내가 피해를 당하게 되는 걸까?

내담자: 그건 아니죠.

상담자: 그럼 큰 소리가 나거나, 폭력적인 장면이 때로는 위협이 될 수도 있고, 때로는 위협이 되지 않을 수도 있겠네? 이렇게 생각해 보니 어때?

내담자: 그런 생각은 한 번도 안 해 봤는데, 맞는 거 같아요!

상담 6회기: 사회적 관심으로 재정향하기

ESTR 모델 4단계에서 사회적 관심으로 재정향하기의 핵심포인트는 다른 사람과 협력하고, 다른 사람을 위해 기여하는 것이다. 먼저 내담자가 이미 사용하고 있는 사회적 관심의 요소를 찾아보는 것이 중요하다.

상담자: 기성아, 지난 시간에 '큰 소리가 나거나, 폭력적인 장면이 때로는 위협이 될 수도 있고, 때로는 위협이 되지 않을 수도 있다.'라고 정리했잖아? 그럼 큰 소리나 폭력적인 장면이 아주 위험한지 조금 위험한지 별로 위험하지 않은지 어떻게 알 수 있을까?

내담자: 글쎄요?

상담자: 그동안은 이 문제를 해결하기 위해 너의 강점들, 청각 및 시각 민감성, 위험민감성, 상황판단능력, 문제해결능력 등을 발휘해서 주로 혼자서 해결해 왔던 것 같아.

그런데 위험도를 평가할 때 혼자서 평가하는 것보다 다른 사람들과 함께 검토해 보는 것이 더 좋지 않을까?

내담자: 맞아요.

상담자: 좋아. 이제 기성이는 기존의 능력과 더불어 주변의 자원을 이용하고, 다른 사람들과 함께 문제를 해결하는 것으로 업그레이드할 수 있을 것 같네.

사실 학교 선생님이 상담을 의뢰했고, 지금 선생님과 함께 상담을 하고 있고, 정신과 의사선생님 진료도 받고 있고 이런 것들은 모두 협동작업이라고 할 수 있겠네. 앞으로 이런 요소들을 더 적극적으로 사용해 보자.

내담자: 네. 좋아요.

상담 7회기: 자기 격려하기

아들러식 상담에서는 내담자가 자기자신을 이해하고 변화시키기 위해 '격려하고, 격려하고, 또 격려하라'고 강조한다. 이는 낙담하여 침체되어 있는 내담자에게 용기를 불어넣는 과정이다. ESTR 모델 4단계에서 용기로 재정향하기의 핵심은 격려이다. 특히 ESTR 모델에서는 다음과 같이 격려를 전체 상담 과정에서 3단계로 진행하도록 한다.

1단계는 '강점으로 격려하기'이다. 내담자와 인사 나누기를 할 때 내담자의 강점과 자원에 초점을 맞추어 격려하고, 초기기억 강점 찾기를 통해 내담자에게 문제해결을 위한 자원과 강점이 있음을 강조한다.

2단계는 '불완전할 용기'를 갖도록 격려하는 것이다. 인간은 완전한 존재가 아니므로 자신의 불완전함을 자각하고 수용하도록 돕는 것이다.

기성이의 사례에서는 1회기 때, '인간은 누구나, 자주, 그것도 아주 자주, 불안을 경험한다.'라는 말을 따라 하게 하여 불완전할 용기를 갖도록 안내했다. 더불어 사적 논리를 재정향할 때도 이 부분을 다시 한번 환기시켰다.

3단계는 '존재 그 자체를 격려하기'이다. 지금-여기 존재하는 것들은 그 자체가 가치가 있음을 일깨우도록 한다.

상담 8회기: 총정리 및 종결

일반적으로 상담의 과정은 초기, 중기, 종결의 과정을 거친다. ESTR 모델에 따라 상담을 진행한 후에도 내담자와 함께 상담의 전 과정을 요약하고, 인상적이고 도움이 된 부분과 어렵거나 힘들었던 부분을 확인한 후, 이를 일상에 적용할 수 있도록 안내한다. 특히 이별과 상실에 대한 감정을 다루며, 필요하다면 다시 상담이 가능하다는 것을 알려 준다. 그리고 마지막은 격려로 마무리한다.

상담자: 기성아, 오늘은 상담을 마무리하는 날이네. 그동안 상담하면서 도움이 된, 좋았던, 인상적인 부분과 어렵거나 힘들었던 부분에 대해 이야기해 볼까?

내담자: 가장 도움이 된 것은 저의 스트레스 사고를 합리적인 사고로 바꾸어 기록했던 '카드 만들기'예요. 예전에는 큰 소리가 나면 무조건 위협이 될 거라고 생각했는데, 이제 위협이 될 수도 있고 위협이 되지

않을 수도 있다는 것을 알았으니까 그걸 파악해서 잘 판단을 내리면 될 것 같아요.

그리고 퀘렌시아, 내 마음의 안식처 찾았던 거, 초기기억 강점 찾기, 호흡법 연습 등이 재미있었고 도움이 된 거 같아요.

참, 병원에서 이제 한 달 정도만 지켜보고 약 먹지 않아도 될 것 같다고 그랬어요. 저도 이제 약 안 먹어도 될 것 같아요.

상담자: 그래, 대단한데! 기성이가 이번 상담을 통해 불안을 이해하고 잘 다룰 수 있게 된 것 같아 선생님도 뿌듯하다.

앞으로 기성이를 만날 수 없어서 좀 아쉬운 마음도 있지만, 혹시라도 다음에 도움이 필요하면 또 연락하길 바랄게. 수고했어.

내담자: 네. 저도 좀 서운해요. 그동안 감사했습니다.

상담자: 그래. 앞으로도 기성이의 강점을 잘 활용하고, 이번에 새롭게 업그레이드한 전략들을 잘 활용하길 바란다. 파이팅!

꼬리말

경험, 기억, 생각으로부터의 자유

상담을 여행에 비유하자면, 아들러 상담은 자신을 만나고 성장시킬 수 있는 아주 멋지고 감동적인 여행 코스라고 생각한다. 그 과정에서 상식, 용기, 사회적 관심을 경험하고 익힐 수 있기 때문이다.

아들러식 강점 기반 상담모델이 안내하는 코스는 기본적으로 인생과제의 한 가지 문제를 해결하는 데 초점을 맞춘다. 그래서 보다 더 깊고 더 넓은 차원의 변화를 원한다면 초강인해 집단코스를 권한다. 물론 초강인해 집단상담도 '기본형'은 인생과제 문제해결에 초점이 맞춰져 있다. '심화형'에서는 핵심 신념, 핵심 감정, 핵심적인 대처 행동을 치유하고 개선하는 작업을 진행하면서 상담의 정수를 경험할 수 있다. 그 결과 아들러가 '인간이 하기 가장 어려운 것 중 하나는 자신을 이해하고 변화시키는 것이다.'라고 했던 바로 그 경지에 도달할 수 있다.

더불어 이런 개인적인 치유와 변화 과정을 사회적 차원으로 확장시키기 위해서 초강인해 집단의 '확장판'인 '3대가족치료' 코스가 준비되어 있다. 참고로 3대가족치료에는 내 안의 부모형제와 화해하는 내적인 작업과 이것을 실제 부모님이나 형제자매로 연결하는 외적인 작업이 있다. 거기서 한 단계 더 나아가면 난이도가 높은 '트라우마 기억의 치유' 코스가 있다. 이는 트라우마적 기억을 신체 감각적인 차원까지 깊이 치유하고 변화시키는 섬세한 작업을 포함하고 있다.

예전에 어떤 집단에서 한 집단원이 어렸을 때 부정적인 기억을 이야기하면서 "이 기억에서 벗어날 수가 없어요."라고 오열하던 장면이 떠오른다. 우리 인간은 주관적 현상학적 경험을 하는 존재로서 부정적인 경험과 기억에 묶여 살아갈 수가 있다. 앞에서 제시한 아들러식 강점 기반 상담모델이나 초강인해 집단과 같은 아들러식 상담을 통해서 자신의 경험, 기억, 생각으로부터 조금 더 유연해지고 조금 더 자유로워질 수 있게 되기를 바란다.

하지만 긍정적인 기억이든 부정적인 기억이든 기억에 묶여 있다는 것은 동일하다. 그래서 진정한 의미의 자유를 원한다면 기도나 명상을 통해서 자아를 넘어 참나를 실현하는 영적인 접근이 필요하다고 본다.

많은 사람들이 사회적 관심 넘어 우주적 관심으로, 상식을 넘어 진리를 추구하며, 무지와 나태함을 떨쳐 버리고 참나를 찾아 떠날 용기를 갖게 되길 간절히 기원한다.

2026년 2월
내 마음[心]의 평화[平]가 우주의 평화!
저자 일동

참고문헌

김명소, 김혜원, 차경호(2001). 심리적 안녕감의 구성개념분석: 한국 성인 남녀를 대상으로. **한국심리학회지: 사회 및 성격**, 15, 19-39.

김미란(2006). 아들러의 개인심리학에 근거한 격려집단상담 프로그램 개발 및 효과분석. **상담학연구**, 7(4), 1093-1106.

김천수(2017). 개인심리학 이론에 근거한 사회적 관심 척도 개발 및 타당화. 전남대학교 대학원 박사학위논문.

김천수(2022). 대학생을 위한 초강인해(초기기억 속에 숨은 강점 찾아 인생과제 해결하기) 집단프로그램 개발 및 효과: 개인심리학과 긍정심리학 통합 접근. **인문사회 21**, 13(4), 2841-2855.

김천수(2023). **어린 시절 기억 속으로 떠나는 심리 여행: 초기기억 강점 찾기 프로그램 워크북**. 북앤정.

노안영(2005). **상담심리학의 이론과 실제**. 학지사.

노안영(2018). **칭찬하지 마라 격려하라**. 학지사.

노안영(2024). **불완전할 용기 2**. 학지사.

노안영, 강영신(2003). **성격심리학**. 학지사.

박희석, 강영신, 김경은, 김천수, 권해수, 이선화, 임수진, 정민(2023). **집단상담의 이해와 실제**. 북앤정.

임수진, 정민, 김천수, 강영신, 김경은, 김동원, 박은민, 박주영, 박희석, 최희철(2023). **상담심리학**. 북앤정.

정민(2001). 생활양식과 대학생활 적응과의 관계. 전남대학교 대학원 석사학위논문.

정민(2013). 사회적 관심 척도의 개발 및 타당화. **상담학연구**, 14(4), 2571-2583.

정민, 노안영(2006). 대학생의 인생과제를 중심으로 한 생활양식 검사의 개발. **한국심리학회지: 상담 및 심리치료**, 18(3), 547-567.

정민, 노안영(2008). 축약형 생활양식 검사의 타당화. **한국심리학회지: 건강**, 13(3), 801-813.

Adler, A. (1937). *What life should mean to you*. Little, Brown, and Company.

Adler, A. (1969). *The science of living*. Doubleday & Company.

Adler, A. (2009). **인간이해** (*Menschenkenntnis*). (라영균 역). 일빛. (원저는 1927년에 출판).

Ansbacher, H. L. (1991). The concept of social interest. *The Journal of Individual Psychology*, *24*, 28-46.

Crandall, J. E. (1975). A scale for social interest. *Journal of individual psychology*, *31*, 187-195.

Crandall, J. E. (1981). *Theory and measurement of social interest: Empirical tests of Alfred Adler's concept*. Columbia University Press.

Dinkmeyer, D., & Eckstein, D. (1995). *Leadership by encouragement*. 김광운, 오명자, 김미례 공역(2009). **격려 리더십**. 이너북스.

Dreikurs, R. (1989). *Fundamentals of Adlerian psychology*. Adler School of Professional Psychology.

Gazzaniga, M. S. (2008). *Human: The science behind what makes us unique*. HarperCollins.

Greever, K. B., Tseng, M. S., & Friedland, B. U. (1973). Development of the Social Interest Index. *Journal of Consulting and Clinical Psychology*, *41*(3), 454-458.

Lieberman, M. D. (2013). *Social: Why our brains are wired to connect*. Crown Publishers.

Lundin, R. W. (1989). *Alfred Adler's basic concepts and implications*. Taylor & Francis.

Mosak, H. H. (1991). "I don't have social interest": Social interest as construct. *Individual Psychology: Journal of Adlerian Theory, Research & Practice, 47*, 309-320.

Ryff, C. D. (1989). Happiness is everything, or is it? Explorations in the Meaning of Psychological well-being. *Journal of Personality & Social Psychology, 57*, 1069-1081.

Seligman, M. E. (2006). **긍정심리학** (*Positive psychology*). (김인자 역). 물푸레. (원저는 2004년에 출판).

Shifron, R. (2020). The miracle of early recollections in Adlerian psychotherapy and supervision. *The Journal of Individual Psychology, 76*(1), 110-127.

Shifron, R., & Bettner, B. L. (2003). Family Interventions: Using Early Memories to Emphasize the Strengths of Teenagers. *The Journal of Individual Psychology, 59*(3), 334-344.

Sweeney, T. J. (2005). **아들러 상담이론과 실제** (*Adlerian Counseling: A Practitioner's Approach*). (노안영, 강만철, 오익수, 김광운, 송현종, 강영신, 오명자 공역). 학지사. (원저는 1998년에 출판).

Yang, J., Milliren, A., & Blagen, M. (2010). *The psychology of courage: An Adlerian handbook for healthy social living*. Routledge.

찾아보기

인명

내용

저자 소개

김천수(Kim, Choun-Soo)

전남대학교 사회과학대학 문헌정보학과 학사

전남대학교 대학원 심리학 석사 · 박사(상담 전공)

현 전남대학교 심리학과 강사

(사)한국선인요가테라피협회 이사

(사)한국아들러상담학회 부회장

〈주요 저서〉

상담심리학(공저, 북앤정, 2023)

어린 시절 기억 속으로 떠나는 심리 여행: 초기기억 강점 찾기 프로그램 워크북(북앤정, 2023)

집단상담의 이해와 실제(공저, 북앤정, 2023)

영혼의 자유를 향해-인도요가명상여행기(선인요가아쉬람, 2007)

강영신(Kang, Young-Shin)

미국 Northeastern University 철학박사(상담심리 전공)

현 전남대학교 심리학과 교수

〈주요 저서 및 역서〉

개인심리학적 상담: 아들러 상담(공저, 학지사, 2021)

아들러 상담 및 심리치료: 통합적 안녕에 대한 접근(공역, 학지사, 2025)

아들러 심리치료: 아들러 심리치료의 과거, 현재 그리고 미래(공역, 학지사, 2025)

아들러 심리치료의 실제(공역, 학지사, 2022)

아들러 상담이론과 실제(공역, 학지사, 2005)

노안영(No, Ann Young)

전남대학교 사범대학 교육학과 학사
서울대학교 대학원 심리학 석사(상담 전공)
미국 University of Kentucky 상담심리학 철학박사
현 전남대학교 심리학과 명예교수
(사)한국아들러상담학회 대표(학회장)

〈주요 저서〉

자신을 수용하고 사랑하는 불완전할 용기 2(학지사, 2024)
변화를 위한 상담의 원리, 과정 그리고 기법(북앤정, 2023)
개인심리학적 상담: 아들러 상담(공저, 학지사, 2021)
상담심리학의 이론과 실제(2판, 학지사, 2018)
인간 이해 및 성장을 위한 성격심리학(2판, 공저, 학지사, 2018)
칭찬하지 마라 격려하라: 아들러 심리학이 전하는 성공의 비결(학지사, 2018)
불완전할 용기(솔과학, 2016)
개인심리학 상담 원리와 적용(공저, 학지사, 2011)

아들러식 강점 기반 상담모델

당신의 강점으로 삶의 문제를 해결하라

Solve Your Life Problem with Your Strengths

2026년 2월 5일 1판 1쇄 인쇄
2026년 2월 10일 1판 1쇄 발행

지은이 • 김천수 · 강영신 · 노안영
펴낸이 • 김진환
펴낸곳 • (주) 학지사
04031 서울특별시 마포구 양화로 15길 20 마인드월드빌딩
대표전화 • 02)330-5114 팩스 • 02)324-2345
등록번호 • 제313-2006-000265호

홈페이지 • http://www.hakjisa.co.kr
인스타그램 • https://www.instagram.com/hakjisabook

ISBN 978-89-997-3636-0 93180

정가 18,000원